छोटी-छोटी बातों का टेंशन न लें

और उनसे जुड़ी छोटी बातों की चिंता न करें

छोटी-छोटी बातों का टेंशन न लें

और उनसे जुड़ी छोटी बातों की चिंता न करें

प्रकाशक : वॉव पब्लिशिंग्ज् प्रा. लि. पुणे

मुद्रक : विक्रम प्रिंटर्स प्रा. लि. पुणे

प्रथम आवृत्ती : जनवरी 2022

अनुवादक : रचना भोला (यामिनी)

ISBN : 978-93-90607-14-3

Copyright @ Richard Carlson 1997

Hindi Translation Copyright © 2022 by WOW Publishings Pvt. Ltd.
All rights reserved.

सर्वाधिकार सुरक्षित

वॉव पब्लिशिंग्ज् प्रा. लि. द्वारा प्रकाशित यह पुस्तक इस शर्त पर विक्रय की जा रही है कि प्रकाशक की लिखित पूर्वानुमति के बिना इसे व्यावसायिक अथवा अन्य किसी भी रूप में उपयोग नहीं किया जा सकता। इसे पुनः प्रकाशित कर बेचा या किराए पर नहीं दिया जा सकता तथा जिल्दबंद या खुले किसी भी अन्य रूप में पाठकों के मध्य इसका परिचालन नहीं किया जा सकता। ये सभी शर्तें पुस्तक के खरीददार पर भी लागू होंगी। इस संदर्भ में सभी प्रकाशनाधिकार सुरक्षित हैं। इस पुस्तक का आंशिक रूप में पुनः प्रकाशन या पुनः प्रकाशनार्थ अपने रिकॉर्ड में सुरक्षित रखने, इसे पुनः प्रस्तुत करने की प्रति अपनाने, इसका अनूदित रूप तैयार करने अथवा इलेक्ट्रॉनिक, मैकेनिकल, फोटोकॉपी और रिकॉर्डिंग आदि किसी भी पद्धति से इसका उपयोग करने हेतु समस्त प्रकाशनाधिकार रखनेवाले अधिकारी तथा पुस्तक के प्रकाशक की पूर्वानुमति लेना अनिवार्य है।

'Don't Sweat the Small Stuff ' इस अंग्रेजी पुस्तक का हिंदी अनुवाद

Chhoti Chhoti Baton ka Tension na Le
by Richard Carlson

मैं यह पुस्तक अपनी पुत्रियों
जैज़ी और कीना को समर्पित करता हूँ,
जो मुझे प्रतिदिन याद दिलाती हैं कि
छोटी-छोटी बातों पर परेशान न होना कितना मायने रखता है।
मैं तुम दोनों को बहुत प्यार करता हूँ।
तुम दोनों जैसी भी हो, वैसी होने के लिए बहुत-बहुत शुक्रिया!

डोंट स्वेट द स्माल स्टफ की प्रशंसा में

'रिचर्ड कार्लसन की पुस्तक को आए लगभग दो दशक हुए परंतु जीवन के अर्थ के विषय में उनकी अंतर्दृष्टि बेजोड़ रही है। यह किताब हमें वर्तमान पर केंद्रित रहना और संतोष के साथ जीते हुए संतुलन साधना सिखाती है।

– दीपक चोपड़ा

'डोंट स्वेट द स्माल स्टफ में हमारे व्यक्तिगत और सामूहिक जीवन को बदलने की क्षमता है। मैं डॉ. रिचर्ड कार्लसन और उनकी प्रिय पत्नी मिसेज क्रिस्टीन कार्लसन के विवेक और करूणा का आभारी हूँ, जिन्होंने लाखों पाठकों के लिए रूपांतरणकारी अभ्यास तथा दृष्टिकोण प्रस्तुत किए।'

– शउना शपीरो, द आर्ट एंड साइंस ऑफ माइंडफुलनेस के लेखक

'रिचर्ड कार्लसन अपनी डोंट स्वेट द स्माल स्टफ श्रेणी की पुस्तकों के माध्यम से हमारी सोच में क्रांति लाने में सफल रहे। वे छिपे हुए रूप में एक ज़ेन साधक थे, उन्होंने संस्कृति के रूपांतरण में बहुत प्रभावशाली भूमिका निभाई।'

– मैरियन विलियमसन,
ए रिटर्न टू लव की न्यू यॉर्क टाइम्स बेस्टसेलिंग लेखिका

विषय सूची

	प्रस्तावना, रॉबिन शर्मा	11
	भूमिका, क्रिस्टीन कार्लसन	13
	परिचय	15
	आभार	19
1	छोटी-छोटी बातों की चिंता न करें	21
2	अधूरेपन को स्वीकारें	22
3	मन से यह विचार निकाल दें कि शांत, सौम्य और ठहरे हुए लोग कोई खास उपलब्धि नहीं पा सकते	23
4	अपनी सोच के स्नोबॉल प्रभाव से बचें	24
5	चूहा दौड़ मानसिकता को दूर करें	26
6	अपनी करूणा विकसित करें	28
7	स्वयं को याद दिलाएँ जब आप मारे जाएँगे, तो आपकी 'इन-बॉस्केट' खाली नहीं होगी	29
8	दूसरों के वाक्य के बीच में बाधा न दें	30
9	किसी दूसरे के लिए नेकी करें – पर किसी को इस बारे में न कहें	32
10	दूसरों को प्रशंसा अर्जित करने दें	33
11	वर्तमान क्षण में जीना सीखें	35
12	कल्पना करें कि आपके अलावा सभी समझदार हैं	36
13	अधिकतर समय दूसरों को 'सही' मानें	37
14	अधिक धैर्यवान बनें	39
15	धीरज के अभ्यास के लिए समय निकालें	41
16	दूसरों तक पहुँचने या प्यार देनेवाले पहले इंसान बनें	43
17	स्वयं से पूछें, 'क्या आज से एक साल बाद यह मायने रखेगा?'	45

18	इस तथ्य को स्वीकारें कि जीवन हमेशा न्याय संगत नहीं होता	46
19	स्वयं को नीरसता के बीच होने दें	48
20	तनाव के प्रति सहनशक्ति कम करें	50
21	समयसीमा को नाटकीय न बनाएँ	52
22	सप्ताह में एक बार, एक हार्दिक पत्र लिखें	54
23	अपने अंतिम संस्कार में अपनी कल्पना करें	55
24	स्वयं से दोहराएँ, 'जीवन कोई आपातकाल नहीं'	56
25	अपने बैक बर्नर के साथ प्रयोग करें	57
26	प्रतिदिन सोचें कि किसे आभार प्रकट कर सकते हैं	59
27	अजनबियों को देखकर मुस्कुराएँ, उनकी आँखों में देखें और हैलो कहें	61
28	रोज अपने लिए शांत भाव से बैठने का समय निकालें	62
29	कुछ समय फोन के बिना काम करें	63
30	अपने जीवन से जुड़े लोगों की छोटे बच्चों और सौ साल के बूढ़ों के रूप में कल्पना करें	65
31	सबसे पहले समझनेवाले बनें	66
32	एक बेहतर श्रोता बनें	68
33	अपनी जंग सोचकर चुनें	70
34	अपने मनोभाव को जानें और निम्न मनोभावों के हाथों मूर्ख न बनें	72
35	जीवन एक परीक्षा है, यह सिर्फ एक परीक्षा है	74
36	थकान का अनुमान लगाना बंद करें	76
37	तारीफ और इल्ज़ाम एक जैसे होते हैं	78
38	दयालुता का अभ्यास करें	80
39	व्यवहार से परे देखें	82
40	मासूमियत को देखें	83

41	सही होने की बजाय विनम्र होना चुनें	85
42	तीन लोगों से कहें (आज) कि आप उनसे बहुत प्रेम करते हैं	87
43	विनम्रता का अभ्यास करें	88
44	जब इस बारे में संदेह हो कि आज कचरा उठाने की बारी किसकी है, तो तुरंत आगे बढ़ें और उसे उठाएँ	90
45	अंधकार को कोसने के बजाय उम्मीद का दीया जलाएँ	91
46	वेदरप्रूफिंग से बचें	93
47	प्रतिदिन कुछ क्षण किसी ऐसे व्यक्ति के बारे में सोचते हुए बिताएँ जिससे आप प्रेम करना चाहें	95
48	एक मानवविज्ञानी बनें	97
49	विभिन्न यथार्थ को समझें	99
50	मदद करने के निजी उपाय विकसित करें	100
51	प्रतिदिन, कम से कम एक व्यक्ति से कुछ ऐसा कहें जो आपको उसके बारे में पसंद हो, उसे सराहें	101
52	अपनी सीमाओं के लिए बहस करें और वे आपकी होंगी	103
53	याद रखें, हर चीज़ पर ईश्वर की छाप है	105
54	निंदा करने से बचें	106
55	आभार प्रकट करना याद रखें	107
56	अपनी पाँच जिद्दी अवस्थाओं के बारे में लिखें और देखें कि आप उन्हें बदल सकते हैं या नहीं?	109
57	केवल मौज के लिए, अपनी आलोचना को स्वीकारें	110
58	दूसरों की राय में छिपा सच तलाशें	112
59	गिलास को पहले से टूटा हुआ देखें (और बाकी सब चीज़ों को भी)	113
60	आप जहाँ जाते हैं, आप वहीं हैं, इस कथन को समझें	114
61	कुछ कहने से पहले साँस लें	115

62	अपने काम के माहौल को खुशनुमा बनाएँ	117
63	अच्छा महसूस होने पर आभार प्रकट करें और बुरा महसूस होने पर गरिमा बनाए रखें	119
64	थोड़े कम आक्रामक चालक बनें	121
65	रिलैक्स	123
66	मेल के माध्यम से एक बच्चा गोद लें	124
67	अपने मैलोड्रामा को मैलो-ड्रामा में बदलें	125
68	अपने दृष्टिकोण से अलग आलेख और किताबों को पढ़ें और कुछ सीखने का प्रयत्न करें	126
69	एक बार में एक काम करें	128
70	दस तक गिनें	129
71	समय-समय पर ब्रेक लें	130
72	तूफान के केंद्र में होने का अभ्यास करें	132
73	अपनी योजनाओं में बदलाव के प्रति लचीला बन जाएँ	133
74	आपके पास जो है, उसके बारे में सोचें; जो चाहते हैं, उसके बारे में न सोचें	135
75	नकारात्मक विचारों की उपेक्षा का अभ्यास करें	137
76	परिवार व मित्रों से सीखने को तैयार रहें	139
77	जहाँ भी हैं, प्रसन्न रहें	140
78	अपनी निजी प्राथमिकताओं की सूची तैयार करें	141
79	याद रखें, आप वही बनते हैं जिसका आप सबसे अधिक अभ्यास करते हैं	143
80	मन को रखें शांत	144
81	योग अपनाएँ	146
82	सेवा को जीवन का अभिन्न अंग मानें	148

83	किसी की मदद करें पर बदले में कुछ न चाहें	150
84	प्रभावी रूप से सुनने की कला को तनाव घटाने का साधन मानें	151
85	अपनी समस्याओं को संभावित शिक्षक जानें	153
86	न जानने में सुख है	155
87	अपने अस्तित्व की संपूर्णता को मान दें	157
88	अपने साथ थोड़ा नरमाई से पेश आएँ	158
89	दूसरों को दोष देना बंद करें	159
90	यह सूत्र याद रखें, 'दूसरों के साथ भलाई से पेश आकर उन्हें दोस्त बना सकते हैं'	161
91	सुबह जल्दी उठें	163
92	जब मदद करें तो छोटी बातों पर केंद्रित हों	165
93	याद रखें, आज से एक सौ साल बाद, सभी नए लोग होंगे	166
94	गंभीर न बनें	167
95	एक पौधा लगाएँ	169
96	समस्याओं से अपने संबंध को रूपांतरित करें	171
97	यह कहने से बचें – 'मुझे काम पर जाना होगा'	172
98	अगली बार किसी से बहस हो तो अपना बचाव करने के बजाए देखें कि क्या आप दूसरे के नज़रिए को समझ सकते हैं	187
99	सार्थक उपलब्धि की नए सिरे से परिभाषा दें	176
100	अपनी भावनाओं को सुनें, वे आपसे कुछ कहना चाहती हैं	178
101	अगर कोई आपकी ओर गेंद फेंके तो आपको उसे लपकने की ज़रूरत नहीं	180
102	यह भी बीत जाएगा	180
103	अपने वादों के संभावित तनावपूर्ण प्रभावों से बचें	183
104	अपने जीवन को प्रेम से भरपूर रखें	185

105	अपनी सोच की ताकत को जानें	186
106	'अधिक ही बेहतर है' यह विचार त्याग दें	187
107	अपने रिवाजों और आदतों का निरीक्षण करें (अगर ज़रूरत लगे तो उन्हें बदलने को तैयार रहें)	189
108	स्वयं से पूछते रहें, 'क्या ज्यादा महत्त्व रखता है?	191
109	अपने दिल की सुनें	192
110	वर्तमान पर केंद्रित रहें	193
111	जो है, उसे स्वीकार करें	195
112	अपने काम से मतलब रखें	196
113	कभी भी किसी की पीठ पर वार न करें	197
114	साधारण में असाधारण की खोज	199
115	अपने आंतरिक कार्य के लिए समय तय करें	200
116	इस तथ्य को स्वीकार करें – कभी न कभी आपको वास्तव में बुरे दिन का सामना करना ही पड़ता है	201
117	व्यवहार के ढाँचों को पहचानें	203
118	अपनी अपेक्षाओं को कम करें	204
119	इस दिन को ऐसे जीएँ जैसे शायद यह आखिरी हो!	206
	तेजज्ञान फाउण्डेशन जानकारी	208

प्रस्तावना : रॉबिन शर्मा

रिचर्ड कार्लसन एक महान मनुष्य थे। एक ऐसे लेखक जिनकी पुस्तकें लोगों को आज तक प्रेरणा देती आ रही हैं, रिचर्ड बहुत ही प्रामाणिक, रचनात्मक और मानवता से भरपूर लेखकों में से थे।

हम बहुत ही अस्थिर संसार में जी रहे हैं। मनोरंजन शिक्षा से अधिक आकर्षक हो गया है। निजी लाभ को व्यक्तिगत विकास से अधिक माना जाता है। सेल्फलेस होना, सेल्फी लेने की तुलना में कम सेक्सी कहलाता है। हममें से बहुत से लोगों को लगता है कि समाज अपना रास्ता भटक गया है।

ऐसे में डोंट स्वेट द स्माल स्टफ की प्रासंगिकता और भी बढ़ जाती है।

यह छोटी सी पुस्तक बीस वर्ष पहले प्रकाशित हुई थी और आज तक हमें उस विवेक की याद दिलाती है, जिसके बल पर हम अपना सबसे बेहतरीन पाते हुए जीवन की सुंदरता का आनंद उठा सकते हैं।

मैं सबसे पहले एक विशाल सभा में रिचर्ड से मिला था। वे एक जाने-माने लेखक और वक्ता थे। मैंने एक वकील के रूप में अपने कैरियर को त्यागने के बाद उन्हीं दिनों निजी विकास और जीवन कौशल के क्षेत्र में कदम रखा ही था। दोनों ही अंतमुर्खी थे और यह चाह रहे थे कि हमें वीआईपी 'मीट और ग्रीट' का हिस्सा न बनना पड़े। परंतु हमने ऐसा किया और उस सत्र के बाद अपनी असुविधा और एकांत प्रेम के बारे में बातें करते हुए खूब हँसे। वह पहली भेंट ही हमारी दोस्ती की नींव बनी। हम दोनों महाद्वीप के दो अलग छोरों पर रहते थे इसलिए जितना चाहता था, रिचर्ड से उतना मिल नहीं पाता था। हालाँकि फोन कॉल और डिजीटल संपर्क के माध्यम से हम एक-दूसरे को अच्छी तरह जान गए थे। मैंने उनकी गहराई, हास्यबोध, परिवार के प्रति निष्ठा और अपनी ओर से दुनिया को बेहतर बनाने के संकल्प को जाना।

ईश्वर ने उन्हें हमसे बहुत जल्दी छीन लिया परंतु जीवन का अपना प्रवाह है

और इसके अनपेक्षित मोड़ों को हम कभी नहीं समझ सकते। कृपया जान लें कि आप जो पुस्तक पढ़ने जा रहे हैं, वह एक ऐसे व्यक्ति ने लिखी थी जो बहुत ही विवेकवान और स्नेही थे।

मैं जानता हूँ कि इस पुस्तक के शब्द आपको प्रभावित करते हुए, प्रेरित और उन्नत बनानेवाले हैं, जैसे कि वे अन्य अनेक देशों के पाठकों के लिए करते आए हैं। जहाँ लोग एक संपन्न और प्रभावशाली जीवन के साथ-साथ सबको और अधिक प्रसन्न, स्वस्थ, साहसी और दयालु देखना चाहते हैं।

मेरा मानना है कि इस वैश्विक अनिश्चितता के दौर में इस पुस्तक का यह नया संस्करण रिचर्ड को भी प्रसन्न करेगा, उन्हें यह जानकर अच्छा लगेगा कि वे आज भी मानवता की सेवा का साधन बने हुए हैं।

मैं उनके योगदान और इस विशेष संस्करण के प्रकाशन का उत्सव मनाता हूँ और इसके लिए अपनी शुभकामनाएँ देता हूँ।

आपको बधाई, आपने इस पुस्तक को पढ़ने के लिए चुना!

प्रेम और आदर सहित

रॉबिन शर्मा

'द मोंक हू सोल्ड हिज़ फरारी' तथा 'द लीडर हू हैड नो टाइटल' के लेखक

भूमिका : क्रिस्टीन कार्लसन

डोंट स्वेट द स्माल स्टफ श्रेणी पुस्तकों के बीस वर्ष पूरे होने के उपलक्ष्य में इतनी सुंदर प्रस्तावना लिखने के लिए रॉबिन शर्मा का बहुत-बहुत धन्यवाद।

यह मेरे लिए बहुत ही सौभाग्य और आदर की बात है कि मुझे अपने स्वर्गीय पति, डॉ. रिचर्ड कार्लसन की ओर से उनकी विरासत के बारे में कुछ कहने का अवसर मिल रहा है – यह एक ऐसी विरासत है, जिसे उन्होंने मानसिक स्वास्थ्य और कल्याण तथा हमारे जीवन के अध्यायों के गहरे अध्ययन से पाया था। उनके पास गहन विचारों को सरल शब्दों में प्रस्तुत करने का कौशल था, परंतु वे शब्द शक्तिशाली सत्य के रूप में लोगों तक पहुँचते थे, चाहे वे किसी भी भाषा, संस्कृति, धर्म, राजनीति या लिंग के क्यों न हों।

जीवन की छोटी-छोटी बातें कई बार इतनी परेशानी और खीझ का कारण बन जाती हैं कि लोग समझ नहीं पाते कि वे सहायता के लिए किसके पास जाएँ।

पिछले अनेक वर्षों से लगातार पत्र व साक्ष्य आते रहे हैं और बार-बार एक ही बात कही जाती रही है, 'इस पुस्तक ने मुझे मेरे कष्ट के दौरान सहायता की, यह मेरे लिए बाइबिल के समान है, मैं इसे कई बार पढ़ चुका हूँ और यह हर बार मेरे मन को शांत करने में सहायक रही है या फिर ओपरा ने एक बार इस पुस्तक के लिए कहा था, 'इसे तो हमेशा बिस्तर के सिरहाने होना चाहिए।' या फिर 'छोटे सरल अध्यायोंवाली यह पुस्तक तो बाथरूम में भी पढ़ी जा सकती है।' कई अन्य लोगों ने भी कहा है कि वे इसे अपने साथ रखना पसंद करते हैं।

मेरा मानना है कि रिचर्ड के शब्द लोगों के जीवन में सजगता लाने और उनके तनाव को घटाने में इसलिए सहायक रहे हैं क्योंकि वे जानते थे कि लोगों को आत्मविश्वास कैसे सौंपना है और उनके मानसिक स्वास्थ्य के लिए कौन से साधन उत्तम हो सकते हैं। 'सकारात्मक मनोविज्ञान' के आने से पहले रिचर्ड इन अवधारणाओं के अग्रणी के रूप में इन्हें लेखन में शामिल कर चुके थे और कहते थे, 'हर इंसान हमेशा प्रसन्न नहीं रह सकता परंतु आप अभ्यास के साथ अपनी

सोच और रवैए में छोटे-छोटे बदलाव लाकर स्वयं को तुरंत पटरी पर वापस ला सकते हैं।'

यह पुस्तक आपको बहुत ही सौम्यता के साथ सहज मूल्यों की ओर वापस ले आएगी। जब आप इसे पढ़ेंगे तो अपने सहज स्वभाव को याद करते हुए जान सकेंगे कि स्नेह, करूणा और दयालुता के साथ जीवन को सजग भाव से जीने का क्या अर्थ होता है।

जीवन एक अभ्यास है और आप जो अभ्यास करेंगे, वह उस बीज की तरह पनपेगा, जिसे सूरज की धूप और पानी मिल गया हो। आपका अभ्यास ही मजबूत होकर सामने आता है।

यह पुस्तक आपका बहुत सुंदर तरीके से मार्गदर्शन करेगी कि आप जीवन के साथ सरल भाव से चलते हुए, उन बातों की समझ को कैसे विकसित कर सकते हैं जो किसी इंसान को सही मायनों में प्रसन्न और सार्थक बनाते हुए उसकी संभावना को साकार करती हैं और उसे दूसरों पर सकारात्मक प्रभाव डालने के योग्य बनाती हैं।

मैं निजी रूप से कह सकती हूँ कि इस पुस्तक को पढ़ने के बाद और इसके उपायों को अपनाने के बाद आपके पास यह चुनने का विवेक होगा कि आप महानतम प्रसन्नता, शांति और आनंद के साथ छोटी बातों की चिंता न करते हुए, जीवन की बड़ी बातों के साथ कैसे जी सकते हैं।

मेरे स्वर्गीय पति डॉ. रिचर्ड कार्लसन की विरासत को पूरे गर्व से आगे ले जाते हुए मुझे प्रसन्नता हो रही है, जिसने लाखों लोगों के जीवन को बदलने में अहम भूमिका निभाई है। हर पीढ़ी को बेहतर तरीके से जीने के लिए डोंट स्वेट द स्माल स्टफ की आवश्यकता है।

जीवन और प्रेम के उपहारों को संभाल लें।

क्रिस्टीन कार्लसन

परिचय

'मेरी पीढ़ी की सबसे बड़ी खोज यही है कि एक मनुष्य अपने रवैए में बदलाव लाते हुए अपने जीवन को बदल सकता है।'

- विलियम जेम्स

जब भी हमारा सामना किसी बुरी खबर, किसी बुरे इंसान या फिर किसी तरह की निराशा से होता है, तो हम आदतन उनके साथ इस तरह पेश आते हैं, जिससे हमें कोई लाभ नहीं होता। हम आवश्यकता से अधिक प्रतिक्रिया देते हुए तिल से ताड़ बना देते हैं, उन पर आवश्यकता से अधिक विचार करते हुए, जीवन के नकारात्मक पक्षों पर केंद्रित हो जाते हैं। जब हम इन छोटी बातों के वश में हो जाते हैं तो हम आसानी से खीझने लगते हैं, चिड़चिड़े हो जाते हैं। हम आवश्यकता से अधिक सोचने के कारण कुंठित हो जाते हैं और अपना ही मनचाहा पाने की राह में बाधा बन जाते हैं। हम बड़ी तस्वीर को अनदेखा कर, नकारात्मकता पर केंद्रित होते हैं और दूसरे लोगों को भी खिझा देते हैं, जो शायद हमारी मदद कर सकते हैं। हम अपना जीवन इस तरह जीने लगते हैं, मानो यह कोई बड़ा आपातकाल हो। हम अक्सर व्यस्तता के बीच, समस्याओं को हल करते दिखाई देते हैं, परंतु वास्तव में हम उन्हें कई गुना बड़ा कर रहे होते हैं। क्योंकि हर मुसीबत बड़ी लगती है और हम एक के बाद एक इसी तमाशे के बीच अपना पूरा जीवन बिता देते हैं।

कुछ समय बाद हम यही मानने लगते हैं कि हर चीज़ एक बड़ी समस्या है। हमें पता ही नहीं चलता कि कब हम अपनी समस्याओं को इस बात से जोड़ने लगते हैं कि हम उन्हें कितनी गति और प्रभावशीलता से सुलझा रहे हैं। आशा करता हूँ कि आप भी जल्द ही जान लेंगे। जब आप जीवन की समस्याओं के लिए सहज रवैया अपनाना सीख लेते हैं, तो हर मुश्किल छोटी लगने लगती है और उसे संभालना आसान हो जाता है। सही मायनों में तनाव देनेवाली बड़ी समस्याओं को भी हल करना पहले से कहीं अधिक सरल हो जाता है।

जीवन के प्रति प्रसन्नतापूर्वक पेश आना भी एक अच्छा उपाय है - यह सौम्य और सरल मार्ग आपके जीवन को आसान और आसपास के लोगों को अनुकूल बनाता है। आप चाहें तो प्रतिक्रिया देने की पुरानी आदत के बजाए, नज़रिए की नई आदतों को अपना सकते हैं। ये नई आदतें हमें कहीं अधिक संपन्न और संतुष्ट बनाती हैं।

मैं आपके साथ एक निजी कहानी बाँटना चाहूँगा, जिसने मेरे दिल को छुआ और एक गहरा सबक भी दिया - यह कहानी इस पुस्तक के अनिवार्य संदेश को दर्शाती है। जैसा कि आप देखेंगे, इस कहानी के प्रसंगों ने ही पुस्तक के शीर्षक के बीज बोए, जिसे अब आप पढ़ने जा रहे हैं।

एक वर्ष पूर्व एक विदेशी प्रकाशक ने संपर्क किया और आग्रह किया कि मैं अपनी पुस्तक 'यू कैन फील गुड अगेन' के विदेशी संस्करण के लिए बेस्टसेलिंग लेखक डॉ. वेन डायर से अनुमोदन पाने का प्रयत्न करूँ। मैंने उन्हें बताया कि डॉ. डायर मेरी पिछली पुस्तक के लिए ऐसा कर चुके थे इसलिए मैं कह नहीं सकता कि इस बार वे हामी भरेंगे या नहीं। हालाँकि मैंने यह भी कहा कि मैं कोशिश कर लूँगा।

जैसा कि प्रकाशन जगत में अक्सर होता है, मैंने अपनी ओर से आग्रह किया, परंतु कोई उत्तर नहीं आया। कुछ समय बीता और मैंने निष्कर्ष निकाला कि डॉ. वेन डायर व्यस्त होंगे या वे ऐसा नहीं करना चाहते। मैंने उनके निर्णय का मान रखते हुए अपने प्रकाशक को संदेश दे दिया कि हम पुस्तक के प्रचार के लिए उनके नाम का प्रयोग नहीं कर सकेंगे। मेरे हिसाब से बात यहीं समाप्त हो गई।

हालाँकि छह महीने बाद, मुझे विदेशी संस्करण की प्रति मिली और मुझे यह देखकर हैरानी हुई कि प्रकाशक ने आवरण पर, मेरी पिछली पुस्तक के लिए डॉ. वेन डायर के दिए गए अनुमोदन का प्रयोग कर लिया था। उन्होंने डॉ. वेन डायर के शब्दों को इस तरह प्रयुक्त किया मानो उन्होंने यह नई पुस्तक के लिए कहा हो। इस बात से मैं बहुत गुस्से में था और चिंतित था कि इसका परिणाम बुरा हो सकता था। मैंने तुरंत ही अपने साहित्यिक एजेंट को फोन किया और उसने प्रकाशक से संपर्क कर माँग की कि पुस्तक को बाज़ार से वापस ले लिया जाए।

इसी दौरान, मैंने अपनी ओर से डॉ. वेन डायर को माफीनामा लिखने के लिए सोचा और हालात बताते हुए लिखा कि समस्या के सुधार के लिए उपाय किया जा रहा है। मैं कुछ सप्ताह तक उनके उत्तर की प्रतीक्षा में रहा, तब मुझे एक मेल मिला, जिसमें लिखा था :

रिचर्ड, पूरी तरह से सामंजस्य में रहने के दो नियम हैं।

1. डोंट स्वेट द स्माल स्टफ और 2. इट्स ऑल स्माल स्टफ। बस यही सच है।

लव, वेन।'

बस इतनी सी बात! न कोई लेक्चर, न कोई धमकी। कोई बैर या बहस नहीं। मैंने उनके नाम का अनुचित रूप से प्रयोग किया इसके बावजूद वे कितने विनय और आदर से पेश आए। उनके प्रत्युत्तर से 'प्रवाह में बहने' की अवधारणा झलक रही थी और यह सीख भी शामिल थी कि हमें जीवन के लिए सहजता और सरलता से पेश आना चाहिए।

एक दशक से भी अधिक समय से ग्राहकों के साथ काम करते हुए, उन्हें जीवन के प्रति स्वीकृत भाव अपनाना सिखाता आ रहा हूँ। हम मिलकर इन सभी समस्याओं का सामना कर सकते हैं – काम से जुड़े मसले, संबंधों से जुड़े मसले, तनाव, लत और कुंठा आदि सब कुछ।

इस पुस्तक में मैं आप सबके साथ कुछ खास रणनीतियों को बाँटने जा रहा हूँ – ऐसे काम जिन्हें आप आज ही करना आरंभ कर सकते हैं। आप जिन रणनीतियों को पढ़ने जा रहे हैं, वे मेरे ग्राहकों द्वारा सफल साबित हो चुकी हैं। मेरे पाठक वर्षों से इन्हें अपनाते आ रहे हैं। इनसे जीवन के लिए मेरा नज़रिया भी झलकता है। कम से कम विरोध का मार्ग। हर रणनीति सरल और शक्तिशाली है और आपको विश्रांत भाव से जीना सिखाती है। आपको लगेगा कि आप इन्हें केवल किसी एक प्रसंग पर नहीं बल्कि जीवन के कठिन मसलों को हल करने के लिए भी प्रयुक्त कर सकते हैं।

जब आप छोटी बातों पर चिंता नहीं करते, तो आपका जीवन संपूर्ण नहीं हो जाएगा, परंतु आप जीवन की हर चीज़ को कम से कम प्रतिरोध के साथ स्वीकार करना सीख लेंगे। आपका जीवन सहज भाव से प्रवाहित हो सकेगा। आप निम्न प्रार्थना के अनुसार अपने जीवन को ढाल सकेंगे :

'जिन चीज़ों को बदल सकें, उन्हें बदल दें। जिन्हें बदल न सकें, उन्हें स्वीकार लें और इन दोनों के बीच अंतर करने का विवेक पा लें।'

मुझे पूरा विश्वास है कि अगर आपने इन उपायों पर ध्यान दिया तो आपको सामंजस्य पाने के दोनों नियम मिलेंगे। 1. डोंट स्वेट द स्माल स्टफ और 2. इट्स ऑल स्माल स्टफ।

जब आप इन्हें जीवन में उतारेंगे, तो आप अपना ही शांत और स्नेही रूप पा सकेंगे।

आभार

मैं इस पुस्तक को तैयार करने में सहायक लोगों के प्रति अपना आभार प्रकट करना चाहूँगा : इस पुस्तक के प्रति उत्साह और प्रोत्साहन के लिए पैटी ब्रेटमान का आभार और छोटी बातों पर चिंता न करने के उनके संकल्प और विवेक के प्रति भी धन्यवाद। लीज़ल वेल्स को उनके अंतर्दृष्टिपूर्ण संपादन कौशल और विज़न के लिए धन्यवाद। आप दोनों का बहुत-बहुत आभार!

1

छोटी-छोटी बातों की चिंता न करें

प्राय: हम स्वयं को ऐसी बातों के घेरे में पाते हैं, जिन्हें पास से देखने पर वे उतनी बड़ी नहीं लगतीं, जितना हम समझ रहे थे। हम छोटी समस्याओं और परेशानियों पर इतनी चिंता करते हैं कि उन्हें उनके अनुपात से कहीं बड़ा दिखा देते हैं। उदाहरण के लिए, एक अजनबी भारी यातायात के बीच हमारे आगे से रास्ता काट जाता है। उस बात को वहीं समाप्त कर, अपनी दिनचर्या में आगे बढ़ने के बजाए, हम स्वयं को यकीन दिला देते हैं कि उस व्यक्ति के लिए हमारा गुस्सा जायज है। हम अपने मन में काल्पनिक बहस करने लगते हैं। हममें से कई लोग इस बात को भुलाने के बजाए दूसरे लोगों से बार-बार इसका वर्णन भी कर सकते हैं।

आप चालक को उसके हाल पर छोड़ क्यों नहीं देते? उस व्यक्ति के लिए अपने मन में करुणा का भाव पैदा करें और याद रखें कि इतनी ज्यादा जल्दीबाज़ी दिखाना कितना कष्टदायी हो सकता है। इस तरह, हम अपनी बेहतरी की भावना को बनाए रखते हुए, दूसरों की समस्याओं को निजी रूप से लेना छोड़ सकते हैं।

इसी तरह रोज़मर्रा के जीवन में बहुत सी घटनाएँ हो सकती हैं, जैसे हमें किसी पंक्ति में प्रतीक्षा करनी पड़ सकती है, नाजायज़ आलोचना सुननी पड़ सकती है या फिर दूसरों के हिस्से का काम भी करना पड़ सकता है। यदि हम छोटी-छोटी बातों की चिंता न करें तो इसका हमें बहुत लाभ हो सकता है।

बहुत से लोग, छोटी-छोटी बातों पर अपनी जीवन ऊर्जा नष्ट करते हैं और इस तरह वे जीवन के सौंदर्य और जादू के असर से दूर होते चले जाते हैं। जब आप इस लक्ष्य की प्राप्ति के लिए काम करेंगे, तो आपके पास दयालु और सौम्य होने के लिए कहीं अधिक ऊर्जा होगी।

2
अधूरेपन को स्वीकारें

मैं आज तक किसी ऐसे संपूर्णतावादी व्यक्ति से नहीं मिला, जिसका जीवन आंतरिक शांति से भरपूर रहा हो। संपूर्णता पाने की चाह और आंतरिक शांति पाने की इच्छा का सदा आपस में संघर्ष रहता है। जब भी हम किसी चीज़ को खास तरह से पाने के लिए आसक्त होते हैं, जो उसके मौजूदा रूप से अलग होता है, तो जान लें कि हम वह लड़ाई हार ही चुके हैं। हमारे पास जो है, उसके लिए आभार प्रकट करने और संतुष्ट होने के बजाए, हम हमेशा उन बातों पर केंद्रित रहते हैं जो हमारे साथ गलत हुई हैं या हमारे पास नहीं हैं। जब हम यही विचार करते रहते हैं कि हमारे साथ क्या बुरा हुआ, तो इसका अर्थ है कि हम असंतोष से घिरे हैं।

चाहे यह हमसे संबंध रखता हो – एक बिखरी हुई अलमारी, कार पर आई खरोंच, एक अधूरी उपलब्धि या फिर खर्च किए जानेवाले कुछ पाउंड – या फिर किसी दूसरे का अधूरापन – कोई अपने जीवन को जैसे देखता है, पेश आता है या अपना जीवन जीता है – उस अधूरेपन पर केंद्रित होने से हम सौम्य और दयालु होने के अपने लक्ष्य से दूर होते चले जाते हैं। इस रणनीति का इस बात से कोई लेन-देन नहीं है कि आप अपनी ओर से बेहतर करना छोड़ दें, बस आपको जिंदगी की कमियों पर आवश्यकता से अधिक केंद्रित होने या उनसे जुड़ने की ज़रूरत नहीं है। आपको यह एहसास होना चाहिए कि चाहे हर काम को और बेहतर तरीके से करने का उपाय होता है, इसका अर्थ यह नहीं कि आप चीज़ों को उनके वास्तविक रूप में नहीं सराह सकते या उनका आनंद नहीं उठा सकते।

समाधान यही है कि आप जब भी चीज़ों को उनके वास्तविक रूप से अलग देखने की इच्छा रखें, अपने पर उसी समय ध्यान दें। अपने आपको आराम से याद दिलाएँ कि जीवन इस समय जैसा है, जो भी है, वही अच्छा है। आपकी परख के अभाव में सब कुछ अच्छा होगा। जब आप जीवन के हर क्षेत्र में संपूर्णता पाने की माँग से उबरेंगे, तो आपको स्वयं ही जीवन में संपूर्णता दिखाई देने लगेगी।

3

मन से यह विचार निकाल दें कि शांत, सौम्य और ठहरे हुए लोग कोई खास उपलब्धि नहीं पा सकते

ऐसे बहुत से कारण हैं, जिनकी वजह से हम हमेशा जल्दबाज़ी में, डरे हुए, प्रतियोगी भावना से भरपूर होकर जीवन को इस तरह जीते हैं, मानो कोई भारी आपातकाल हो। इनमें से हमारा भय एक प्रमुख कारण है, हमें लगता है कि अगर हम और अधिक शांत एवं स्नेही हुए तो शायद अचानक अपना लक्ष्य प्राप्त करना बंद कर देंगे। हम आलसी और निरुत्साही हो जाएँगे। आप स्वयं को इस भय से बचाने के लिए इस बात को ध्यान में रखें कि सदा इसके विपरीत ही सत्य होता है। भय और व्याकुलता से भरी सोच आपकी ऊर्जा को सोखते हुए, जीवन से रचनात्मकता और प्रेरणा को दूर कर देती है। जब आप भयभीत और बेचैन होते हैं तो वास्तव में स्वयं को अपनी सच्ची संभावना से दूर ले जाते हैं, ऐसी अवस्था में आनंद पाना तो बहुत दूर की बात रही। आपको आज तक जो भी सफलता मिली है, वह आपके भय के कारण नहीं, इसके अभाव में ही मिली होगी।

मैं बहुत ही सौभाग्यशाली रहा हूँ कि मेरे पास बहुत ही शांत, सहज और स्नेही लोगों का दायरा है। इनमें से कुछ लोग बेस्ट-सेलर लेखक, स्नेही माता-पिता, परामर्शदाता, कंप्यूटर विशेषज्ञ तथा प्रमुख एक्जीक्यूटिव अधिकारी हैं। वे सभी अपने हर काम में निपुण हैं और अपने कौशल के प्रति समर्पित हैं।

मैंने एक महत्त्वपूर्ण सबक सीखा है : जब आपके पास वह होता है, जो आप चाहते हैं (आंतरिक शांति), तो आप अपनी इच्छाओं, माँगों तथा चिंताओं से इतना बाधित नहीं होते। इस प्रकार अपने लक्ष्य पर एकाग्र व केंद्रित होना तथा लक्ष्य को प्राप्त कर, दूसरी बातों पर लौटना सरल हो जाता है।

4
अपनी सोच के स्नोबॉल प्रभाव से बचें

पहले से अधिक शांत बनने की एक शक्तिशाली तकनीक यह हो सकती है कि आप इस बारे में सजग रहें। इससे जल्द ही आपकी नकारात्मक और असुरक्षित सोच नियंत्रण से बाहर हो सकती है। क्या आपने कभी ध्यान दिया कि जब आप इस तरह की सोच में उलझ जाते हैं तो आप तनावग्रस्त अनुभव करते हैं? ऐसा क्या है, जो आपको परेशान कर रहा है? आप इसके जितना अधिक विस्तार में जाने की कोशिश करते हैं, आप उतना ही बदतर महसूस करने लगते हैं। एक विचार दूसरे विचार को जन्म देता है और इस तरह, उससे अगला विचार, और एक बिंदु तक आते-आते आप बुरी तरह से खीझ जाते हैं।

उदाहरण के लिए, हो सकता है कि अचानक रात को आपकी नींद खुले और आपको उस फोन कॉल की याद आ जाए, जो आपको अगले दिन करना है। तब आप यह सोचकर चैन की साँस नहीं लेते कि आपको कल किया जानेवाला ज़रूरी काम याद आ गया, इसके बदले आप कल किए जानेवाले सारे कामों के बारे में सोचने लगते हैं। हो सकता है कि आप अपने बॉस से संभावित बातचीत का पूर्वाभ्यास करने लगें, इससे आप और भी अधिक व्याकुल हो जाएँगे और जल्दी ही आपको ऐसा लगने लगेगा कि 'मुझे तो यकीन नहीं आता कि मैं इतना व्यस्त क्यों रहता हूँ। मुझे तो हर रोज़ पचास फोन कॉल करने चाहिए। ऐसी जिंदगी किसकी होती है?' इस तरह की सोच तब तक जारी रहती है, जब तक आप अपने लिए अफसोस नहीं करने लगते। कई लोगों के लिए तो कोई सीमा ही नहीं होती कि यह 'थॉट अटैक' कब तक जारी रहेगा। दरअसल, कई बार मेरे ग्राहक मुझे बताते हैं कि उनके कई-कई दिन और रातें इसी तरह के मानसिक पूर्वाभ्यास के बीच बीत जाते हैं। कहना न होगा, अगर आपके दिमाग में इतनी चिंता और खीझ भरी होगी, तो आपके लिए शांत बने रहना बहुत कठिन होगा।

इसका समाधान यही है कि जब भी आपके दिमाग में ऐसा कोई तूफान खड़ा हो, तो उसके वेग पकड़ने से पहले आप उसे देखें। आप जितनी जल्दी स्वयं को

इस मानसिक स्नोबॉल को बनाते हुए देखेंगे, उतनी जल्दी इसे रोक सकेंगे। हमारे इस उदाहरण में, आपने ध्यान दिया होगा कि आपकी स्नोबॉल सोच, तभी आरंभ होती है जब आप अगले दिन किए जानेवाले कामों के बारे में सोचने लगते हैं। उस समय आप अपने आनेवाले दिन के बारे में बार-बार सोचने के बजाए, अपने आपसे कहें, 'ओह, मैंने फिर ये यह सब चालू कर दिया।' और फिर सजग भाव से उस विचार से स्वयं को दूर कर लें। आपको अपनी विचारों की रेलगाड़ी को गति पकड़ने से पहले ही रोकना होगा। तब आप इस बात के लिए आभारी होंगे कि आपको कल किए जानेवाले फोन कॉल की याद आ गई। फिर आपके मन में इस बात के लिए बेचैनी पैदा नहीं होगी। अगर आप आधी रात को जाग गए हैं तो इस काम को कहीं लिख लें और फिर दोबारा सोने चले जाएँ। अगर आप चाहें तो ऐसे क्षणों के लिए अपने पलंग के पास एक कागज़ और पेन भी रख सकते हैं।

भले ही आप बहुत व्यस्त व्यक्ति हों, परंतु अगर आप अपने दिमाग को ऐसे विचारों से भरे रखेंगे कि आप कितने काम से घिरे हुए हैं, तो आप केवल समस्याओं के अंबार को बढ़ा रहे हैं और पहले से कहीं अधिक तनावग्रस्त होने की तैयारी में हैं। अगली बार जब भी अपनी दिनचर्या के बारे में व्याकुलता होने लगे तो ये छोटा सा उपाय अवश्य आजमाएँ। आपको यह देखकर आश्चर्य होगा कि यह आपके लिए कितना प्रभावी हो सकता है।

5

चूहा दौड़ मानसिकता को दूर करें

मैं अक्सर लोगों को इस तरह की बातचीत करते सुनता हूँ कि वे चूहा दौड़ के बीच फँस गए हैं और वे इस तरह बात करते हैं मानो वे बहुत ही साधारण रूप से बदलते मौसम की बात कर रहे हों। उनकी बातें सुनकर लगता है कि इस दौड़ से अपना बचाव हो ही नहीं सकता। उन्होंने इसे भी रोज़मर्रा के जीवन का एक हिस्सा मान लिया है।

इस सोच के साथ एक बड़ी परेशानी यह है कि अन्य मान्यताओं की तरह 'चूहा दौड़' में भी यही सोच झलकती है, जैसे 'मैं जल्दी में हूँ... मेरे रास्ते से हटो... समय कभी पूरा नहीं पड़ता... मेरे पास समय की बहुत कमी है... यह दुनिया आसानी से जीने नहीं देती...' आदि। यह आपको लगातार आपके आत्म-पराजित करनेवाले विश्वास को बल देते हुए भयभीत, अधीर और आशंकित बनाए रखती है। आप ध्यान देंगे कि अधिकतर लोग बहुत आसानी से चिंताग्रस्त हो जाते हैं क्योंकि वे यही मानते हैं कि वे भी 'चूहा दौड़' का हिस्सा हैं। कुछ और लोग भी होते हैं, जो अपनी नौकरियों, दबावों, जिम्मेदारियों व दिनचर्याओं से जुड़े हैं परंतु वे अपने काम के बारे में कहीं रोचक और शांतिपूर्ण तरीके से बात करते हैं। जबकि वे भी अपने घबराए हुए और विचलित 'चूहा दौड़' सोचवाले मित्रों की तरह ही उत्पादक और प्रभावशाली होते हैं।

मुझे ऐसे लोगों से मिलना बहुत पसंद है, जो कार्पोरेट का हिस्सा होने, लगातार यात्राओं में रहने या कामकाजी दुनिया में व्यस्त होने के बावजूद इस विक्षिप्तता से भरी विनाशकारी पहचान से दूर रहते हैं। वे स्वयं को उनके साथ खड़ा कर, उनके जैसा अनुभव पाने की इच्छा नहीं रखते। वे कहीं अधिक स्वीकृतिपूर्ण तरीके से जीते हुए, लगातार अपने अनुभवों को सकारात्मक बनाए रखने के प्रयास करते हैं।

हमारा रोज़मर्रा का बहुत सारा कार्यकारी जीवन हमारे मन में बसता है, जो इस बात पर निर्भर करता है कि हम किन पहलुओं पर केंद्रित होते हैं और अपने

अनुभवों को कैसा रूप देते हैं। दूसरे शब्दों में, जब हम अपने दिन का वर्णन करते हैं, तो हो सकता है कि हम अपनी बात को जायज़ ठहराने के लिए कहें, 'हे भगवान, यह सब कितना बुरा था। मैं लाखों लोगों के बीच ट्रैफिक में फँस गया था। सारा दिन बोरिंग मीटिंग्स में बीता, मैं हर जगह थोड़ी देर से पहुँचा। हर जगह बहस हुई और मुझे निरंतर संघर्षरत रहना पड़ा। कैसे बेवकूफों से पाला पड़ा था!'

जबकि ऐसे ही दिन के बारे में थोड़ा अलग तरह से भी सोचा जा सकता है। आप कुछ इस तरह से इसका वर्णन कर सकते हैं, 'मैं काम पर पहुँचा और आज बहुत सारे लोगों से मिलने का अवसर मिला। यह एक चुनौती से कम नहीं था, पर मैंने अपनी ओर से पूरा प्रयत्न किया मैं हर मीटिंग में पूरा समय दूँ और अगली मीटिंग के लिए भी देर न हो। मेरे काम करने का तरीका यही है कि ऐसे लोगों को एक साथ लाया जाए, जो एक साथ बहुत अच्छी तरह काम नहीं कर पाते। यह एक अच्छी बात है कि मैं उनकी सहायता करने के लिए मौजूद हूँ।'

क्या आप दोनों कथनों में अंतर को महसूस कर सकते हैं? ऐसा नहीं कि एक कथन में किसी ने बिलकुल सटीक यथार्थ कहा है और दूसरे कथन में केवल इच्छा प्रकट की गई है। सच तो यही है कि दोनों ही पूरी तरह से ठीक हैं।

6
अपनी करुणा विकसित करें

दूसरों के प्रति करुणा विकसित करने से हमें अपने दृष्टिकोण को बनाने में सहायता मिलती है। करुणा सहानुभूति की एक भावना है। इसमें आप स्वयं को सामनेवाले की अवस्था में रखकर देखते हैं। आप अपने ऊपर से केंद्र हटाकर सोचते हैं कि सामनेवाले के मन में क्या होगा और इसके साथ ही आपके मन में सामनेवाले के लिए स्नेह भाव भी पैदा होता है। आप दूसरे की समस्या, पीड़ा और कुंठा को उसी तरह समझ रहे हैं, जैसे आप अपनी समस्या और कष्ट को समझते हैं। इस तथ्य को समझने और अपनी ओर से मदद देने की आकांक्षा के साथ, हम अपने दिल खोलकर आभार की भावना को और भी बढ़ा देते हैं।

आप अभ्यास के साथ अपनी करुणा विकसित कर सकते हैं। इसमें दो चीज़ें शामिल हैं : अभिप्राय और कर्म। अभिप्राय का अर्थ है कि आप दूसरों के लिए अपने दिल के दरवाजे खुले रखते हैं। कर्म का मतलब है कि आप उसके बारे में क्या करते हैं। हो सकता है कि आप अपने दिल के बहुत निकट किसी कार्य के लिए समय अथवा धन दान करते हों। या फिर आप सड़क पर जानेवाले अजनबियों को मुस्कान के साथ हैलो कहते हों। यह अधिक मायने नहीं रखता कि आप क्या करते हैं, बस आपको कुछ करना है। जैसे मदर टेरेसा हमें याद दिलाती हैं, 'हम इस धरती पर महान कार्य नहीं कर सकते। हम छोटी बातें प्रेम से पूरी कर सकते हैं।'

करुणा का भाव तभी विकसित होगा जब आप उन सभी छोटी चीज़ों को ध्यान में रखना आरंभ करेंगे, जिन्हें आप सबने बहुत गंभीरता से लेना सीख लिया है। जब आप जीवन के चमत्कार पर ध्यान देंगे – जैसे समस्या के पीछे छिपे समाधान को देख पाने के चमत्कार का उपहार, प्रेम का उपहार आदि। यह सब आपको याद दिलाने में सहायक होगा कि अक्सर जिन बातों को आप बड़ा मानकर चिंता करने लगते हैं, वे वास्तव में बहुत छोटी बातें हैं, जिनकी चिंता करने की कोई आवश्यकता ही नहीं है।

7

**स्वयं को याद दिलाएँ जब आप मारे जाएँगे,
तो आपकी 'इन-बॉस्केट' खाली नहीं होगी**

हममें से अधिकतर लोग ऐसा जीवन जीते हैं, मानो हमारा रहस्यमयी उद्देश्य यही है कि किसी तरह सारा काम पूरा हो जाए। हम देर तक जागते हैं, सुबह जल्दी उठते हैं, कोई मौज-मस्ती नहीं करते और अपने प्रियजन को प्रतीक्षारत छोड़ देते हैं। मैंने ऐसे कई लोग देखे हैं, जो अपने प्रियजन को इतना इंतजार करवाते हैं कि उनके प्रियजन रिश्ते को बनाए रखने में दिलचस्पी खो देते हैं। मैं स्वयं भी ऐसा ही करता था। हम लोग अक्सर खुद को यकीन दिलाते हैं कि किए जानेवाले कामों की सूची के लिए हमारी दीवानगी अस्थायी है, इसके पूरा होते ही हम शांत और सहज हो सकते हैं। पर वास्तव में, ऐसा कभी नहीं होता। वे काम पूरे होते ही, दूसरी तरह के काम सामने आ जाते हैं।

आपकी इन-बास्केट में आपके किए जानेवाले काम होते हैं, इसका अर्थ यह नहीं कि आपको इसे खाली रखना है। हमेशा ऐसे कॉल होंगे जिनका जवाब देना है, परियोजनाओं को पूरा करना है और कई काम अधूरे पड़े रहेंगे। दरअसल यह तर्क भी दिया जा सकता है कि इन-बास्केट सफलता के लिए अनिवार्य है। आपका समय माँग में है। आप कौन हैं और क्या करते हैं, याद रखें कि आपकी और आपके प्रियजन की प्रसन्नता और आंतरिक खुशी से बढ़कर कुछ भी अहम नहीं है। अगर आप हर काम पूरा करने के पीछे लगे रहेंगे, तो आप कभी अच्छा महसूस नहीं कर सकते। दरअसल, हर चीज़ इंतज़ार कर सकती है। हमारे काम में बहुत थोड़ा सा काम आपातकालीन होता है। अगर आप काम पर केंद्रित हुए तो यह सही समय पर पूरा हो जाएगा। मैंने पाया कि अगर मैं स्वयं को याद दिलाता रहूँ कि जीवन का उद्देश्य लगातार सारे काम पूरे करना नहीं बल्कि इस यात्रा के दौरान हर कदम का आनंद लेना है और प्रेम से भरपूर जीवन जीना है। इस तरह मेरे लिए अपनी काम करने की सूची को अपने अधीन करना और आसान हो जाता है। याद रखें, जब आपकी मृत्यु होगी, तब भी आपके इन-बॉक्स में किए जानेवाले कामों की सूची होगी। जो काम कभी पूरे नहीं हो सकते, उनके लिए अपना अमूल्य जीवन इस तरह नष्ट न होने दें।

8
दूसरों के वाक्य के बीच में बाधा न दें

कुछ साल पहले तक, मुझे स्वयं इस बात का एहसास नहीं था कि मैं स्वयं भी दूसरों की बातों के बीच में बाधा देता था या उनके वाक्य के बीच में ही बोलने लगता था। जल्दी ही, मुझे एहसास होने लगा कि यह आदत कितनी विनाशक हो सकती थी। दूसरे की ओर से मिलनेवाले स्नेह और सम्मान में तो कमी आती ही थी, इसके अतिरिक्त एक साथ दो दिमागों में रहने से बहुत सारी ऊर्जा भी नष्ट होती थी। एक क्षण के लिए इस बारे में विचार करें। जब आप बहुत जल्दबाजी में किसी की बात काटते हैं या किसी के अधूरे वाक्य के बीच में ही अपनी बात कहने लगते हैं, तो आपको न केवल अपने विचारों को ध्यान में रखना होता है बल्कि उसकी सोच पर भी ध्यान देना पड़ता है, जिसकी बात आप काट रहे हैं। यह प्रवृत्ति (जो कि व्यस्त लोगों में बहुत आम है), दोनों पक्षों को प्रोत्साहित करती है कि वे अपनी वाणी और सोच दोनों में गति लाएँ। इस तरह, दोनों ही व्यक्ति परेशान, खीझे हुए और चिड़चिड़े हो सकते हैं। यह वार्तालाप बहुत थका देनेवाला हो जाता है। इसके कारण बहस भी हो सकती है क्योंकि यह बात ही अपने आपमें बहुत विचलित कर देनेवाली है कि सामनेवाला व्यक्ति आपकी बात सुन ही नहीं रहा।

और जब आप दूसरे व्यक्ति की बात काटकर, अपनी बात कहे जा रहे हैं तो आप ऐसे में दूसरे व्यक्ति की बात सुन भी कैसे सकते हैं?

जब आप एक बार यह जान लें कि आपको दूसरों की बात काटकर बोलने की आदत है, तो आप देखेंगे कि यह प्रवृत्ति एक ऐसी आदत से ज्यादा नहीं है, जो आपको दिखाई देनी बंद हो गई थी। यह एक अच्छी खबर है, बस अब आपको इतना ही करना है कि जब भी आप किसी की बात काटते पकड़े जाएँ, तो आपको अपने आपको रंगे हाथों पकड़ना है। अपने आपको याद दिलाएँ (वार्तालाप से पहले याद दिला सकें तो बेहतर होगा) कि आपको धीरज रखते हुए प्रतीक्षा करनी है। स्वयं से कहें कि पहले दूसरे व्यक्ति की बात पूरी होगी, आप उसके बाद ही बोलेंगे। आप ध्यान देंगे कि अपनी आदत में यह बदलाव लाते ही आपके जीवन में जुड़े लोगों के साथ आपके संबंधों में कितना बदलाव आ जाएगा। आप जिनसे

बातचीत करेंगे, वे लोग आपके आसपास और अधिक सहज अनुभव करेंगे क्योंकि आप पूरे मनोयोग से उनकी बात सुन रहे होंगे। आपकी हृदय गति धीमी हो जाएगी और आपको हड़बड़ाहट करने के बजाए बात करने में रस आने लगेगा। यह एक स्नेही और शांत व्यक्ति बनने का सरल उपाय होगा।

9

किसी दूसरे के लिए नेकी करें - पर किसी को इस बारे में न कहें

हम सभी लगातार दूसरों के लिए कुछ अच्छा करते रहते हैं, परंतु इसके साथ ही हम कहीं न कहीं अपनी इस दयालुता की चर्चा कर ही देते हैं ताकि उनसे गुप्त रूप से स्वीकृति पा सकें।

जब हम किसी के प्रति भलाई करते हैं तो हमें लगता है कि हम कितने विचारवान हैं। यह हमें याद दिलाता है कि हम कितने नेक हैं और हम भी उसी तरह की दयालुता पाने के अधिकारी हैं।

जहाँ दयालुता से जुड़े सभी कार्य सहज भाव से ही अद्भुत होते हैं, वहीं अगर कभी किसी से इनके बारे में चर्चा न की जाए तो ये जादुई भी हो सकते हैं। जब भी आप दूसरों को कुछ देते हैं तो आप अच्छा महसूस करते हैं। दूसरों को अपनी दयालुता के बारे में बताते हुए, उन सकारात्मक भावों को घटाने से बेहतर होगा कि उसे अपने तक ही सीमित रखें और उन सकारात्मक भावों के बीच बने रहें।

यह वास्तव में सत्य है कि एक व्यक्ति को केवल देने के लिहाज से ही देना चाहिए, उसके मन में कुछ पाने की अपेक्षा नहीं होनी चाहिए। जब आप दूसरों के आगे अपनी दयालुता का वर्णन नहीं करते, तो आप वास्तव में यही कर रहे हैं – वे स्नेहिल भाव ही आपका पुरस्कार हैं, जो आपको देने की भावना से मिले हैं। जब भी कभी किसी दूसरे व्यक्ति के लिए कुछ करें तो उसे अपने तक ही सीमित रखें और देने के असीम आनंद में डूबे रहें।

10

दूसरों को प्रशंसा अर्जित करने दें

जब आप दूसरों के सारे ध्यान को अपनी ओर निर्देशित करने का प्रयास छोड़ देते हैं और दूसरों को प्रशंसा अर्जित करने का अवसर देते हैं, तो आप एक अपूर्व शांति से भर जाते हैं। आपकी मानवीय भावना पर एक जादुई सा प्रभाव होने लगता है।

दूसरों से ध्यानाकर्षण पाने की हमारी इच्छा, हमारा अहं-केंद्रित हिस्सा है जो कहता है, 'मेरी ओर देखो। मैं विशेष हूँ। मेरी कहानी, तुम्हारी कहानी से कहीं अधिक रोचक है।' भले ही आपके भीतर से उस समय ऐसा कोई स्वर उठता हुआ महसूस न हो परंतु आप यही यकीन करना चाहते हैं कि 'मेरी उपलब्धि तुम्हारी उपलब्धि से अधिक है।' अहं हमारा वह हिस्सा है, जो चाहता है कि हमें देखा और सुना जाए, हमारा सम्मान हो, हमें विशेष माना जाए और कई बार तो हम यह सब चाहने के लिए किसी दूसरे को भी नीचा दिखाने से बाज़ नहीं आते। हमारा यह हिस्सा अक्सर दूसरों की बात काटता है या उनकी बात समाप्त होने की प्रतीक्षा में रहता है ताकि अपनी बात के माध्यम से सबका ध्यान अपनी ओर खींच सके। हममें से अधिकतर लोग इसी आदत के शिकार होते हैं और अपना ही नुकसान करते हैं। जब आप जल्दी से किसी की बात का सिरा अपनी ओर मोड़ते हैं तो उस समय आप उस व्यक्ति का आनंद छीन रहे हैं, जो आपको कुछ बता रहा है। ऐसा करते ही, आप उसके और अपने बीच फासला खड़ा कर देते हैं। इस तरह सबकी हार होती है।

अगली बार जब भी कोई आपको अपनी कहानी सुना रहा हो या अपनी किसी उपलब्धि का वर्णन कर रहा हो, तो यह देखें कि कहीं प्रतिक्रिया में आप अपनी बात करने की प्रवृत्ति तो नहीं रखते।

हालाँकि इस आदत को तोड़ना आसान नहीं होता। यदि आप दूसरे की बात में बाधा देकर, सबका ध्यान अपनी ओर न खीचें तो यह आदत न केवल आनंददायक होती है बल्कि आपके भीतर आत्मविश्वास भी बढ़ता है कि आप

दूसरों का ध्यान पाने की इच्छा का समर्पण करते हुए, दूसरे की कहानी का आनंद ले रहे हैं। इस तरह आपको भीतर से शांति का अनुभव होता है। सीधा बात के बीच में कूदकर ऐसा न कहें, 'ओह मैंने भी ऐसा ही किया था' या 'ओह, पता है, कल मेरे साथ क्या हुआ?' उसी समय अपनी जीभ काटें और देखें कि क्या होता है। केवल इतना कहें, 'ओह, बहुत अच्छी बात है', 'मुझे विस्तार से बताओ' और बात को वहीं रोक दें। आप जिससे बात कर रहे हैं, उसे बात करने में आनंद आएगा क्योंकि आप उसे अपनी पूरी उपस्थिति दे रहे हैं, उसकी बात ध्यान से सुन रहे हैं और उसे आपके साथ प्रतियोगी भावना महसूस नहीं हो रही। नतीजन, वह व्यक्ति आपके आसपास सहज महसूस करेगा। उसके भीतर आत्मविश्वास बढ़ेगा। आप भी सहज अनुभव करेंगे क्योंकि आप बेचैनी से अपनी बारी आने की प्रतीक्षा में नहीं होंगे।

वैसे कई बार ऐसा करना भी ज़रूरी होता है कि आप लोगों को अपने काम या उपलब्धि के बारे में भी जानकारी दें और उनसे अपना अनुभव कहें और उनका ध्यानाकर्षण अपनी ओर करें। मैं केवल इतना कह रहा हूँ कि हर बार अनावश्यक रूप से, केवल सबका ध्यान अपनी ओर खींचने के लिए ऐसा करना अनुचित होगा। जब आप दूसरों को उनके हिस्से की प्रशंसा बटोरने का अवसर देते हैं तो आपके भीतर से एक आत्मविश्वास पैदा होता है, जो आपके लिए आगे चलकर और भी लाभदायक हो सकता है।

11

वर्तमान क्षण में जीना सीखें

काफी हद तक हमारी मानसिक शांति इस बात पर तय होती है कि हम वर्तमान क्षण में किस हद तक बने रहने की योग्यता रखते हैं। कल या पिछले साल जो भी हुआ था, और कल क्या होगा या नहीं होगा, इन सबके बावजूद; आप जिस जगह हैं, वही वर्तमान क्षण है - हमेशा!

हममें से अधिकतर ने नि:संदेह, एक विक्षिप्त सी कला में कौशल हासिल कर लिया है, हम लगातार बहुत सारी बातों के बारे में चिंता करते रहते हैं। हम अपने वर्तमान क्षण पर बीते हुए दिनों की चिंताओं और आनेवाले समय की परेशानियों को इतना हावी होने देते हैं कि हम व्याकुल, कुंठित और अहसाय अनुभव करने लगते हैं। वहीं दूसरी ओर, हम अक्सर अपनी प्रसन्नता को, प्राथमिकताओं पर हावी करते हुए यही सोचते रहते हैं कि कोई तो दिन ऐसा होगा, जो आज से बेहतर होगा। बदकिस्मती से, हमारा यही नज़रिया आनेवाले समय के लिए भी बना रहता है और हमारा वह 'बेहतर दिन' कभी नहीं आता। जॉन लेनोन ने एक बार कहा था, जीवन वही है जो तब घट रहा होता है जब हम दूसरी योजनाएँ बनाने में व्यस्त होते हैं।

अधिकतर लोग जीवन को इस तरह जीते हैं मानो वे किसी और दिन के पूर्वाभ्यास में ही हैं। ऐसा ही है न? दरअसल, किसी के भी पास यह गारंटी नहीं है कि वह आनेवाले कल में होगा या नहीं। हमारे पास केवल अभी का समय है और केवल इसी समय पर हमारा नियंत्रण है। जब हमारा पूरा ध्यान वर्तमान की ओर होता है तो हमारे मन से भय दूर हो जाता है। भय उन घटनाओं की चिंता बढ़ाता है जो आनेवाले समय में घट सकती हैं - जैसे हमारे पास पर्याप्त धन नहीं होगा, हमारे बच्चे मुसीबत में आ जाएँगे, हम बूढ़े होकर मर जाएँगे आदि।

भय पर काबू पाने के लिए सबसे बेहतर रणनीति यही होगी कि आप अपने ध्यान को वर्तमान पर वापस ले आएँ। मार्क ट्वेन ने कहा है, 'मैं अपने जीवन में कुछ भीषण चीज़ों से गुज़रा, जिनमें से कुछ वास्तव में घटीं। मुझे नहीं लगता कि मैं इस बात को इससे बेहतर तरीके से कह सकता हूँ।' अपने ध्यान को अभी और यहीं केंद्रित रखने का अभ्यास करें। आपके प्रयासों से बहुत बड़े लाभांश प्राप्त होंगे।

12

कल्पना करें कि आपके अलावा सभी समझदार हैं

यह एक ऐसी रणनीति है, जिसे शायद आप इतनी आसानी से नहीं अपनाना चाहेंगे। फिर भी, यदि आप कोशिश करें तो आप महसूस करेंगे कि यह आत्मसुधार के लिए सबसे उत्तम साधन है। जैसा कि इसके नाम से स्पष्ट है, आप जिन लोगों को जानते हैं या जितने लोगों से मिलते हैं, कल्पना करें कि वे सभी पूर्ण रूप से समझदार हैं। बिलकुल, आपको छोड़कर बाकी सभी। आप जिन लोगों से मिलते हैं, वे सभी आपको कुछ न कुछ सीख देते हैं। शायद कोई घटिया ड्राइवर या युवा आपके धैर्य के प्रति कोई सीख दे जाए, कोई बदमाश रॉकर सीख दे जाए कि दूसरों की इतनी परख करना अच्छा नहीं होता।

आपको यह निश्चित करना है कि आपके जीवन में आनेवाले लोग आपको क्या सीख देकर जाते हैं। आप महसूस करेंगे कि यदि आप ऐसा कर पाते हैं तो दूसरे लोगों की आदतों व त्रुटियों के कारण आपका क्रोध कम होने लगता है, आप कम परेशान व निराश होते हैं। आप स्वयं ही इस प्रकार की जीवनशैली के आदी होते चले जाते हैं और ऐसा करने में आपको प्रसन्नता मिलने लगती है। प्राय: जब आपको लगे कि कोई आपको कुछ सिखाने की कोशिश कर रहा है, तो उस समय आपके लिए अपनी कुंठा को दूर करना आसान हो जाता है। उदाहरण के लिए, मान लीजिए कि आप पोस्ट ऑफिस में हैं और पोस्टल क्लर्क जानबूझकर बहुत धीमी गति से काम कर रहा है। ऐसे में बजाय निराश होने के, स्वयं से सवाल करें, वह मुझे क्या सीख देना चाहता है? हो सकता है आपको करुणा से जुड़ा पाठ सीखना हो – इस तरह का काम करना कितना मुश्किल है, जिसे आप देखना भी पसंद नहीं करते या शायद आप अधिक धैर्यवान होना सीख सकें। किसी लाईन में खड़े होना आपके लिए सबसे बेहतर अवसर हो सकता है कि आप अधीरता की आदत से छुटकारा पा सकें।

आपको यह जानकर आश्चर्य होगा कि यह कितना मजेदार और आसान है। ऐसा करने से आपके भीतर वे लोग ऐसा क्यों कर रहे हैं? की बजाए यह अनुभूति प्रकट होती है कि वे लोग मुझे क्या सीख देने की कोशिश कर रहे हैं। आज से अपने आसपास दिखनेवाले समझदार लोगों पर ध्यान देना आरंभ करें और उनसे कुछ सीखें।

13

अधिकतर समय दूसरों को 'सही' मानें

आप स्वयं से कभी-कभी यह महत्वपूर्ण प्रश्न कर सकते हैं, क्या मैं हर समय 'सही' होना चाहता हूँ?- या क्या मैं प्रसन्न होना चाहता हूँ? ज्यादातर समय दोनों ही प्रश्न एक जैसे दिखाई देते होंगे।

सही होना, अपनी स्थिति का बचाव करना; इसके लिए बहुत सारी मानसिक ऊर्जा व्यय होती है और अक्सर हम जीवन में दूसरे लोगों से कटकर रह जाते हैं। सही होने की आवश्यकता - या किसी दूसरे को गलत ठहराने आवश्यकता - दूसरों को रक्षात्मक बनाती है और हम पर भी दबाव डालती है कि हम लगातार अपना बचाव करते रहें। फिर भी, हम में से बहुत से लोग (मैं स्वयं भी) स्वयं को सही मानने या दूसरे को गलत साबित करने के लिए अपना बहुत सारा समय और ऊर्जा व्यर्थ गँवा देते हैं। अधिकतर लोग जाने-अनजाने, यही मानते हैं कि उन्हें दूसरों को दिखाना है कि उनकी स्थिति, वाक्य और नज़रिया अनुचित है और वे चाहते हैं कि वे जिस व्यक्ति को सुधार रहे हैं, वह उन्हें सराहे या उनसे कोई सबक अवश्य ले। यह बिलकुल गलत बात है।

इसके बारे में जरा सोचें। क्या आपने कभी किसी ऐसे व्यक्ति को धन्यवाद कहा जो अपने आपको सही मान रहा हो और आपको सुधारना चाहता हो? जैसे 'धन्यवाद, आपने मुझे सही रास्ता दिखा दिया कि मैं गलत हूँ और आप सही।' 'मुझे अब पता चला कि आप महान हो।' या फिर कोई ऐसा व्यक्ति जो आपको जानता हो, उसने आपको धन्यवाद दिया हो (चाहे वह आपसे सहमत भी क्यों न हो)? यकीनन कभी नहीं। सच तो यह है कि हम सभी दूसरों द्वारा सुधारे जाने से नफरत करते हैं। हम सभी एक आदरयुक्त पद चाहते हैं और चाहते हैं कि दूसरे हमें समझें। दूसरों द्वारा कुछ सुनना मानव हृदय की सबसे बड़ी चाह होती है। जो लोग सुनना सीख जाते हैं, वे सबसे अधिक प्रेम व आदर पाते हैं। जो लोग हमेशा दूसरों को सही करने की कोशिश में लगे रहते हैं, उनसे सभी लोग बचने का प्रयास करते हैं या उनसे खीझे रहते हैं।

अधिक शांत और प्रसन्न रहने का सबसे आश्चर्यजनक तरीका यही है कि दूसरे को यह मानने का आनंद दें कि वे सही हैं। उन्हें यह प्रशंसा अर्जित करने दें। उन्हें सुधारना बंद करें। भले ही आपको अपनी यह आदत बदलना कितना भी कठिन क्यों न लगे, यह बहुत ही प्रभावी अभ्यास हो सकता है। जब कोई कहे, 'मेरे हिसाब से यह बात अहमियत रखती है...।' उस समय उसकी बात को बीच में काटते हुए यह न कहें कि 'नहीं, मेरे हिसाब से यह अधिक अहम होगा कि...।' या फिर आपके पास उनकी बात काटने के सौ और उपाय हो सकते हैं। उन सबको भुला दें और सामनेवाले को कहने दें, जो वह कहना चाहता है। इस तरह आपके जीवन में लोग कम रक्षात्मक होंगे और आपको पहले से अधिक चाहने लगेंगे। वे आपको इतना सराहेंगे जितनी आपने कभी कल्पना तक नहीं की होगी, चाहे उन्हें पता तक न चले कि वे ऐसा क्यों कर रहे हैं। आपको भी दूसरे लोगों की प्रसन्नता का साक्षी होने का अवसर मिलेगा, जो अहं के टकराव से कहीं बेहतर सिद्ध होगा। आपको अपने गहरे दार्शनिक सत्यों और हार्दिक मतों का समर्पण करने की आवश्यकता नहीं है परंतु आज से, अधिकतर दूसरों को ही सही होने का अवसर दें!

14

अधिक धैर्यवान बनें

अधिक शांत और स्नेही अस्तित्व पाने का लक्ष्य पूरा करना हो तो आपके भीतर निश्चित रूप से धैर्य रखने की योग्यता होनी चाहिए। आप जितना अधिक धैर्यवान होते हैं, उतना ही अधिक इस बात को स्वीकार करते हैं कि जीवन जो है, सो है, आप इस बात पर बल नहीं देते कि उस जीवन को आपकी इच्छा के अनुसार होना चाहिए। धैर्य के बिना, जीवन निराशजनक हो जाता है। आप बहुत आसानी से क्रोधित हो जाते हैं, बोर हो जाते हैं और चिड़चिड़े होने लगते हैं। धैर्य आपके जीवन में सहजता का आयाम और स्वीकार की भावना जाग्रत करता है। यह आंतरिक शांति के लिए भी आवश्यक है।

अधिक धैर्यवान होने का अर्थ है कि आप वर्तमान क्षण के प्रति हार्दिकता रखते हैं, भले ही वह आपको पसंद न हो। जैसे अगर आप किसी ट्रैफिक में फँस जाते हैं, किसी मीटिंग के लिए लेट हो जाते हैं, उस क्षण को स्वीकार करने का अर्थ होगा कि आपने स्वयं को मानिसक रूप से चिंता का बड़ा कारण बनाने से पहले ही रोक लिया। आप अपनी सोच को काबू रखते हुए स्वयं को याद दिलाने में कामयाब रहे कि विश्रांत होना ही उत्तम होगा। यह साँस लेने का भी सबसे उत्तम समय हो सकता है और आपको याद दिलाने का अवसर भी हो सकता है कि बड़ी-बड़ी योजनाओं के बीच लेट होना 'छोटी सी बात' है।

दूसरों की मासूमियत देखना भी धैर्य का ही गुण है। मेरी पत्नी, क्रिस और मेरे दो बच्चे हैं- एक चार साल की और दूसरी सात साल की। इस किताब को लिखते समय कई बार मेरी चार साल की बेटी मेरे ऑफिस में आकर मुझे तंग करती, जिससे मैं काम नहीं कर सकता था। मैंने (अधिकतर समय) उसके तंग किए जाने से क्रोधित होने की बजाए (मैं अपना काम पूरा नहीं कर पाऊँगा, मेरे विचारों की कड़ी टूट जाएगी क्योंकि मेरे पास लिखने के लिए आज का ही अवसर था, आदि) उसके व्यवहार में मासूमियत देखी। मुझे याद आ जाता कि वह यहाँ मुझसे मिलने क्यों आई है क्योंकि वह मुझसे प्रेम करती है इसलिए नहीं कि वह मेरे काम में रुकावट बनना चाहती है। जब मुझे उसकी मासूमियत का एहसास होता तो मेरे

भीतर तुरंत धैर्य का भाव जाग जाता और उसी क्षण मेरा पूरा ध्यान उसकी ओर चला जाता।

उस समय अगर कोई खीझ पैदा भी होती तो उसी क्षण में मिट जाती और मुझे एक बार फिर से याद आ जाता कि मैं कितना भाग्यशाली हूँ कि मुझे इतने प्यारे बच्चे मिले हैं। मैंने महसूस किया है कि अगर आप ऐसी संभावित कुंठित परिस्थितियों और दूसरों के बारे में गहराई से विचार करें तो आपको उनकी मासूमियत और निर्दोषिता का अनुभव होता है। उस समय आप एक धैर्यवान और शांत व्यक्ति के रूप में दिखाई देते हैं और विचित्र बात यह है कि कई बार आप उन क्षणों का भी आनंद लेने लगते हैं, जो कभी आपके लिए खीझ का कारण बनते थे।

15

धीरज के अभ्यास के लिए समय निकालें

धैर्य हृदय का एक ऐसा गुण है, जिसके लगातार प्रयास करते रहने से आप इसे बढ़ा सकते हैं। मैंने इसका सबसे प्रभावशाली तरीका यह निकाला है कि इसके अभ्यास के लिए समय के अंतरालों का गठन किया जाए। इन्हें मैं अपने मस्तिष्क में दोहराता रहता हूँ। आपका जीवन एक क्लासरूम है और धैर्य इसका पाठ्यक्रम।

आप पाँच मिनट के छोटे से समय से इसकी शुरुआत कर सकते हैं और अपनी क्षमता के अनुसार इसे बढ़ा सकते हैं। स्वयं से यह कहते हुए शुरू करें कि 'ठीक है, अब से अगले पाँच मिनट तक मैं किसी भी बात की चिंता नहीं करूँगा। मैं शांत रहूँगा।' तब आप जो कुछ भी महसूस करेंगे, वह आश्चर्यजनक होगा। आपकी शांत रहने की इच्छा, चाहे वह बहुत कम समय के लिए ही क्यों न हो, आपके धैर्यवान होने के गुण में वृद्धि करती है। धैर्य उन गुणों में से है, जिनके पास सफलता स्वयं ही चली आती है। पाँच मिनट के छोटे से अभ्यास के बाद एक बार जब आप छोटे से गंतव्य तक पहुँच जाते हैं, आप देखेंगे कि आपमें यकीनन धैर्यवान बनने का गुण है। समय बीतते-बीतते आप इसके अभ्यस्त हो जाते हैं।

मेरे घर में छोटे बच्चे हैं इसलिए मेरे पास धैर्य का अभ्यास करने के लिए बहुत सारी संभावनाएँ हैं। उदाहरण के लिए, एक दिन मेरी दोनो बेटियाँ मुझसे सवाल पर सवाल किए जा रही थीं और उस समय मैं कुछ ज़रूरी फोन कॉल करने में व्यस्त था। मैंने स्वयं से कहा, 'अब शांत रहने का सबसे उत्तम समय है।' अगले आधे घंटे तक मैं जितना हो सके, उतना शांत रहूँगा। (देखें मैंने कितनी मेहनत की, तीस मिनट तक शांत रहकर दिखाया) मज़ाक छोड़ें, वाकई यह तरीका कारगर रहा। मेरे परिवार में वाकई यह तरीका प्रभावी रहा। अगर मैं किसी तरह का गुस्सा न दिखाते हुए, शांत भाव से पेश आ सकूँ तो मेरे लिए अपने बच्चों को संभालना और भी आसान हो जाता है। बस मुझे अपने मन को धीरज की ओर निर्देशित करना है ताकि मैं वर्तमान क्षण से जुड़ सकूँ।

इस तरह बीते हुए और आनेवाले समय के बदतर क्षणों की कल्पना के साथ

खुद को निराश समझने के बजाए वर्तमान का पूरा आनंद लिया जा सकता है। एक दूसरा लाभ यह हुआ कि मेरा धीरज, मेरे बच्चों तक भी पहुँच जाता है और वे बार-बार मुझे परेशान करने के बजाए अपने छोटे-मोटे निर्णय स्वयं ही कर लेते हैं।

शांत होने से मैं अपने लक्ष्यों को भरपूर रूप से केंद्रित कर सकता हूँ। मैं कठिन परिस्थितियों में भी याद रख सकता हूँ कि मेरे सामने क्या है और मेरे वर्तमान लक्ष्य क्या हैं। यह कोई जीवन-मरण का प्रश्न नहीं बल्कि एक छोटी सी बाधा है जिसे आसानी से दूर कर सकते हैं।

धीरज के बिना वही परिस्थिति मेरे लिए क्रोध, निराशा और हाई ब्लड प्रेशर का कारण बन सकती है। आप चाहे अपने बच्चों से, बॉस से या किसी भी जटिल व्यक्ति से किसी भी परिस्थिति में क्यों न जूझ रहे हों, उस समय आप छोटी बातों की चिंता न करें। आपके लिए धीरज के स्तर में सुधार करना एक अच्छा उपाय हो सकता है।

16

दूसरों तक पहुँचने या प्यार देनेवाले पहले इंसान बनें

हममें से कई लोग अक्सर छोटे मन–मुटावों को मन में पाले रखते हैं चाहे वे किसी बहस, किसी गलतफहमी, हमारी परवरिश या किसी अन्य पीड़ादायक घटना की देन हों। हम पूरी अकड़ के साथ यही प्रतीक्षा करते हैं कि सामनेवाला व्यक्ति हमारे पास आएगा – हमें लगता है कि यह एक उपाय है, जिससे हम किसी को क्षमा कर सकते हैं या फिर किसी दोस्ती या फिर पारिवारिक संबंध को नए सिरे से जीवित कर सकते हैं।

मेरी एक परिचिता हैं, जिनका स्वास्थ्य अब ठीक नहीं रहता। उन्होंने हाल ही में मुझे बताया कि उन्होंने अपने बेटे से पिछले तीन सालों से बात नहीं की। क्यों? मैंने पूछा। उन्होंने बताया कि उनके और उनके बेटे के बीच उसकी पत्नी के बारे में बहस छिड़ गई थी। उन्होंने कहा कि वे अपने बेटे से तब तक बात नहीं करेंगी, जब तक वह उन्हें फोन करके माफी नहीं माँगेगा। जब मैंने उन्हें सुझाव दिया कि उन्हें पहल करनी चाहिए तो वह बोली, 'मैं ऐसा नहीं कर सकती। पहले उसे मुझसे माफी माँगनी होगी।' वह वास्तव में अपने बेटे से बात करने के लिए तरस रही थी। मेरे थोड़े से समझाने के बाद वह अपने बेटे को फोन करने को राजी हो गई। तब उसके आश्चर्य का ठिकाना न रहा कि उसका बेटा उसके बात करने पर फूट–फूटकर रो पड़ा, उसने अपनी माँ से माफी भी माँगी। और जैसा कि हमेशा होता है, जब कोई पहल करने का अवसर लेता है तो वह निश्चित रूप से विजयी होता है।

हम जब भी अपने क्रोध को मन में जगह दे देते हैं तो हम 'छोटी सी बात' को 'बड़ी बात' में बदल देते हैं। हम यह मानना शुरू कर देते हैं कि हमारी प्रसन्नता से हमारा पद अधिक महत्त्व रखता है। जबकि ऐसा नहीं है। अगर आप अधिक शांतिप्रिय व्यक्ति बनना चाहते हैं तो आपको यह समझना होगा कि सही होना हर समय अहम नहीं होता, बजाए इसके कि आप स्वयं को प्रसन्न होने दें और दूसरों तक जाने की पहल करें। दूसरों को सही होने दें। इसका अर्थ यह नहीं कि आप गलत हैं। सब ठीक होगा। आपको क्रोध छोड़ने की शांति का अनुभव होगा और

इसके साथ ही आप दूसरों को सही होने का आनंद दे सकेंगे। वे कम रक्षात्मक होंगे और आपके प्रति अधिक स्नेही भाव रखने लगेंगे। हो सकता है कि वे आगे बढ़कर पहल करें परंतु अगर वे ऐसा न करें तो भी ठीक है। आपको यह आंतरिक संतोष होगा कि आपने अपनी ओर से एक स्नेही संसार बनाने की दिशा में काम किया है और निश्चित रूप से आप यह सोचकर अधिक शांत अनुभव करेंगे।

17

स्वयं से पूछें, 'क्या आज से एक साल बाद यह मायने रखेगा?'

मैं रोजाना अपने आपसे एक खेल खेलता हूँ, जिसे मैंने 'टाइम रैप' का नाम दिया है। दरअसल मैं हमेशा यही मानता था कि मैं जिन बातों की चिंता करते हुए परेशान हूँ, वे सब बहुत मायने रखती हैं। उनकी प्रतिक्रिया में ही यह खेल आरंभ किया है।

इसे खेलने के लिए, आपको बस यह सोचना है कि इस समय जो कुछ भी हो रहा है, वह अब नहीं बल्कि आज से एक साल बाद होनेवाला है। फिर स्वयं से पूछें, क्या यह परिस्थिति वास्तव में उतनी गंभीर है, जितनी मैं सोच रहा हूँ? हो सकता है कि एक बार के लिए आपको यह ऐसी ही लगे, लेकिन एक समय के बाद यह आपको आसान लगने लग जाती है।

फिर चाहे आपके साथी, बच्चे या बॉस के साथ आपकी बहस, कोई गलती, किसी अवसर का निकल जाना, आपके पर्स का गुम हो जाना, काम संबंधी त्रुटि या टखने में मोच आ जाना, जैसी परेशानी हो जाए; मुमकिन है कि आज से एक साल बाद आप इसके बारे में परवाह तक न करें। तब यह आपके जीवन का एक गैर-महत्वपूर्ण विस्तार हो जाता है। हालाँकि इस साधारण से खेल से आपके जीवन की कोई भी समस्या हल नहीं होगी, इससे आपको सोचने का भरपूर दृष्टिकोण मिल जाता है। मुझे स्वयं भी अब कई ऐसी चीज़ों पर हँसी आती है, जिन्हें मैं बहुत गंभीरता से ले लेता था। अब उन पर अपनी ऊर्जा व्यय करने के बजाए मैं अपना समय अपनी पत्नी व बच्चों के साथ सकारात्मक व रचनात्मक सोच में व्यतीत करता हूँ।

18

इस तथ्य को स्वीकारें कि जीवन हमेशा न्याय संगत नहीं होता

मैं अपनी मित्र के साथ जीवन के न्याय संगत होने के बारे में चर्चा कर रहा था, उसने मुझसे प्रश्न किया, 'किसने कहा कि जीवन न्याय संगत होगा या इसे न्याय संगत होना चाहिए?' उसने अच्छा सवाल किया था। वह सुनकर मुझे कुछ ऐसा याद आ गया, जिसे मैंने अपने किशोरावस्था में सीखा था: जीवन न्याय संगत नहीं, यह बहुत बेकार है। यह बिलकुल सच है। दरअसल अगर आप इस तथ्य को जान लें तो अपने जीवन को सरल और सहज बना सकते हैं।

हममें से अधिकतर लोग यह भूल करते हैं कि हम अपने या दूसरों के प्रति खेद प्रकट करते हुए, यह मानते हैं कि जीवन को न्याय संगत होना चाहिए या फिर किसी दिन यह ऐसा होगा। ऐसा नहीं है और न ही होगा। जब हम यह भूल करते हैं तो हम अपना बहुत सा समय रोने और शिकायत करने में लगा देते हैं कि हमारे जीवन में यह सब अनुचित क्यों हो रहा है? हम सदा दूसरों के साथ जीवन में होनेवाले अन्यायों की चर्चा करते हैं। हम शिकायत करते हैं कि यह तो न्याय के अनुसार नहीं है। हम भूल जाते हैं कि यह जीवन तो कभी भी न्याय संगत बनने के लिए था ही नहीं।

जीवन न्याय संगत नहीं है, यदि आप इस तथ्य को स्वीकार कर लेते हैं तो हम अपने लिए खेद प्रकट करने के बजाए अपने सीमित साधनों से, अपनी ओर से बेहतर करने के लिए प्रोत्साहित होते हैं। हम जानते हैं कि हर चीज़ को संपूर्ण बनाना जीवन का काम नहीं है, यह हमारी अपनी चुनौती है।

इस बात को स्वीकार करना कि जीवन आसान नहीं है, सबसे अच्छी बात यह है कि हम हमेशा स्वयं के लिए क्षमा महसूस करते रहते हैं, जिससे हम बेहतर से बेहतर करने के लिए प्रेरित होते रहते हैं। हम जानते हैं कि सभी को संपूर्ण रूप से उत्तम रखना 'जीवन का कार्य' नहीं, यह हमारी चुनौती है। इस सच्चाई को स्वीकार करने का दूसरा लाभ यह भी है कि हम दूसरों के प्रति क्षमा का भाव रखते हैं क्योंकि हम जानते हैं कि हर कोई अपने तरीके से काम करता है और हर

किसी के पास अलग तरह की शक्ति और चुनौतियाँ हैं। इस अंर्तदृष्टि ने मुझे मेरे दो बच्चों की परवरिश करने की, मुझे किसकी मदद करनी चाहिए और किसकी नहीं, ऐसा सोचने की शक्ति प्रदान की है। इसके साथ ही मुझे अपने निजी संघर्षों को संभालने में भी मदद मिली। जब मुझे लगता था कि मेरे साथ न्याय नहीं हुआ या मुझे शिकार बनाया गया है। इसने मुझे यथार्थ के धरातल पर लाने में अहम भूमिका निभाई है।

यह जीवन न्यायसंगत नहीं है, इसका अर्थ यह नहीं कि हमें अपनी ओर से अपने जीवन या संसार को सुधारने का प्रयास नहीं करना चाहिए। इसके विपरीत, यह हमें बताता है कि हमें ऐसा अवश्य करना चाहिए। जब हम यह नहीं पहचानते या स्वीकार नहीं करते कि जीवन न्याय संगत नहीं है तो हम अक्सर दूसरों या अपने पर तरस खाने लगते हैं।

बेशक, तरस खाना एक आत्मविनाशक सोच और भाव है जो किसी का भला नहीं करता, इससे आप पहले से भी और बदतर महसूस करने लगते हैं। जब हम इस तथ्य को पहचानने लगते हैं कि जीवन न्याय संगत नहीं है तो हम अपने और दूसरों के प्रति करुणा महसूस करते हैं। करुणा एक ऐसा भाव है जो इसके स्पर्श में आनेवाले हर व्यक्ति को स्नेहपूर्ण दयालुता का वरदान देता है। अगली बार जब भी आप इस संसार से मिली नाइंसाफी के बारे में सोचें तो स्वयं को यह बुनियादी तथ्य अवश्य याद दिला दें। तब आपको यह देखकर हैरानी होगी कि आप आत्म-दया के घेरे से निकलकर सहायक कार्य करने के लिए तत्पर होंगे।

19

स्वयं को नीरसता के बीच होने दें

हममें से अधिकतर लोगों के जीवन जिम्मेदारियों के कारण ऐसे हो गए हैं कि हम किसी एक स्थान पर बैठकर स्थिर नहीं हो पाते - कुछ मिनटों के लिए भी हमें यह सुविधा नहीं मिलती। मेरे एक मित्र ने मुझसे कहा, 'लोग अब ह्यूमन बीइंग्स नहीं रहें, हमें इन्हें ह्यूमन डूईंग्स कहना चाहिए।' जब मैंने पहली बार वाशिंग्टन में एक थेरेपिस्ट के साथ एक अध्ययन किया तो वहीं जाना कि दरअसल कभी-कभी बोर या नीरस अनुभव करना भी अच्छा हो सकता है।

हमने एक साथ अपना पूरा दिन बिताने के बाद अपने कोच से पूछा, 'आज रात को इस शहर में क्या कर सकते हैं?' उसने कहा, 'मैं यही कहूँगा कि अपने आपको थोड़ा समय बोर होने दें और कुछ न करें। यह आपके प्रशिक्षण का हिस्सा है।' पहले तो मुझे लगा कि वे मज़ाक कर रहे थे। 'पर मैं बोरियत को अपने लिए क्यों पसंद करूँगा?' मैंने पूछा। उन्होंने बताया कि 'आपको एक घंटे या उससे थोड़े कम समय के लिए बोरियत का सामना करना है, अगर इनसे संघर्ष नहीं किया तो ये भाव जल्दी ही शांति में बदल जाएँगे और थोड़े से अभ्यास के बाद आपको शिथिल होना आ जाएगा।'

मुझे यह जानकर हैरानी हुई कि वे सही कह रहे थे। पहले तो मेरे लिए यह सब सहन करना कठिन था। मुझे तो हर क्षण में कुछ न कुछ करने का जुनून रहता था पर जल्दी ही मैं इसका आदी हो गया और फिर मुझे ऐसा करने में आनंद आने लगा। मैं खाली समय या आलस्य की बात नहीं कर रहा, बस हमें अपने साथ रहने या शिथिल होकर बैठने की कला सीखनी है। चाहे हम पूरे दिन में कुछ मिनटों के लिए ही ऐसा क्यों न करें। बस आपको सजग भाव से कुछ नहीं करना है। इस काम को करने की और कोई तकनीक नहीं है। बस शांत बैठें, खिड़की से बाहर देखें और अपने विचारों व भावों पर ध्यान दें। पहले-पहल आप थोड़े विचलित हो सकते हैं, पर हर दिन यह काम आपके लिए आसान होता जाएगा। इसके बदले में आप उल्लेखनीय परिणाम प्राप्त करेंगे।

हमारी अधिकतर व्यग्रता और आंतरिक संघर्ष व्यस्त और आवश्यकता से अधिक सक्रिय मस्तिष्क से आती है, हमें सदा अपने मनोरंजन के लिए कुछ चाहिए। कुछ ऐसा जिस पर हम केंद्रित हो सकें और हम हमेशा यही सोचते रहते हैं, 'इसके बाद क्या करना है? डिनर करते हुए सोचते हैं कि खाने के बाद मीठा क्या है? मीठा खाने के बाद सोचते हैं कि इसके बाद क्या करना है? शाम के समय सोचते हैं कि सप्ताह के अंत में क्या करना है?'

जब हम बाहर से घर आते हैं तो आते ही टी.वी. चालू कर देते हैं। फोन या कोई किताब उठाते हैं या घर साफ करने लगते हैं। मानो हम एक पल के लिए भी कुछ न करने के विचार से भयभीत रहते हैं।

कुछ न करने की सुंदरता यह है कि यह आपको अपने मन को शांत और स्पष्ट करने में सहायक होती है। यह आपके मन को 'कुछ न जानने' की आज़ादी देती है और आप कुछ समय के लिए मुक्त होते हैं। बस आपके मन और शरीर को कुछ समय के लिए इसकी अतिव्यस्त दिनचर्या से आज़ादी चाहिए। जब आपका मन इस अंतराल के बाद वापस आएगा तो वह पहले से कहीं अधिक मज़बूत, तेज, केंद्रित और रचनात्मक महसूस करेगा।

जब आप स्वयं को बोरियत के बीच रहने की अनुमति देते हैं तो आपके ऊपर से काम करने का दबाव घटता है। अब जब मेरे दोनों बच्चों में से कोई भी कहता है, 'डैड, हम बोर हो रहे हैं।' तो मैं उन्हें जवाब देता हूँ, 'बढ़िया! थोड़ी देर के लिए बोर रहो, इसी नीरसता के बीच रहो। यह तुम्हारे लिए अच्छी है।' जब मैं उन्हें यह उत्तर देता हूँ तो वे मुझसे अपनी समस्या को हल करने की अपेक्षा छोड़ देते हैं। आपने कभी सोचा भी नहीं होगा कि कोई आपको ऐसा करने का सुझाव भी दे सकता है। मेरा मानना है कि सभी को, कभी न कभी तो ऐसा करना ही चाहिए।

20
तनाव के प्रति सहनशक्ति कम करें

ऐसा जान पड़ता है कि यह हमारे समाज का एक हिस्सा हो गया है। हमें ऐसे व्यक्तियों को देखने की आदत हो गई है, जो हमेशा तनावग्रस्त रहते हैं, जो बहुत सारे तनाव का सामना कर सकते हैं और जो हमेशा तनाव के बोझ तले दबे रहते हैं। जब कोई कहता है, 'मैं बहुत मेहनत करता आ रहा हूँ, तनाव के मारे हालत खराब है।' तो हमें सिखाया जाता है कि उनके इस व्यवहार को सराहें। तनाव परामर्शक के रूप में, मैं अक्सर ऐसे वाक्य सुनता हूँ, 'मेरी तनाव के प्रति सहनशक्ति बहुत अच्छी है।' ऐसा लगभग प्रतिदिन होता है। इसमें कोई आश्चर्य नहीं कि जब ऐसे लोग पहले-पहल मेरे ऑफिस में आते हैं तो उनकी इच्छा यही होती है कि उन्हें ऐसी रणनीतियों की जानकारी दी जाए, ताकि तनाव के प्रति उनकी सहनशक्ति की दर और अधिक हो सके। वे तनाव को और बेहतर तरीके से संभाल सकें!

सौभाग्य से, हमारे भावात्मक परिवेश में एक ऐसा नियम है जो कुछ ऐसा है, **'हमारे भीतर तनाव का वर्तमान स्तर केवल उतना ही होगा, जितनी हमारे भीतर उसके प्रति सहनशक्ति होगी।'** आपने ध्यान दिया होगा कि जो लोग कहते हैं, 'मैं बहुत सारे तनाव का सामना कर सकता हूँ।' वे उस समय गहरे तनाव के बीच होते हैं। तो जब आप लोगों को तनाव के प्रति अधिक सहनशक्ति रखना सिखाएँगे, तो उनके साथ ठीक यही होगा। वे और अधिक उलझन और जिम्मेदारी में उलझ सकते हैं जब तक उनके तनाव का बाहरी स्तर, उनके सहने की शक्ति से मेल नहीं खाता। अक्सर एक तरह के संकट के बीच ही तनावग्रस्त व्यक्ति को अपनी दीवानगी का एहसास होता है- जैसे साथी का छोड़ जाना, सेहत संबंधी समस्या पैदा होना, किसी बुरी लत का शिकार होना आदि। ये बातें उन्हें एक नई तरह की रणनीति के प्रति झटका देकर जगा सकते हैं।

यह भले ही विचित्र लगे, परंतु अगर आप औसत तनाव प्रबंधन कार्यशाला में नाम लिखवाते हैं, तो संभवत: आप तनाव के प्रति सहनशीलता बढ़ाना ही सीखेंगे। ऐसा लगता है कि तनाव के लिए परामर्श देनेवाले स्वयं तनाव का शिकार हैं।

आपको अपने तनाव को पहले से ही पहचानना सीखना होगा, इससे पहले कि यह आपके हाथों से निकल जाए। जब आपको लगे कि आपका मन तेज़ी से भाग रहा है तो आपको थोड़ा ठहरकर ब्रेक लगाना होगा। जब आपकी दिनचर्या आपके हाथों से निकल रही हो, तो यह संकेत है कि आपको थोड़ा थमकर पुन: मूल्यांकन करना होगा कि आपके लिए, सूची में दिए सारे काम पूरे करने के बजाए क्या अधिक महत्त्व रखता है। जब आप स्वयं को नियंत्रण से बाहर महसूस करें और आपको अधूरे पड़े कामों के लिए व्याकुलता का अनुभव हो, तो अपनी बाजुएँ ऊपर कर सारे काम पूरे करने के बजाए, थोड़ा विश्रात हों, आराम करें; उस समय यही सबसे बेहतर रणनीति होगी।

थोड़ी गहरी साँसें लें और थोड़ी दूर टहलने निकल जाएँ। आपको पता चलेगा कि आपने तनाव को आप पर हमला करने से पहले ही काबू कर लिया है। उस समय यह इतना छोटा होगा कि आप इसे आसानी से अपने वश में कर सकेंगे। हालाँकि किसी पहाड़ी से गिरते बर्फीले गोले की तरह, अगर इसने गति पकड़ ली तो आपके लिए इसे रोकना न केवल कठिन बल्कि असंभव हो जाएगा।

इसमें चिंता की कोई बात नहीं कि आप सारा काम पूरा नहीं कर सकेंगे।

जब आपका मन शांत व स्पष्ट होगा और तनाव का स्तर कम होगा तो आप अपने काम को और अधिक प्रभावशाली एवं रोचक तरीके से पूरा कर सकेंगे। जब आप तनाव के प्रति अपनी सहनशीलता कम करेंगे तो आपको कम तनाव का सामना करना होगा और इसके साथ ही आपके पास तनाव प्रबंधन के लिए रचनात्मक उपाय भी होंगे।

21
समयसीमा को नाटकीय न बनाएँ

हममें से कई लोगों को कड़ी समयसीमाओं की निरंतर माँगों के बीच काम करना पड़ता है। परंतु क्या कभी आपने रुककर सोचा कि हम अपनी समयसीमाओं पर कितना मानसिक और भावात्मक बल देते हैं? और क्या आपने कभी सोचा कि ऐसा करने से कौन-कौन से नकारात्मक परिणाम हमारे सामने आ सकते हैं? यदि नहीं, तो मैं आपको प्रोत्साहित करूँगा कि इन प्रश्नों पर आप थोड़ा विचार करें।

यह सच है कि डेडलाइन या सीमारेखाओं को जीवन का यथार्थ माना जाता है। फिर भी बहुत सारा तनाव, स्वयं सीमारेखा से नहीं बल्कि इसके बारे में सोचने से आता है, यह सोचने से आता है कि हम इसे पूरा कर सकेंगे या नहीं, हम अपने लिए शर्मिंदा महसूस करते हैं, शिकायत करते हैं और दूसरों से बार-बार इसके बारे में बात करते रहते हैं।

हाल ही में, मैं एक कार्यालय में किसी भेंट के लिए प्रतीक्षा कर रहा था। मुझे जिस व्यक्ति से भेंट करनी थी, उसे यातायात के कारण आने में विलंब हुआ। मैं पढ़ने की कोशिश कर रहा था पर कार्यालय में दो सहकर्मियों की आपसी बातचीत से ध्यान भंग हुआ। वे लोग आपस में अपने काम की अंतिम समयरेखाओं के लिए शिकायतें लगा रहे थे। उन्हें दो घंटों में कोई रिपोर्ट पूरी करके देनी थी। वह जो भी था, उसे उसी दिन दोपहर तक जमा करना था।

मैं वहीं बैठा, बहुत विस्मय के साथ, उन दोनों की बातें सुनता रहा। उन्होंने लगभग एक घंटे का समय केवल यही रोने में लगा दिया कि उन्हें काम करने के लिए कितना कम समय दिया गया था। उन्होंने अपने लक्ष्य की पूर्ति के लिए पहला कदम तक नहीं बढ़ाया था। अंत में, मुझे जिस व्यक्ति से मिलना था, उसके आने से एक मिनट पहले, उनमें से एक व्यक्ति बोला, 'अरे, हमें अब काम चालू कर देना चाहिए। पूरा एक घंटा बीत गया है।'

मैंने महसूस किया कि यह एक श्रेष्ठ उदाहरण है कि हम किस तरह अपने काम की समयसीमाओं को नाटकीय बना देते हैं। हालाँकि, इससे यह बिंदु भी स्पष्ट

होता है कि हमेशा समयसीमा ही तनाव पैदा करने का एकमात्र कारण नहीं होती। अंतत: उन दोनों व्यक्तियों को एहसास हुआ कि वे उस एक घंटे में भी अपना काम पूरा कर सकते थे। तो आपको सोचना होगा कि अगर वे शांति से गहरी साँस लेकर, आपस में मिलकर काम करते तो कितनी जल्दी और प्रभावशीलता के साथ अपना काम पूरा कर सकते थे।

मैं जानता हूँ कि डेडलाइन चाहे ऑफिस की हो या फिर घर के कामों की, उसके कारण बहुत सारा तनाव होता है और कई बार यह उचित भी नहीं लगता। हालाँकि, अगर आप किसी भी तरह की नकारात्मक मानसिक ऊर्जा को बीच में लाए बिना काम कर सकें, तो उसे कहीं बेहतर तरीके से व्यवस्थित कर सकेंगे। अगर आपको लगे कि आपके अंदर भी काम की डेडलाइन देखते ही तनाव, चिंता या परेशानी पैदा होती है तो स्वयं को काम में ही मग्न करके देखें। जब आप ऐसा करें तो स्वयं को आराम से याद दिलाना न भूलें कि आपकी ऊर्जा किसी और बेहतर काम में लग सकती है। कौन जाने, आनेवाले समय में आप डेडलाइन को देखकर घबराना छोड़ दें और उन्हें पूरे उत्साह से निभा सकें।

22

सप्ताह में एक बार, एक हार्दिक पत्र लिखें

इस एक अभ्यास ने बहुत से जीवन बदलने में सहायता की है, लोगों को अधिक शांत और प्रफुल्ल बनाया है। अगर आप हर सप्ताह कुछ मिनट का समय निकालकर एक हार्दिक पत्र लिख सकें तो यह आपके लिए बहुत सारे काम कर सकता है। अगर आप कुछ लिखते या टाइप करते हैं तो आपके पास जीवन में आनेवाले सुंदर लोगों को याद करने का भरपूर समय होता है। इस तरह उनके बारे में लिखने से आपका जीवन आभार से भर जाता है। जब आप एक बार इसे आजमाने की सोच लेते हैं, तो हो सकता है कि आप यह देखकर चकित हों कि आपकी सूची में अचानक कितने लोग उपस्थित हो गए।

मेरे एक ग्राहक ने कहा था, 'संभवत: मेरे पास जीवन में इतने सप्ताह नहीं रहे कि मैं हर सप्ताह सभी लोगों के आभार प्रकट कर सकूँ।' हो सकता है कि यह आपके लिए सच हो या न भी हो परंतु आपके जीवन में ऐसे लोग और दोस्त निश्चित रूप से होंगे, जो आपसे एक हार्दिक पत्र पाने के हकदार होंगे। अगर आपको जीवन में ऐसे लोग न भी मिलें तो आप किसी अनजान को पत्र लिख सकते हैं- किसी ऐसे लेखक को पत्र लिख सकते हैं जो शायद अब इस दुनिया में भी न रहा हो। जिसके काम के आप प्रशंसक हों या फिर आप अतीत या वर्तमान के किसी आविष्कारक को पत्र लिख सकते हैं। इस तरह आपके आभार प्रकट करने के चिंतन को बढ़ावा मिलेगा। भले ही आप उस पत्र को प्रेषित न करें परंतु आपका काम हो जाएगा।

आपके पत्र का उद्देश्य सरल है - आपको अपना प्रेम और आभार प्रकट करना है। अगर आपको लगता है कि आप अच्छा पत्र नहीं लिख सकते, तो भी चिंता न करें। आपको यह उपहार दिमाग से नहीं दिल से देना है। अगर आप बहुत ज्यादा नहीं लिख सकते तो इस तरह से छोटे नोट्स लिखें, 'डियर जैस्मिन, आज सुबह उठा तो दिमाग में आया कि मेरे जीवन में तुम्हारे जैसे कितने प्यारे लोग हैं। मेरी दोस्त बनने के लिए शुक्रिया। मैं सही मायनों में धन्य हूँ और जीवन में तुम्हारे लिए प्रसन्नता और सुख की आशा रखता हूँ।'

23

अपने अंतिम संस्कार में अपनी कल्पना करें

यह रणनीति कुछ लोगों के लिए डरावनी हो सकती है परंतु सार्वभौमिक रूप से हमें याद दिलाती है कि हमारे जीवन में सबसे अधिक महत्त्वपूर्ण क्या है।

जब हम अपने जीवन को पलटकर देखते हैं, तो हममें से कितने लोग यह देखकर प्रसन्न होंगे कि हम कितने मजबूत थे? लगभग सभी लोग, अगर मरने से पहले अपने जीवन को पलटकर देखें तो वे सोचते हैं कि काश उनकी प्राथमिकताएँ अलग होतीं। कुछ अपवादों के साथ, लोग चाहते हैं कि उन्होंने छोटी-छोटी बातों की इतनी परवाह न की होती। वे चाहते हैं कि काश उन्होंने अपने प्रियजन के बीच अधिक समय बिताया होता या जीवन की उन बातों पर चिंता करने में समय न दिया होता, जिनके गहरे निरीक्षण से पता चलता है कि वे बिलकुल मायने ही नहीं रखती थीं। अगर आप अपने अंतिम संस्कार में अपनी कल्पना करते हैं तो आप अपने जीवन में अहम बदलाव लाने का अवसर पा सकते हैं।

हालाँकि यह थोड़ा सा भयावह और दुःखदायी हो सकता है, परंतु अपनी ही मृत्यु पर ध्यान देने की प्रक्रिया में आप अपने जीवन को देख सकेंगे। ऐसा करने से आपको याद आएगा कि आप किस तरह का इंसान बनना चाहते थे और आपकी कौन सी प्राथमिकताएँ आपके लिए बहुत मायने रखती हैं। अगर आप काफी हद तक मेरी तरह हैं, तो आपके भीतर से एक पुकार अवश्य उठेगी जो बदलाव का बढ़िया स्रोत हो सकती है।

24

स्वयं से दोहराएँ, 'जीवन कोई आपातकाल नहीं'

कई प्रकार से, यह रणनीति हमारी पुस्तक के अनिवार्य संदेश को ही प्रेषित करती है। हालाँकि अधिकतर लोग इससे विपरीत सोचते हैं, जबकि सच यह है कि जीवन कोई आपातकाल नहीं है। मैं पिछले वर्षों के दौरान ऐसे सैंकड़ों ग्राहकों से मिला हूँ, जिन्होंने अपने परिवारों और सपनों को केवल इसलिए उपेक्षित किया क्योंकि उनकी यह धारणा थी कि यह जीवन एक एमरजेंसी है। वे अपने इस पागलपन से भरे व्यवहार की सफाई में तर्क देते हैं कि यदि वे सप्ताह में अस्सी घंटे काम नहीं करेंगे, तो वे सारा काम पूरा नहीं कर सकेंगे। कई बार मैं उन्हें याद दिलाता हूँ कि जब उनकी मृत्यु होगी तो उनकी 'इन बास्केट' खाली नहीं होगी।

एक क्लाइंट, होममेकर और तीन बच्चों की मॉम हैं, उन्होंने मुझसे हाल ही में कहा, 'मैं रोज सुबह सबके जाने से पहले, घर को उस तरह से साफ नहीं कर पाती, जैसा कि मैं चाहती हूँ।' वे अपने इस अधूरेपन को लेकर इतना अयोग्य महसूस करती थीं कि उनके डॉक्टर को उन्हें एंटी-एंग्जायटी दवा लेने को कहा। वे इस तरह जी रही थीं कि मानो उनके सिर पर किसी ने बंदूक तान रखी हो कि हर बर्तन धुला होना चाहिए या हर तौलिया जगह पर रखा होना चाहिए। उसकी धारणा यही थी कि यह जीवन एक आपातकाल है। सच यह था कि वह जिस दबाव को महसूस कर रही थी, वह स्वयं उसने ही बनाया था।

मैं आज तक किसी ऐसे व्यक्ति से नहीं मिला (इसमें मैं भी शामिल हूँ) जो छोटी बातों को बड़े आपातकाल में न बदलता हो। हम अपने लक्ष्यों को इतनी गंभीरता से लेते हैं कि जीवन का आनंद ही लेना छोड़ देते हैं और स्वयं को इस सोच से अलग नहीं कर पाते। हम कुछ बातों को अपनी प्रसन्नता के लिए शर्तों में बदल देते हैं। अगर हम अपनी ही बनाई समयसीमाओं को पूरा नहीं कर पाते तो स्वयं को कोसते हैं। अगर आप और अधिक शांत व्यक्ति बनना चाहें तो आपके पास यह स्वीकार करने का विनय होना चाहिए, अधिकतर मामलों में आप स्वयं ही अपने लिए एमरजेंसी पैदा करते हैं। अगर चीज़ें योजना के अनुसार नहीं होंगी तो भी जीवन चलता रहेगा। अगर आप इस वाक्य को याद रखकर दोहरा सकें तो इससे आपको सहायता मिलेगी - जीवन कोई एमरजेंसी नहीं है!

25

अपने बैक बर्नर के साथ प्रयोग करें

आपका बैक बर्नर किसी तथ्य को याद करने या उसे संज्ञान में लाने का एक श्रेष्ठ माध्यम हो सकता है। यह आपके मन को बिना किसी प्रयास के प्रयोग में लाने का प्रभावशाली साधन है, जब आप वास्तव में स्वयं को तनाव से घिरा हुआ महसूस कर रहे हों। आपके बैक बर्नर को इस्तेमाल करने का मतलब होगा कि आप वर्तमान में कोई और काम करते हुए, अपने मन को किसी दूसरी समस्या का हल निकालने की अनुमति दे रहे हैं।

आपके मन का बैक बर्नर भी उसी तरह काम करता है जिस तरह आपके स्टोव का बैक बर्नर काम करता है। जब आंच धीमी होती है तो सारी सामग्री धीरे-धीरे मिश्रित होकर पकते हुए स्वादिष्ट व्यंजन में बदल जाती है। इस तरह से भोजन पकाते हुए आप सारी सामग्रियों को एक साथ बर्तन में डालकर धीमी आंच पर पकने के लिए रख देते हैं। आप जितना कम हस्तक्षेप करते हैं, व्यंजन उतना ही स्वादिष्ट बनता है।

ठीक इसी तरह, हम अपने जीवन की गंभीर तथा अन्य कई तरह की समस्याओं को भी सुलझा सकते हैं, अगर हम अपने मन के बैक बर्नर को अपनी समस्याओं, तथ्यों और विविध सामग्री तथा संभावित समाधानों की सूची दे दें। जैसे जब हम कोई सूप या सॉस बनाते हैं, तो हम अपने मन के बैक बर्नर को जो विचार या उपाय दे दें, उसके बाद उन्हें उसी तरह रिझाने के लिए आंच पर छोड़ दें, जिस तरह सूप बनाने के लिए छोड़ते हैं।

चाहे आप किसी समस्या को हल करने के लिए जूझ रहे हैं या किसी व्यक्ति का नाम नहीं याद कर पा रहें, आपका बैक बर्नर आपकी मदद करने के लिए हमेशा मौजूद है। यह कई बार ऐसे मसलों पर भी हमें इतनी शांत, सौम्य और बुद्धिमत्ता से भरी सोच प्रदान करते हैं, जिनके लिए हम कोई तत्कालिक हल नहीं खोज पा रहे होते।

बैक बर्नर इंकार करने या विलंब करने का उपाय नहीं है। दूसरे शब्दों में, जब

आप अपनी समस्याओं को बैक बर्नर पर रखना चाहते हैं तो आप बैक बर्नर को बंद नहीं करते। आप चाहते हैं कि समस्या का सक्रिय विश्लेषण करने के बजाए उसे मन में रहने दिया जाए। यह सादी तकनीक आपको अनेक समस्याओं को हल करने का अवसर देगी और आपके जीवन से तनाव और प्रयत्न को कम करने में सहायक होगी।

26

प्रतिदिन सोचें कि किसे आभार प्रकट कर सकते हैं

इस छोटी सी रणनीति को पूरा करने में आपको केवल कुछ सैकेंड का ही समय लगेगा, परंतु यह मेरी अब तक अपनाई गई आदतों में से सबसे महत्त्वपूर्ण आदत रही है। मैंने यह कोशिश करना शुरू किया कि अपने दिन का आरंभ किसी ऐसे व्यक्ति के बारे में सोचते हुए करूँ, जिसे आभार दिया जा सकता था। मेरे लिए, आभार और शांति दोनों एक साथ चलनेवाली चीज़ें हैं। मैं जितना अधिक सहजता और उदारता से अपने जीवन के उपहारों के लिए आभार प्रकट करूँगा, उतना ही शांतिदायक अनुभव होता है। इस तरह कह सकते हैं कि आभार प्रकट करने का अभ्यास अपने आपमें बहुत महत्त्व रखता है।

अगर आप भी मेरी तरह हैं, तो हो सकता है कि आप भी जीवन में बहुत से लोगों के आभारी होंगे – दोस्त, परिवार, सदस्य, आपके अतीत से जुड़े लोग, अध्यापक, गुरु, कार्यस्थल से जुड़े व्यक्ति, कोई ऐसा व्यक्ति जिसने आपको काम दिलवाया और इसके साथ ही असंख्य लोग। आप जीवन के इस उपहार के लिए उस परम सत्ता को धन्यवाद देना चाहेंगे या फिर प्रकृति की सुंदरता को भी सराह सकते हैं।

जब भी आप आभार प्रकट करने के लिए लोगों के बारे में सोचें तो याद रखें कि यह कोई भी हो सकता है – कोई ऐसा जिसने आपको भीड़ में आगे जाने का मौका दिया हो, कोई ऐसा जिसने आपके लिए दरवाजा खुला रखा, या कोई ऐसा चिकित्सक, जिसने आपके प्राणों की रक्षा की। सबसे अहम बात यह है कि आपको अपना ध्यान आभार प्रकटन की ओर ले जाना है और यह काम सुबह उठते ही सबसे पहले होना चाहिए।

मैंने यह बहुत समय पहले ही सीख लिया था कि मेरा मन बहुत आसानी से नकारात्मकता के विविध रूपों की ओर आकर्षित हो जाता है। जब मेरे साथ ऐसा होता है तो सबसे पहले आभार का भाव मन से निकल जाता है। मैं अपने जीवन से जुड़े लोगों का गलत तरीके से लाभ उठाने लगता हूँ और मैं उनके लिए जो स्नेह

अनुभव करता था, वह द्वेष और कुंठा में बदल जाता है। यह अभ्यास मुझे याद दिलाता है कि मुझे अपने जीवन में अच्छी बातों पर अपना ध्यान केंद्रित करना चाहिए। जब मैं किसी एक ऐसे व्यक्ति के बारे में सोचता हूँ, जिसके लिए आभार प्रकट किया जा सकता है तो दूसरा व्यक्ति स्वयं ही आँखों के आगे आ जाता है, फिर एक और, एक और। जल्दी ही मैं उन दूसरी बातों के लिए भी सोचने लगता हूँ जिनके लिए जीवन में आभारी हो सकता हूँ – मेरी सेहत, मेरे बच्चे, मेरा घर, मेरा कैरियर, मेरी किताबों के पाठक, मेरी आज़ादी और ये सिलसिला लगातार जारी रहता है।

भले ही यह सुझाव आपको थोड़ा अजीब लगे पर यह वास्तव में कारगर है! अगर आप अपने मन में आभार का भाव लेते हुए सुबह उठेंगे तो शांति के अनुभव के सिवा कुछ और महसूस करना लगभग असंभव होगा।

27

अजनबियों को देखकर मुस्कुराएँ, उनकी आँखों में देखें और हैलो कहें

क्या अपने कभी ध्यान दिया या सोचा कि हम अजनबियों के साथ कितनी कम नजरें मिलाते हैं? क्यों? क्या हम उनसे डरते हैं? ऐसा क्या है कि हम अनजान लोगों के साथ दिल खोलकर नहीं मिलते?

मैं सही मायनों में इन प्रश्नों के उत्तर नहीं जानता पर यह जानता हूँ कि अजनबियों के साथ हमारे रवैए और हमारी कुल प्रसन्नता के बीच एक समानांतर अवश्य होता है। दूसरे शब्दों में, कोई ऐसा व्यक्ति मिलना कठिन होगा, जो अपना सिर नीचे किए, त्यौरी चढ़ाए, लोगों से नजरें चुराता हुआ निकल रहा हो और भीतर से बहुत ही शांत और खुशदिल आदमी हो।

मैं आपको यह नहीं कह रहा कि बहिर्मुखी होने के बजाए अंतर्मुखी होना बेहतर होता है या आपको दूसरों के दिन को खुशहाल बनाने के लिए अपनी कई टन ऊर्जा व्यय करनी होगी या फिर आपको दोस्ताना रवैया रखने का दिखावा करना चाहिए। मैं आपको सुझाव दे रहा हूँ कि अगर आप अजनबियों को अपने जैसा ही समझते हैं और उनके साथ न केवल दयालुता बल्कि आदर से भी पेश आते हैं, उनके साथ नज़रें मिलाकर मुस्कुराते हैं, तो आपको अपने भीतर भी कुछ अच्छे बदलाव महसूस होंगे।

आपको ऐसा लगने लगेगा कि अधिकतर लोग आपके जैसे ही हैं – उनमें से अधिकतर के पास परिवार हैं, स्नेहीजन हैं, समस्याएँ, परेशानियाँ, पसंद और नापसंद हैं। आप यह भी देखेंगे कि जब आप किसी को देखकर मुस्कुराने की पहल करते हैं तो लोग कितने अच्छे और आभारी हो सकते हैं। जब आप देखेंगे कि हम सब कितने एक से हैं तो आप सबके भीतर छिपी मासूमियत देखने लगेंगे। दूसरे शब्दों में, हममें से अधिकतर लोग परेशान रहते हैं पर हममें से अधिकतर अपने हालात के हिसाब से सब कुछ संभालना भी जानते हैं। जब हम दूसरे लोगों की मासूमियत को देख पाते हैं तो हमें अपने भीतर से गहरी प्रसन्नता का अनुभव होता है।

28

रोज अपने लिए शांत भाव से बैठने का समय निकालें

मैं जब इस युक्ति के बारे में लिखने जा रहा हूँ, इस समय सुबह के 4:30 बजे हैं, जो मेरे दिन का सबसे पसंदीदा समय है। इससे पहले कि मेरी पत्नी और बच्चे जाग जाएँ या मेरे फोन की घंटी बजनी शुरू हो, मेरे पास अभी भी एक से डेढ़ घंटा है। इस समय में मुझे कोई भी कुछ करने के लिए नहीं कह सकता। बाहर बिलकुल शांति है और मैं इस समय बिलकुल एकांत में हूँ। अकेला होने से मैं पुन: चुस्ती-स्फूर्ति पा सकता हूँ और शांति से समय व काम पर ध्यान दे सकता हूँ या यूँ कहें तो एकांत का आनंद उठा सकता हूँ।

मैं पिछले एक दशक से स्ट्रेस मैनेजमेंट में काम कर रहा हूँ। इस दौरान मेरी मुलाकात अनेक प्रकार के असाधारण लोगों से हुई। मुझे उनमें से कई लोग ऐसे मिले, जो आंतरिक रूप से शांत हैं और रोजाना शांत भाव से कड़ी मेहनत करते हैं और अपने लिए कम से कम दस मिनट का समय ध्यान या योग करने, प्रकृति के संरक्षण या दस मिनट तक बाथरूम में शांत भाव से नहाने में लगाते हैं। अपने आपके साथ अकेले समय बिताने से रोजाना होनेवाले शोर-शराबे व परेशानियों को संतुलित करने में मदद मिलती है। निजी तौर पर, मैं जब अपने लिए भी समय निकालता हूँ, मेरे लिए सारे दिन को संतुलित करना आसान हो जाता है। जब कभी ऐसा नहीं हो पाता, उस दिन मैं कुछ अलग महसूस करता हूँ।

मेरी एक आदत है, जो मैं दोस्तों के साथ भी शेयर करता हूँ। दूसरे लोगों की तरह, मैं भी रोजाना कार चलाकर अपने ऑफिस जाता हूँ। मेरे कार्यस्थल से घर आने के समय के दौरान, मैं जैसे ही पहुँचनेवाला होता हूँ, मैं कार को एक जगह रोक लेता हूँ। मैं उस खूबसूरत स्थान पर एक या दो मिनट तक रुकता हूँ और आँखें बंद करके लंबी साँसें लेता हूँ। इससे मैं हल्का और सुखद महसूस करता हूँ। मैंने यह युक्ति अनेक लोगों को बताई, जो अक्सर शिकायत करते हैं कि उनके पास एकांत में होने के लिए समय नहीं। वे तेजी से कार चलाते और कानों में ऊँची आवाज में रेडियो सुनते हुए आते थे। अब, अपने व्यवहार में थोड़े से बदलाव के साथ, वे तनाव मुक्त होकर अपने घर पहुँचते हैं।

29

कुछ समय फोन के बिना काम करें

अगर आप मेरे जैसे हैं, तो आपका फोन अनेक चीज़ों से भरा है। एक ओर यह जीवन के लिए ज़रूरी है, यकीनन अधिकतर लोगों के लिए बहुत ज़रूरी है। दूसरी ओर, यह इस बात पर निर्भर करता है कि आप आजीविका के लिए क्या करते हैं, आपका फोन आपके लिए सबसे बड़ी बाधा और तनाव का कारण बन सकता है। कभी-कभी तो ऐसा लगता है जैसे हम हर समय फोन पर ही हैं। और, अगर हम फोन पर हैं, तो कोई अन्य काम करना असंभव है। इससे जो लोग हमें फोन कर रहे होते हैं उनके प्रति नाराजगी और व्याकुलता उत्पन्न हो सकती है।

मैं एक बार किसी मैनेजर के ऑफिस में था तो उसका फोन बजा। वह एकदम गरजकर बोला, 'लानत है इस फोन पर जो कभी बंद ही नहीं होता।' फिर उसने फोन उठाया और पंद्रह मिनट तक बात करता रहा और मैं उसका इंतजार कर रहा था। जब उसने फोन रखा तो वह हाँफ रहा था और निराश था। थोड़ी देर बार फोन फिर से बजा तो उसने माफी माँगी। उसने बाद में कबूल किया कि उसे इतने सारे फोन कॉल का जवाब देने के कारण अपना काम पूरा करने में बहुत मुश्किल होती है। उसी क्षण मैंने उससे पूछा, 'क्या आपने कभी सोचा है कि जब आप फोन पर नहीं होते तो आपके पास कितना सारा अतिरिक्त समय हो सकता है?' उसने हैरान होते हुए मेरी ओर देखा और कहा, 'सच बात यह है कि कभी नहीं।' इस साधारण से सुझाव से न केवल उसे बहुत सुकून मिला बल्कि ज्यादा काम करने की प्रेरणा भी मिली। कई लोगों की तरह, उसे निंरतर काम करने के लिए बहुत सारे घंटे नहीं बल्कि उसे कुछ ही घंटों का समय चाहिए। क्योंकि एक वही था जो कई सारे फोन कॉल का जवाब नहीं दे रहा था, कई मामलों में वह जवाब देने में कम समय भी लगा सकता था। वह कह सकता था, 'हाय जॉन, मेरे पास केवल दो मिनट का समय है, लेकिन मैं तुम्हे कॉल बैक करता हूँ।'

यकीनन, हम फोन पर ज्यादा निर्भर रहते हैं और उसे विभिन्न तरीकों से इस्तेमाल करने के आदी हो चुके हैं। उदाहरण के लिए अगर आप कोई रिसेप्शनिस्ट हैं या कोई टेलीफोन ऑपरेटर या कोई सेल्समैन, तो यह युक्ति सीमित रूप से काम

आ सकती है। फिर भी, कई लोगों के लिए यह वास्तव में जीवन रक्षक का काम कर सकती है।

आप कई विभिन्न स्थानों पर अलग-अलग तरीके से यह युक्ति अपना सकते हैं। मेरे पास दिन में कई अंतराल ऐसे होते हैं जब मैं अपने फोन की घंटी बंद रखता हूँ और पहले से निर्धारित या इमरजेंसी (तो बहुत कम होती है) कॉल के अलावा किसी का फोन नहीं लेता। इससे मुझे कुछ खास तरह की परियोजनाओं पर बिना रूकावट काम करने का समय मिल जाता है।

अगर आप घर पर काम करते हैं (या कोई काम ऐसा है जो आप घर से पूरा कर सकते हैं), तो यह युक्ति किसी चमत्कार की तरह काम करती है और इसे आसानी से आजमाया जा सकता है। साधारण रूप से यह निश्चित करें कि दिन में किसी खास समय पर आप किसी फोन का जवाब नहीं देंगे, ताकि आपको अपने ज़रूरी काम करने का उचित समय मिल सके।

मेरा मानना है कि आप इस युक्ति का प्रयोग करने से तनाव से भी छुटकारा पा सकते हैं। यह अधिकतर मामलों में लाभदायक है। इसका सामना करें। इस कार्यक्षेत्र में फोन कॉल कभी कम नहीं हो सकते। मैंने देखा है कि जब मैं फोन से दूर होता हूँ तो दो से तीन गुना अधिक समय अपने काम पर केंद्रित कर सकता हूँ। फिर, जब सारा काम हो जाता है तो अपने बचे हुए समय में मैं उन फोन कॉल का जवाब देता हूँ।

30

अपने जीवन से जुड़े लोगों की छोटे बच्चों और सौ साल के बूढ़ों के रूप में कल्पना करें

मैंने इस युक्ति को आज से लगभग बीस साल पहले सीखा था। यह दूसरे लोगों के प्रति चिड़चिड़ाहट समाप्त करने का सबसे उत्तम साधन साबित हुआ है।

उस व्यक्ति के बारे में सोचें, जिससे आप वास्तव में चिढ़ते हैं, जिसे देखकर आपको गुस्सा आता है। अब अपनी आँखें बंद करें और उसे एक नन्हें बच्चे के समान समझें। उसके नन्हें लक्षण और मासूम आँखें देखें। यह जानें कि बच्चे किसी की मदद नहीं कर सकते लेकिन गलतियाँ करते हैं, किसी समय, हम सब भी ऐसे ही थे। अब घड़ी को सौ साल आगे ले जाएँ। अब उस व्यक्ति की ऐसे कल्पना करें कि वह बहुत बूढ़ा है, जो लगभग मरने की कगार पर है। उसकी घिसी हुई आँखें और नाजुक चमड़ी देखें, जो बुद्धिमत्ता की ओर संकेत करती हैं और अपनी गलतियों को स्वीकार करने को तैयार हैं। जान लें कि कई दशक बाद, हम सब भी किसी समय सौ साल के होंगे, जीवित या मृत।

आप इस तकनीक का प्रयोग कर सकते हैं और विभिन्न परिस्थितियों में परिवर्तन कर सकते हैं।

इसे प्रयोग करनेवाले को हमेशा एक नया दृष्टिकोण और करुणा प्राप्त होती है। यदि आपका लक्ष्य अधिक शांत और प्रिय बनना है, तो हम निश्चित रूप से किसी के भी प्रति नकारात्मक भाव अपने मन में नहीं लाना चाहेंगे।

31

सबसे पहले समझनेवाले बनें

इसे स्टीफन कोवे की 'सेवेन हैबिट्स ऑफ हाइली इफेक्टिव पीपल' में से लिया गया है। यह युक्ति अत्यंत संतुष्टि व्यक्ति बनने में आपकी मदद करती है (और आप यकीनन अधिक प्रभावी भी होंगे)।

'सबसे पहले समझना सीखें' यह उस समय ज़रूरी हो जाता है जब आप दूसरों को समझने में अधिक रुचि दिखाते हैं और इस बात में कम दिलचस्पी लेते हैं कि लोग आपको समझ सकें। इस युक्ति को अपनाने का मतलब यह है कि अगर आप गुणवत्ता से भरपूर और संतोषदायक वार्तालाप चाहते हैं, जो आपके और दूसरों के लिए पोषक हो तो उसमें दूसरों को पहले समझने की बात बहुत मायने रखती है। जब आप यह समझ जाते हैं कि लोग कहाँ से आ रहे हैं, वे क्या कहना चाहते हैं, उनके लिए क्या ज़रूरी है, तो इसके आगे उन्हें समझना आसान हो जाता है। फिर आपको अधिक मेहनत करने की ज़रूरत नहीं होती। सब कुछ सहज भाव से समझ में आने लगता है और आपकी ओर से कोई अतिरिक्त प्रयास नहीं होता।

जब आप इस युक्ति का उलटा प्रयोग करते हैं, (हममें से अधिकतर लोग ऐसा करते हैं), तब आप बिलकुल विपरीत दिशा में चल रहे होते हैं। जब आप स्वयं बिना समझे दूसरों से उम्मीद करते हैं कि वे आपको समझें, तो आपका यह प्रयास आपके साथ-साथ सामनेवाले व्यक्ति को भी अस्वस्थ कर सकता है। इस प्रकार संप्रेषण टूट जाएगा और आपके आगे अहं के टकराव के सिवा कुछ नहीं होगा।

मैं एक ऐसे युगल के साथ काम कर रहा था, जिन्होंने अपने विवाहित जीवन के पहले दस साल धन को लेकर निराशा व बहस करने में बिताए।

वह व्यक्ति समझ नहीं सका कि उसकी पत्नी अपनी कमाई का एक-एक पैसा क्यों बचाना चाहती थी और उसकी पत्नी कभी न समझ सकी कि उसका पति इतना खर्चीला क्यों है। उन दोनों की निराशा में सभी तर्क खो चुके थे। हालाँकि

उनकी समस्याओं से और भी कहीं बड़ी समस्याएँ हो सकती थीं परंतु इनके लिए तो समाधान बहुत ही सरल था। दोनों में से किसी ने भी दूसरे को समझना ही नहीं चाहा। उन्हें एक-दूसरे को टोकने से रोकना सीखना था और एक-दूसरे की बात ध्यान से सुनना सीखना था। उनमें से प्रत्येक को अपनी ही स्थिति का बचाव करने के बजाए, पहले दूसरे को समझना था। यकीनन मैंने उन्हें ऐसा ही करने की सलाह दी। उस व्यक्ति को पता चला कि उसकी पत्नी अपने माता-पिता के धन संबंधी अभाव से सुरक्षा चाहती थी। दरअसल, वह बिखर जाने से डरती थी। उसकी पत्नी को पता चला कि उसका पति इस बात से शर्मिंदा रहता था कि वह अपनी पत्नी की उस तरह देख-रेख नहीं कर सकता, जैसे उसके पिता, उसकी माता की देखरेख करते थे। दरअसल, उसका पति चाहता था कि उसकी पत्नी उस पर गर्व करे। जैसे ही दोनों ने एक-दूसरे को समझा, उनकी परेशानी प्रेम में बदल गई। आज उनके बीच धन के खर्च और बचत को लेकर अच्छी समझदारी है।

सबसे पहले समझने का अर्थ यह नहीं कि कौन सही है और कौन गलत; यह प्रभावी वार्तालाप का दर्शन है। जब आप इस युक्ति का प्रयोग करते हैं, तो आप महसूस करते हैं कि जिन लोगों से आप संप्रेषण करते हैं। वे लोग आपको ध्यान से सुनते और समझते हैं। इससे आपके संबंध और भी बेहतर और स्नेही बनते हैं।

32

एक बेहतर श्रोता बनें

मुझे बड़ा होने तक यह विश्वास था कि मैं एक अच्छा श्रोता हूँ। हालाँकि मैं आज उससे बेहतर श्रोता हूँ, जितना दस वर्ष पहले था, परंतु मुझे यह मानना होगा कि मुझे अब भी एक बहुत बेहतर श्रोता बनने के लिए मेहनत करनी होगी।

एक प्रभावशाली श्रोता के लिए ज़रूरी है कि जब दूसरे लोग बात कर रहे हों या अपनी बात समाप्त कर रहे हों, तो वह उनके बीच में न बोले। जब कोई बोल रहा हो तो उसकी बात आनंदित होकर सुनें, बजाय इसके कि आप इंतजार करें कि वह जल्दी अपनी बात समाप्त करे और आप उसे जवाब दें।

कई मायनों में, जब हम किसी की बात सुनने में असमर्थ होते हैं तो इससे स्पष्ट होता है कि हम अपने जीवन में भी असमर्थ हैं। हम अक्सर वार्तालाप करते समय ऐसा महसूस करते हैं जैसे यह कोई रेस हो। अधिकतर समय हमारा लक्ष्य यही रहता है कि दूसरे व्यक्ति द्वारा अपनी बात समाप्त किए जाने और हमारी बात शुरू करने के बीच समय का अंतराल न रहे। मैं और मेरी पत्नी कुछ समय पहले किसी रेस्टोरेंट में लंच के लिए बैठे थे और आसपास बैठे लोगों की बातें सुन रहे थे। ऐसा लग रहा था जैसे कोई भी किसी को ध्यान से सुनना ही नहीं चाह रहा था, इसकी बजाय हर कोई अपनी बात कहने को आतुर था। मैंने अपनी पत्नी से पूछा कि क्या मैं भी ऐसा ही करता हूँ? उसने चेहरे पर मुस्कान लाते हुए जवाब दिया, सिर्फ कभी-कभी।

अपनी ओर से धीरे से प्रतिक्रिया देना और बेहतर तरीके से दूसरों की बात सुनना आपके व्यक्तित्व में निखार लाता है। यह आपसे आपकी बाध्यता (परेशानी) ले लेता है। अगर आप इसके बारे में सोचें, तो आप महसूस करेंगे कि इस बात से आपकी कितनी ऊर्जा खर्च हो जाती है कि आप तनाव में रहते हुए सामने बैठे व्यक्ति की (या टेलिफोन पर) बात सुनें और इंतजार करें कि आपको उसका क्या जवाब देना है। लेकिन जब आप धैर्यपूर्वक दूसरे की बात समाप्त होने का इंतजार करते हैं और ध्यान से सुनते हैं कि वह क्या कहना चाहता है, तो

आप महसूस करते हैं कि आप पर तनाव या दबाव का बोझ नहीं होता। आप तुरंत अपने आपको हल्का महसूस करते हैं और ऐसा ही वह व्यक्ति महसूस करता है, जिससे आप बात कर रहे होते हैं। वह भी अपने आपको शांत महसूस करता है कि उसे आपसे किसी प्रकार का मुकाबला नहीं करना पड़ा। इससे आप न केवल एक बेहतर श्रोता बनते हैं बल्कि आप एक शांत व्यक्ति भी बनते हैं, जो आपके संबंधों की गुणवत्ता को उजागर करता है। हर किसी को दूसरे से बात करना अच्छा लगता है, जो उसकी बात ध्यान से सुन सकता हो।

33
अपनी जंग सोचकर चुनें

'अपनी जंग सोचकर चुनें' पेरेंटिंग में प्रयोग होनेवाला एक विख्यात मुहावरा है लेकिन यह संतुष्ट जीवन के संदर्भ में भी उपयोगी है। इसका अर्थ है कि जीवन अनेक अवसरों से भरपूर होता है, जिसमें से हमें कुछ अवसरों को छोड़ते हुए अच्छे अवसरों को ग्रहण करना चाहिए। ध्यान रखें कि ऐसा करना ज़रूरी होता है। अगर आप अपनी जंग बुद्धिमत्तापूर्वक चुनते हैं, तो उन कार्यों पर आसानी से काबू पा सकते हैं जो आपके लिए ज़रूरी हैं।

कभी-कभी ऐसा भी होता है जब आपको किसी चीज़ के लिए दूसरों से बहस करनी पड़ती है, उनके खिलाफ जाना पड़ता है या फिर यहाँ तक कि आपको उनसे झगड़ा भी करना पड़ता है। बहुत से लोग, छोटी-छोटी चीज़ों के लिए भी बहस करते हैं, विरोध प्रकट करते हैं और झगड़ा करते हैं। इस प्रकार के जीवन में बहुत सारा तनाव रहता है और वे यही भूल जाते हैं कि वे किस राह पर चल रहे थे।

अगर आप यह चाहें कि हर काम आपके हिसाब से ही पूरा हो (जाने-अनजाने) तो जरा सी भी बहस या आपकी योजना में थोड़ा सा फेर-बदल भी आपके लिए भारी मुसीबत बन सकता है। मेरी पुस्तक के अनुसार यह रवैया आपके लिए अप्रसन्नता और कुंठा से अधिक नहीं है।

सच तो यह है कि जीवन कभी वैसा नहीं होता, जैसा हम उसे चाहते हैं या फिर ऐसा भी कभी नहीं होता कि दूसरे लोग उसी तरह काम करें, जैसा हम उनसे चाहते हैं।

पल, प्रति पल, जीवन में ऐसे पहलू सामने आते हैं, जिन्हें हम पसंद करते हैं और कुछ पहलुओं को पसंद नहीं करते। हमेशा ऐसे लोग आसपास मिलेंगे जो हमसे सहमत नहीं होंगे, वे लोग आपसे अलग तरह से काम करेंगे और कई बातें आपके पक्ष में नहीं होंगी। अगर आपने जीवन के इस नियम के साथ बैर मोल लिया तो आपका शेष जीवन इन लड़ाईयों को लड़ने में ही बीत जाएगा।

शांतिपूर्वक जीवन जीने के लिए आवश्यक है कि आप धैयपूर्वक इस बात का चुनाव करें कि किस लड़ाई को लड़ने की ज़रूरत है और किसे छोड़ा जा सकता है। अगर आपका प्राथमिक लक्ष्य यह नहीं कि सब कुछ संपूर्ण हो और आप इसके बजाए तनाव-रहित जीवन जीना चाहें, तो आप पाएँगे कि अधिकतर लड़ाई या बैर, आपको आपकी शांत भावनाओं से दूर ले जाते हैं। क्या यह वास्तव में बहुत ज़रूरी है कि आप अपने साथी को गलत और स्वयं को सही साबित करें या आप किसी के साथ आमने-सामने की बहस में पड़ें, जिससे कोई छोटी सी भूल हो गई हो?

क्या किसी रेस्तरां या मूवी जाने पर हुई बहस पर आपका चुनाव महत्त्व रखता है? क्या आपकी कार पर लगी मात्र छोटी सी खरोंच के लिए आप मुआवजे के लिए कोर्ट जाना चाहेंगे? आप अपने परिवार के साथ रात का भोजन करते समय यह बात करते हैं कि पड़ोसी को अपनी कार को गली के एक कोने में नहीं खड़ी करनी चाहिए? ऐसी और भी कई हज़ारों बातें है, जिनके लिए बहुत से लोग जूझ रहे हैं। आप अपनी लिस्ट देखें। अगर यह मेरी लिस्ट जैसी है, तो आपको अपनी प्राथमिकताओं पर पुन: विचार करने की आवश्यकता है।

अगर आप नहीं चाहते कि आप छोटी बातों के लिए चिंता करें तो आपको अपनी जंग का चुनाव बहुत सोच-समझकर करना चाहिए। यदि आप ऐसा करते हैं तो एक दिन ऐसा आएगा, जब आपके मन में लड़ने की इच्छा ही शेष नहीं रहेगी।

34

अपने मनोभाव को जानें और निम्न मनोभावों के हाथों मूर्ख न बनें

आपका अपना मूड या मनोभाव आपके साथ कपट कर सकता है। वह कुछ ऐसा कपट कर सकता है, जिससे आप समझने लगें कि आपका जीवन वास्तव में जैसा है उससे कहीं बदतर है। जब आपका मूड अच्छा होता है, तो आपको लगता है कि जीवन बहुत खूबसूरत है। आपके पास दृष्टिकोण, समझ और बुद्धिमत्ता है। अच्छा मूड होने पर काम मुश्किल नहीं लगते, समस्याएँ कम विकट लगती हैं और उनका समाधान करना उतना ही आसान लगता है। जब आपका मूड अच्छा होता है, तब संबंध बेहतर तरीके से निभाए जाते हैं और वार्तालाप भी आसान होता है। अगर कोई आपकी आलोचना करता है, आप इसे बहुत गहराई तक नहीं ले जाते हैं।

इसके विपरीत, अगर आपका मूड अच्छा नहीं, जीवन बहुत नीरस और मुश्किल प्रतीत होता है तो आपका दृष्टिकोण बहुत छोटा हो जाता है। आप चीज़ों को निजी तौर पर लेना शुरू कर देते हैं और अक्सर अपने आसपास के लोगों पर शक करने लगते हैं। आपको उनके हर काम में साजिश दिखाई देने लगती है।

जिन लोगों को अपने मूड का पता नहीं चलता वे हमेशा जल्दबाजी में रहते हैं। वे सोचते हैं कि उनका जीवन पिछले दिन या पिछले घंटे की अपेक्षा ज्यादा बेकार हो गया है। इसलिए सुबह के समय जिसका मूड अच्छा होता है, वह अपनी पत्नी, नौकरी और अपनी कार से बेहद प्रेम करता है। वह शायद अपने भविष्य के प्रति भी आशावादी होता है और अपने बीते हुए समय के प्रति कृतज्ञ होता है। लेकिन दोपहर बाद, अगर उसका मूड खराब हो जाता है, तो वह ऐसा रवैया अपना लेता है जैसे उसे अपनी नौकरी से नफरत है, अपनी पत्नी को सिरदर्द समझता है, अपनी कार को कबाड़ा समझता है और यह मानता है कि उसका कैरियर समाप्त हो रहा है। जब वह खराब मूड में हो और आप उससे उसके बचपन के बारे में पूछें तो, वह यकीनन यह कहेगा कि उसका बचपन बहुत मुसीबतों में बीता। वह अपनी वर्तमान दशा के लिए भी अपने माता-पिता को कोसने लगेगा।

ऐसी स्थिति बेहूदी और हास्यपद लगती है- लेकिन हम सब ऐसे हो जाते हैं। खराब मूड होने पर हम अपना दृष्टिकोण भूल जाते हैं और सब कुछ अत्यंत आपातकाल लगने लगता है। हम बिलकुल भूल जाते हैं कि जब हमारा मूड अच्छा होता है, तब हमें सब कुछ बेहतर दिखाई देता है। हम सब कुछ एक जैसे दिखनेवाले हालात के अनुसार अनुभव करते हैं- हमारा विवाह किससे हुआ, हम कौन सी कार चलाते हैं, हमारा सामर्थ्य, हमारा बचपन आदि सब कुछ हमारे मूड पर निर्भर करता है। जब हमारा मूड खराब होता है, बजाय यह सोचने के कि हमारा मूड बाद में ठीक हो जाएगा, हम अपने जीवन को कोसने लगते हैं। यह सब ऐसा प्रतीत होता है, जैसे हमारा जीवन पिछले एक या दो घंटे पहले के मुकाबले बदल गया हो।

सच्चाई तो यह है, जीवन कभी भी इतना बुरा नहीं होता, जितना आपको अपने खराब मनोभाव या मूड के साथ लगने लगता है। बुरे मूड के साथ रहने के बजाए स्वयं को जिंदगी को उसकी हकीकत के साथ देखने को मनाएँ, आप अपनी परख पर सवाल उठाना सीख सकते हैं। स्वयं को याद दिलाएँ, 'बेशक मैं स्वयं को क्रोधित, असुरक्षित, तनावग्रस्त या परेशान महसूस कर रहा हूँ क्योंकि इस समय मेरा मूड खराब है। जब भी मेरा मूड खराब होता है तो मैं हमेशा इसी तरह नकारात्मक महसूस करता हूँ।' जब भी आप बुरे मूड में हों तो इसे यूँ ही बीत जाने दें - यह एक ऐसी मानवीय अवस्था है, जिससे बचा नहीं जा सकता और समय के साथ यह भी बीत जाएगी। बस आपको इसे अकेला छोड़ना होगा। जब भी आप बुरे मनोभाव के बीच हों, उस समय अपने जीवन का विश्लेषण न करें। अगर आप ऐसा करते हैं तो यह भावात्मक आत्महत्या करने के समान होगा। अगर आपकी कोई समस्या वाजिब है तो आपका मूड ठीक होने पर भी ज्यों की त्यों रहेगी। बस आपको अपने अच्छे मूड के दौरान कृतज्ञ होना है और खराब मूड के दौरान आभार प्रकट करते हुए उसे बहुत अधिक गंभीरता से नहीं लेना। अगली बार जब भी मूड अच्छा न हो, चाहे वह किसी भी कारण से क्यों न हो तो अपने आपको याद दिलाना न भूलें, 'यह भी बीत जाएगा, निश्चित रूप से बीत जाएगा।'

35

जीवन एक परीक्षा है, यह सिर्फ एक परीक्षा है

मेरे एक पसंदीदा पोस्टर में लिखा है, जीवन एक परीक्षा है, यह सिर्फ एक परीक्षा है। अगर यह वास्तविक जीवन होता, तो आपको पता होता कि आपको कहाँ जाना है और क्या करना है? मैं जब कभी बुद्धिमत्ताभरी इस मजेदार बात के बारे में सोचता हूँ, तो यह मुझे जीवन को गंभीर रूप से न लेने के बारे में याद दिलाती है।

जब आप जीवन और उससे जुड़ी चुनौतियों को एक परीक्षा या बहुत सारी परीक्षाओं के रूप में लेते हैं, तो आप सफल होने के लिए प्रत्येक मसले को एक अवसर और संकटों को झेलने की क्षमता के रूप में लेते हैं।

चाहे आप पर समस्याओं, जिम्मेदारियों की बौछार हों, यहाँ तक कि अभेद रुकावटें ही क्यों न हों, इन्हें परीक्षा की तरह देखने से आपके पास सफल होने का अवसर होता है कि आप सभी चुनौतियों को पार कर सकें। दूसरी ओर, अगर आप प्रत्येक चुनौती को किसी युद्ध की तरह देखते हैं, जिसे आपको जीतना है, आपके लिए यह किसी पथरीले रास्ते पर चलने जैसा होगा। ऐसी दशा में आपको केवल वही समय अच्छा लग सकता है, जब सब कुछ आपके अनुसार चलता रहता है। हम सब जानते हैं कि ऐसा बहुत कम होता है।

एक परीक्षण के तौर पर, देखते हैं कि आप इस कसौटी पर खरे उतर सकते हैं या नहीं। शायद आपका कोई बिगड़ा हुआ जवान बच्चा है या कोई खुराफाती बॉस। देखें कि आप एक परीक्षा के तौर पर इस समस्या का समाधान किस प्रकार करते हैं। क्या आप अपनी समस्या को परीक्षा के रूप में बदलकर देख सकते हैं? बजाय इसके कि आप अपनी समस्या से जूझते रहें? देखें कि शायद आप इससे कुछ सबक ले सकें। स्वयं से पूछें, मेरे जीवन में यह समस्या क्यों है? इसका मतलब क्या है और इसका क्या परिणाम हो सकता है? क्या मैं इस समस्या पर अलग तरीके से विचार कर सकता हूँ? क्या मैं इसे एक प्रकार की परीक्षा के तौर पर देख सकता हूँ?

अगर आप इस युक्ति से काम करते हैं तो आप अपनी बदलती हुई प्रतिक्रियाओं पर स्वयं ही हैरान होंगे। उदाहरण के लिए, मैं अपने लिए समय न निकाल पाने के कारण के बारे में सोचकर बहुत परेशान रहता था। मैं सारे काम पूरे करने के चक्कर में दौड़भाग में लगा रहता था। मैं अपने कार्यक्रमों, अपने परिवार, अपनी परिस्थितियों या उनसे जुड़े सभी कारणों को दोष देता था। या फिर हर उस चीज़ को दोषी ठहराता था, जिसे दोष दे सकता था। फिर एक दिन मुझे यह पता चला कि अगर मैं प्रसन्न होना चाहता था तो उसके लिए यह आवश्यक नहीं था कि मेरा जीवन संपूर्ण रूप से व्यवस्थित होना चाहिए था ताकि मुझे और अधिक समय मिल सके। परंतु मुझे यह देखना था कि मैं उस बिंदु तक आ सकूँ जहाँ सब काम ठीक-ठाक हों और वे मुझ पर हावी न हों।

दूसरे शब्दों में, मेरे संघर्ष को एक परीक्षा के रूप में देखना ही मेरी असली चुनौती थी। अंतत: इस मसले को एक परीक्षा के रूप में देखने से मुझे अपनी सबसे बड़ी और निजी कुंठा से छुटकारा मिला। मैं अब भी संघर्ष करता हूँ कि मेरे पास पर्याप्त समय नहीं होता परंतु अब यह सब पहले की तुलना में बहुत कम होता है। अब मेरे लिए यह पहले से कहीं अधिक स्वीकृतिदायक हो गया है कि मैं चीज़ों को उसी रूप में लूँ जैसी कि वे हैं।

36

थकान का अनुमान लगाना बंद करें

हाल ही में मैं सैन फ्रांसिस्को से शिकागो की उड़ान पर था तो मुझे एक बहुत ही मूर्खतापूर्ण वार्तालाप देखने को मिला। इससे एक भयानक गलती देखने को मिली जिसे लोग आमतौर पर दोहराते हैं और यह उनके जीवन का अंग है। वह वार्तालाप लगभग आधे घंटे तक चला, जिसका विषय था कि दो थके हुए लोग आपस में क्या बातें करते हैं।

इसमें कुछ ऐसा था कि हर कोई दूसरे को या शायद स्वयं को भी समझाने की कोशिश कर रहा था कि वे बहुत देर तक काम करते हैं और मेहनत करते हैं। उन्हें नींद के लिए बहुत कम समय मिलता है और कह रहे थे, जैसा कि अधिकतर लोग कहते हैं कि वे बहुत थक जाते हैं। मुझे यकीन नहीं था कि वे डींगें मार रहे थे या शिकायत कर रहे थे, लेकिन एक बात ज़रूर थी कि वे अपने वार्तालाप को लंबा खींचने के लिए ज्यादा से ज्यादा थक सकते थे। वे पहले से ही थकान का विचार कर चुके थे और मुझे उनके हिसाब से यह सही लग रहा था। उनकी आवाज दमदार नहीं थी, जैसे उस पर नींद न मिल पाने का ही प्रभाव था। उनका वार्तालाप सुनकर ही मुझे थकान महसूस होने लगी।

थकान को पहले से ही महसूस कर लेना या उसका विचार करना ही असल में थकान का कारण है। इससे आपका ध्यान इस तरफ चला जाता है कि आपकी नींद के घंटे कितने हैं और आप कितना थकनेवाले हैं। फिर, जब आप सोकर उठते हैं तो आप स्वयं को याद दिलाते हैं कि कितनी देर तक तकिए पर सिर टिकाकर सोते रहे। कौन जानता है कि वास्तव में क्या हुआ, लेकिन मेरा मानना है कि थकान के बारे में विचार करने से आपके मस्तिष्क में एक संदेश चला जाता है, जो आपको थकान महसूस कराता है और यह एक तरीका है जो आपको एक सोचे-समझे प्रोग्राम के अनुसार याद दिलाता रहता है।

स्पष्ट है कि हर किसी को एक निश्चित समय का विश्राम चाहिए। मैंने कई लेख पढ़े हैं जिनमें बताया गया है कि अगर ज़रूरी नहीं, तो हममें से बहुत से लोग

पर्याप्त नींद नहीं ले पाते। यदि आप थके हुए हैं तो इसका सबसे बेहतर उपाय है कि आप नींद लें। लेकिन अगर किसी कारणवश ऐसा संभव न हो सके, तो इसका अंतिम उपाय यही है कि आप पहले से ही अपने आपको इस बात के लिए राजी कर लें कि आप थकने जा रहे हैं। मैंने महसूस किया है कि इसका सबसे बेहतर उपाय अधिक से अधिक नींद लेना है चाहे वा जितनी ही क्यों न ली जा सके।

चूँकि मैं व्याख्यानों और प्रचार कार्यक्रमों के लिए बहुत यात्राएँ करता हूँ, मुझे भी कभी-कभी तीन से चार घंटे सोने के लिए मिलते हैं, और कभी-कभी तो इससे भी कम। मैंने देखा है कि अगर मैं इसे भूलकर- इसे याद भी न करूँ- तो मुझे जितनी नींद मिलती है, उससे कहीं अधिक आराम मिलता है। फिर जितनी जल्दी होता है मैं एक ब्रेक लेता हूँ और फिर सब ठीक हो जाता है। एक बात जो मैं कभी नहीं करता कि मैं नींद कम मिलने की बात किसी दूसरे से नहीं करता। मैंने सीखा है कि मैं जब भी ऐसा करता हूँ, उसका नतीजा यह होता है कि मैं बहुत ज्यादा थक जाता हूँ।

मैंने यह देखा है कि पहले से ही थकान का विचार कर लेने और ज्यादा लोगों में उसके बारे में बात करने से चिड़चिड़ापन होता है। अगर आप ऐसा करने के आदि हैं तो ऐसी स्थिति से जितना हो सके बचें। अगर आप ऐसा करते हैं, तो आप कम थकान महसूस करेंगे। ऐसा करने से आपमें यह सोच उत्पन्न होती है कि आपको थकान नहीं महसूस हो रही और आप अधिक काम कर सकते हैं।

37

तारीफ और इल्ज़ाम एक जैसे होते हैं

जीवन की एक सबसे कड़वी सच्चाई यह है कि हमें दूसरों से मिलनेवाली अस्वीकृति का भी सामना करना पड़ता है। तारीफ करना और इल्ज़ाम लगाना स्वयं को याद दिलाने का अच्छा तरीका है कि आप कभी एक ही बार में सभी को संतुष्ट नहीं कर सकते। यहाँ तक कि किसी चुनाव में जब कोई प्रत्याशी 55 प्रतिशत वोटों से जीत जाता है, तो वह उस 45 प्रतिशत जनता से वंचित रह जाता है जिसे किसी दूसरे प्रत्याशी के जीतने की उम्मीद थी।

हमारे परिवार, मित्रों और हम जिन लोगों के साथ काम करते हैं, उन्हें हमारा काम बहुत कम पसंद आता है या बहुत पसंद आता है, हमारी स्वीकृति उन पर निर्भर करती है। सच तो यह है कि हर किसी के पास जीवन को पहचानने के अपने-अपने तरीके हैं और किसी एक का तरीका दूसरे को पसंद नहीं आता। फिर भी, कुछ कारणों से हममें से कुछ लोग इस वास्तविकता को बदलने का प्रयास करते हैं। हम लोगों द्वारा अस्वीकार किए जाने पर, न कहने पर या किसी दूसरे तरीके द्वारा असहमति प्रकट करने पर क्रोधित होते हैं, दुःखी होते हैं या निराश हो जाते हैं।

हम सभी की अपेक्षाओं पर खरे नहीं उतर सकते, जितनी जल्दी हम इस सच्चाई को समझ लें हमारे लिए जीवन जीना उतना ही आसान हो जाता है। जब आप दूसरों से मिले अस्वीकार को आसानी से ग्रहण करते हैं और इस तथ्य से नहीं जूझते तो आपके लिए ऐसा सहायक रवैया विकसित होता है, जो जीवनयात्रा में भी मदद करता है। अस्वीकृति से मायूस होने के बजाए, आप स्वयं को याद दिला सकते हैं, 'यह सब फिर से आ गया, कोई बात नहीं।' आप सुखद आश्चर्य की भावना के साथ जीना सीख सकते हैं। आप यह भी कर सकते हैं कि अगर आपको कहीं से स्वीकार भाव मिले तो उसी समय उसके लिए आभार भी प्रकट करें।

मैंने पाया कि कई बार ऐसे दिन भी होते हैं जब मुझे प्रशंसा और दोष, दोनों

का अनुभव एक साथ मिलता है। कोई मुझे वक्ता के रूप में बोलने के लिए अपने साथ ले जाता और कोई ऐसा नहीं चाहता था; किसी फोन कॉल पर कोई अच्छी खबर मिलती, दूसरी कॉल कोई बुरी खबर सुनाती। मेरी एक बेटी का व्यवहार अच्छा है, दूसरी का उससे बिलकुल विपरीत। कोई मुझे बहुत अच्छा इंसान मानता है तो कोई सोचता है कि मैं स्वार्थी हूँ क्योंकि मैं उनके फोन का जवाब नहीं देता। यह आगे पीछे चलने की प्रक्रिया, अच्छे और बुरे का आचरण, स्वीकार और अस्वीकार किया जाना, सभी हमारे जीवन का अंग हैं। मैं सबसे पहले यह स्वीकार करता हूँ कि मैंने हमेशा अस्वीकृति के बदले स्वीकृति को प्रोत्साहन दिया है। यह अच्छा लगता है और इससे निबटना भी आसान है। मैं जितना संतुष्ट हूँ, उतना ही अपनी भलाई के लिए दूसरों पर कम निर्भर हूँ।

38

दयालुता का अभ्यास करें

पिछले कुछ समय से कारों के बंपर पर एक स्टिकर लगा दिखाई दे रहा है। आप देखें कि यह पूरे देश में कारों पर लगा होता है। (वास्तव में एक स्टिकर मेरी कार पर भी लगा हुआ है) इस पर लिखा है, 'प्रेक्टिस रेंडम एक्ट ऑफ काइंडनैस एंड सेंसलेस एक्ट ऑफ ब्यूटी।' मुझे नहीं पता कि यह किसका आइडिया है, लेकिन मैंने किसी कार पर इससे ज़रूरी मैसेज कभी नहीं देखा। बिना किसी से कुछ अपेक्षा किए उस पर दया दिखाना आनंद प्राप्त करने का एक प्रभावशाली तरीका है। यह एक ऐसा कार्य है, जिसे आप किसी को बताए बिना कर सकते हैं।

सैन फ्रांसिस्को बे ऐरिया में पाँच टोल ब्रिज हैं। कुछ समय पूर्व, कुछ लोगों ने अपने पीछे चल रही कार के टोल का शुल्क देना शुरू कर दिया। ड्राइवर टोल खिड़की पर जाता और एक डॉलर निकालता तो उसे पता चलता कि उसका टोल उसके आगे चल रही कार द्वारा भर दिया गया है। यह एक स्वैच्छिक उपहार है जो बिना किसी अपेक्षा या बिना माँगे जाने पर किसी ने आपको दिया। आप उस ड्राइवर के मन की स्थिति जान सकते हैं कि उसे कैसा लगता होगा! ऐसा होने से शायद वह उस दिन दयालु बनने का प्रयास करे। अक्सर दयालुता से भरा एक काम, कई दयालु कामों के लिए एक रास्ता बनाता है।

दयालुता दिखाने के लिए किसी अनुभव की ज़रूरत नहीं। यह हृदय से की जाती है। आपके द्वारा किया गया दयालुतापूर्ण कार्य आपके पड़ोस का कचरा साफ करने के रूप में हो सकता है, किसी चैरिटी में सहयोग देने के रूप में हो सकता है, एक लिफाफे में बिना कुछ लिखे कुछ नकद भेजने से किसी जरूरतमंद की ज़रूरत पूरी हो सकती है, किसी जानवर को राहत केंद्र में भेजकर उसकी जान बचा सकते हैं या किसी चर्च या संस्थान मे जाकर भूखे लोगों को भोजन खिलाने में सहायक बन सकते हैं।

आप सब कुछ करना चाह सकते हैं, शायद और इससे भी कहीं अधिक। सबसे अहम बात यह है कि ऐसा करने से आनंद मिलता है और ज्यादा खर्च भी नहीं होता।

संभवत: इस प्रकार दयालुता पूर्ण कार्य करने से आपको जीवन में संतोष प्राप्त होता है। दयालुता से भरा प्रत्येक कार्य आपके भीतर सकारात्मक भावना उत्पन्न करता है और आपको याद दिलाता है कि जीवन के पहलुओं में सेवा, दयालुता और प्रेम बहुत ज़रूरी होते हैं। हम सभी अपने स्तर पर काम करते रहें तो बहुत जल्द हम एक सुंदर और नेक संसार में रह रहे होंगे।

39

व्यवहार से परे देखें

क्या आपने कभी स्वयं से या दूसरों से यह कहते सुना है कि 'बुरा मत मानना जॉन, उसे नहीं पता कि वह क्या कर रहा था?' अगर ऐसा है, तो आप 'व्यवहार से परे देखने' की बुद्धिमत्ता रखते हैं। अगर आपके घर बच्चे हैं, तो आप माफ करने के व्यवहार को भली-भाँति जानते होंगे। अगर हम सबका प्रेम अपने बच्चों के व्यवहार पर निर्भर हो जाए, तो उन्हें प्रेम करना सहज नहीं होगा। यदि प्रेम पूर्ण रूप से व्यवहार पर निर्भर हो, तो शायद हममें से किसी को भी नौजवान के रूप में प्रेम न मिल सके।

यदि हम मिलनेवाले प्रत्येक व्यक्ति के साथ ऐसे ही स्नेही और दयालुता भरे तरीके से पेश आने लगें तो कितना अच्छा होगा न? अगर हममें से कोई ऐसा बर्ताव करे जिसे हमारी स्वीकृति न हो, तो क्या हम उससे उसी तरह पेश नहीं आ सकते जैसे हम अपने जवान होते बच्चों के बिगड़े बर्ताव के साथ पेश आते हैं? ज़रा सोचिए कि ऐसे में यह दुनिया कितनी सुंदर हो जाएगी।

इसका मतलब यह नहीं कि हम अपना सिर रेत में दबाकर चलते रहें और ऐसा दिखावा करें कि हर समय सब कुछ ठीक होता है और दूसरों को भी अपने साथ चलने के लिए कहें या उनके नकारात्मक रवैए को स्वीकार कर लें। इसका सीधा सा अर्थ यह है कि हमें ऐसा नज़रिया रखना है कि उन्हें संदेह का लाभ दिया जा सके। ध्यान रहे कि जब कोई पोस्टल क्लर्क धीमी गति से कार्य कर रहा हो, हो सकता है कि उसका दिन खराब हो या उसके सभी दिन ऐसे ही बीतते हों। जब आपका साथी या कोई करीबी मित्र आपको थप्पड़ मारे, तो बजाय उस पर प्रतिक्रिया करने के, उसकी स्थिति के बारे में सोचें। हो सकता है कि आपका प्रेमी सच में आपसे प्रेम करता हो और आपसे भी यही उम्मीद रखता हो कि आप उससे प्रेम करें। अपने व्यवहार से परे सोचना बहुत आसान है। आज एक बार प्रयास करें, यकीनन आपको बेहतर नतीजे प्राप्त होंगे।

40

मासूमियत को देखें

दूसरे लोगों के व्यवहार को समझ न पाना बहुत से लोगों की निराशा का कारण बनता है। हम उन्हें 'मासूम' होने की बजाय 'दोषी' के रूप में देखते हैं। लोगों के मोहक व्यवहार तर्कहीन मालूम होते हैं – उनके कमेंट, कार्य, मतलबी हरकतें, स्वार्थी व्यवहार – हम उनके दोष निकालने के लालच में आ जाते हैं। यदि हम उनके व्यवहार पर ज़रूरत से ज्यादा ध्यान देते हैं, तो ऐसा जान पड़ता है कि लोग हमें ज्यादा दुःखी कर रहे हैं।

एक बार मैंने वेन डायर द्वारा कहा गया एक व्याख्यान सुना, 'जो लोग तुम्हे दुःखी कर रहे हैं, उन्हें इकट्ठा करो और मेरे पास ले आओ। मैं उन्हें (एक काउंसलर के रूप में) सबक सिखाऊँगा और आप ठीक हो जाओगे।' यकीनन यह अस्पष्ट है। यह सच है कि दूसरे लोग बुरे काम करते हैं (कौन नहीं करता?), लेकिन हम लोग दुःखी होते हैं इसलिए पहले हमें बदलने की आवश्यकता है। मैं अहिंसा को अपनाने, त्यागने या उसका पक्ष लेने की बात नहीं कर रहा और न ही किसी अन्य प्रकार के विकृत व्यवहार की। मैं सिर्फ दूसरे लोगों के व्यवहार के प्रति कम परेशान होने की बात कर रहा हूँ।

जब कोई व्यक्ति ऐसा काम कर रहा हो, जो आपको पसंद नहीं, ऐसे में उस व्यक्ति से निपटने का सबसे बेहतर तरीका यही है कि उससे दूर रहें, यह स्वयं की सरलता देखने का सबसे शक्तिशाली हथियार है; इसके आगे देखें ताकि हम उस सरलता को देख सकें जहाँ से व्यवहार आ रहा है। अक्सर, ऐसा बदलाव हमें करुणा की ओर ले जाता है।

कभी–कभी, मैं ऐसे लोगों के साथ काम करता हूँ जो मुझ पर जल्दी काम करने का दबाव डालते हैं। मुझसे जल्दी काम करवाने के उनके तरीके बुरे और अनादर करनेवाले होते हैं। यदि मैं उनके कहे शब्दों पर ध्यान देता हूँ, तो मुझे भी क्रोध आ सकता है, यहाँ तक कि जवाब में मैं गुस्सा भी दिखा सकता हूँ। मैं उन्हें अपराधी की तरह देखता हूँ। फिर भी, यदि मैं उस समय की आवश्यकता को

देखता हूँ तो मैं उनके बर्ताव को समझ सकता हूँ। इस तरह मुझे उनके व्यवहार की सरलता देखने को मिलती है। यहाँ तक कि सबसे बुरे व्यवहार के पीछे भी वही व्यक्ति होता है जो आपसे करुणा की अपेक्षा रखता है।

अगली बार (उम्मीद करता हूँ कि अभी से), जब कोई आपसे अलग तरीके का व्यवहार करे, तो उसके व्यवहार की सरलता को देखें। अगर आप आदर देना जानते हैं, तो उसे समझना मुश्किल नहीं होगा। जब आप सरलता देख लेते हैं, तो आप किसी भी चीज़ से निराश नहीं होंगे। और, जब दूसरों के कार्यों के प्रति निराश नहीं होंगे, तो जाहिर है कि आप अपने खूबसूरत जीवन पर ज्यादा ध्यान दे सकते हैं।

41

सही होने की बजाय विनम्र होना चुनें

जैसा कि मैंने युक्ति नंबर 12 में बताया कि आपको बहुत सारे अवसरों में से चुनने को कहा जाएगा कि आप विनम्र हैं या सही हैं। आप शायद किसी की गलतियों, वह जो काम करता है या उसे करने चाहिए, उसमें सुधार कर सकता है, इस बारे में जिक्र करेंगे। आप शायद दूसरे लोगों के बीच बैठकर उस व्यक्ति को 'सुधारना' चाहेंगे। ऐसा क्यों होता है कि ऐसा करते समय सभी अवसरों पर कोई दूसरा और आप स्वयं भी बुरा मान जाते हैं।

इसके बारे में मनोविश्लेषणात्मक रूप से देखा जाए तो, दूसरों को नीचा दिखाने, उन्हें सुधारने या उन्हें यह जताने कि हम ठीक हैं और वह गलत है, के पीछे हमारा अहंकार है। अगर हम किसी को उसकी गलती के बारे में बताते हैं तो हम समझते हैं कि हम ठीक हैं इसलिए हम बेहतर महसूस करते हैं।

लेकिन वास्तव में, किसी को नीचा दिखाने के बाद अगर आप ध्यान दें, तो आप जान जाएँगे कि उसे नीचा दिखाने से पहले आपने और भी बुरा महसूस किया होगा। आपके भीतर का सबसे विनम्र भाग, आपका हृदय जानता है कि किसी दूसरे को नीचा दिखाकर बेहतर महसूस करना नामुमकिन है।

सौभाग्यवश, इसका विपरीत सच है- जब आपका लक्ष्य लोगों को ऊँचा दिखाना होता है, उन्हें बेहतर महसूस करना होता है, उन्हें आनंद देना होता है, तो आपको भी उनकी सकारात्मक भावनाओं का फल प्राप्त होता है। अगली बार जब आपको किसी को सुधारने का अवसर मिले, चाहे वह छोटी सी ही बात क्यों न हो, तो प्रलोभन का विरोध करें। इसकी बजाय स्वयं से पूछें, मुझे इस परस्पर क्रिया से वास्तव में क्या मिलनेवाला है? उम्मीद है कि जब सभी दल शांति चाह रहे हों तो आपको भी शांतिपूर्वक वार्तालाप का माहौल मिले। हर बार जब आप 'सही होने का' विरोध करते हैं और विनम्रता का भाव दर्शाते हैं, तो आपको स्वयं के भीतर भी शांति का आभास होता है।

हाल ही में मेरी पत्नी और मैं किसी बिजनेस आइडिया पर विचार विमर्श कर

रहे थे, जो वास्तव में बेहतर रूप में उभरकर सामने आया। मैं उसका संपूर्ण श्रेय लेने के लिए 'अपने आइडिया' को बेहतर कह रह था। क्रिस ने, अपने उसी प्रेम भरे अंदाज से मुझे ऐसा करने की छूट दे दी। उस दिन के बाद, मुझे पता चला कि वास्तव में वह आइडिया उसी का था, मेरा नहीं। ओह! जब मैंने उससे माफी माँगी तो जाहिर था कि उसे मेरी खुशी का ख्याल रखना था और उसने उस उपाय का श्रेय लेने का प्रयास नहीं किया। उसका कहना था कि उसका काम मुझे प्रसन्न होते देखना था, इससे कोई फर्क नहीं पड़ता कि आइडिया किसका था। (आपने देखा कि उसे प्रेम करना कितना आसान है!)

कभी भी भयभीत होकर इस युक्ति का प्रयोग न करें और न ही यह जानते हुए कि आप इसमें विश्वास रखते हैं। मैं आपको यह सलाह नहीं दे रहा कि आपके लिए सही होना ठीक नहीं या केवल इसी बात पर अड़े रहना कि आप ही ठीक हो। आपको किसी न किसी तरीके से परिणाम भुगतना पड़ता है। एक संतुलित व्यक्ति बनने के लिए आपको अधिकतर समय सही होने के बजाय विनम्र होना सीखना पड़ेगा। अगली बार आप जब भी किसी व्यक्ति से बात करें, इसकी शुरुआत का सबसे बेहतर समय वही होगा।

42

तीन लोगों से कहें (आज) कि आप उनसे बहुत प्रेम करते हैं

लेखक स्टीफन लेविन ने एक बार सवाल किया, अगर आपके पास जीवित रहने के लिए एक घंटा हो और आप केवल एक फोन कॉल कर सकते हैं- तो आप किसे फोन करेंगे, क्या कहेंगे और आप क्यों इंतजार कर रहे हैं? कितना शक्तिशाली मैसेज!

कौन जानता है कि हम किसका इंतजार कर रहे हैं? शायद हम यह विश्वास करना चाहते हैं कि हम हमेशा जीवित रहनेवाले हैं या फिर 'किसी दिन' लोगों को एकत्र करते हुए कहें कि हम उनसे बहुत प्रेम करते हैं। कारण कोई भी हो, हममें से अधिकतर लोग लंबे समय तक इंतजार करते हैं।

सौभाग्यवश मैं इस युक्ति को अपनी दादी के जन्मदिन पर लिख रहा हूँ। बाद में, मैं और मेरे पिता उनसे मिलने कब्रिस्तान जानेवाले हैं। उनका देहांत दो साल पहले हो गया था। अपनी मृत्यु से पूर्व, उनके लिए यह बताना ज़रूरी था कि उनके परिवार को पता चल सके कि वे उनसे कितना प्रेम करती हैं। यह एक अच्छा कारण है, इसके लिए किसी बेहतर समय का इंतजार नहीं किया जा सकता। अभी समय है कि आप लोगों को बता दें कि आप उनका कितना ध्यान रखते हैं।

आप किसी को निजी रूप से या फोन करके भी यह बात कह सकते हैं। मुझे हैरानी होती है जब लोग फोन कॉल के अंतिम चरण में कॉल करनेवाला यह कहता है, मैंने सिर्फ तुम्हें यह बताने के लिए फोन किया था कि मैं तुमसे बहुत प्रेम करता हूँ। आप यह जानकर हैरान होंगे कि उस व्यक्ति के लिए इस संसार में इससे बढ़कर कुछ नहीं। आपको कोई इस प्रकार का मैसेज दे तो आपको कैसा लगेगा?

अगर आप इस प्रकार का फोन करने में शर्म महसूस करते हैं, तो एक पत्र लिखकर उसे बताएँ। इस प्रकार, आप देखेंगे कि धीरे-धीरे आप इसके अभ्यस्त हो जाते हैं और लोगों को यह बताना कि आप उनसे कितना प्रेम करते हैं। यह आपके जीवन का एक हिस्सा बन जाता है। इसमें कोई शक नहीं कि जब आप ऐसा करने लगते हैं तो आपको भी प्रेम दर्शानेवाले फोन कॉल आने शुरू हो जाएँगे।

43

विनम्रता का अभ्यास करें

विनम्रता और शांति एक साथ चलते हैं। आप अपने बारे में लोगों को जितना कम बताने का प्रयास करेंगे, उतना अधिक भीतर से शांत महसूस करेंगे।

स्वयं को सिद्ध करना खतरनाक साबित हो सकता है। एक मनुष्य के रूप में अपनी उपलब्धियाँ बताने, डींगें हाँकने या अपनी संपन्नता के बारे में दूसरों को बताने में बहुत ऊर्जा लगती है। डींगें मारने से वास्तव में आपकी उपलब्धियों या आपके गौरव की सकारात्मक ऊर्जा समाप्त हो जाती है। यह बात उस समय और भी बिगड़ जाती है, जब आप स्वयं को सिद्ध करना चाहते हैं। उस समय लोग आपसे छिपने या बचने का प्रयास करते हैं, आपकी पीठ पीछे आपकी डींगें मारने की आदत के बारे में बातें करते हैं और शायद आपसे नाराज़ भी होते हैं।

विडंबना यह है कि फिर भी, आप जितना कम दूसरों से अपेक्षा करेंगे, उतना ही अधिक आप प्राप्त करेंगे। लोग शांत व आंतरिक आत्मविश्वास युक्त लोगों की ओर स्वत: ही खिंचे चले आते हैं और जो लोग स्वयं को अच्छा दिखाने का प्रयास नहीं करते, वे हमेशा 'सही' होते हैं। अधिकतर लोग ऐसे लोगों को पसंद करते हैं, जो डींगें नहीं मारते और जो अपने हृदय से सब कुछ साझा करते हैं, न कि अपने अहंकार भाव से।

विनम्रता का भाव विकसित करने के लिए अभ्यास करें। शांत और अच्छी भावनाओं से आपको भीतरी फीडबैक मिलेगा। अगली बार जब आप डींगें मारने की सोचें, तो इसका विरोध करें। मैंने इस युक्ति के बारे में अपने एक ग्राहक से जिक्र किया; तो उसने मुझे बताया– जब उसे प्रमोशन दिया गया तो उसके कुछ दिन बाद वह अपने कुछ मित्रों के साथ था। उसके मित्रों को अभी तक उसकी पदोन्नति के बारे में पता नहीं था, लेकिन उन सभी व्यक्तियों में से मेरे ग्राहक को पदोन्नति के लिए चुना जा चुका था। वह अपने एक सहकर्मी के साथ बहुत स्पर्धा रखता था और इस बात का प्रलोभन रखता था कि पदोन्नति के लिए उसके मित्र की बजाए उसका नाम चुना जाना चाहिए। वह इस बारे में कुछ कहना चाहता था कि अचानक

उसके अंदर से आई आवाज ने उसे ऐसा करने से रोकते हुए कहा, 'रुको। ऐसा मत करो!' लेकिन उसने परवाह न करते हुए अपने मित्रों से अपनी पदोन्नति का जिक्र कर दिया। वह अपनी सीमा में रहा लेकिन सभी लोग उसे घूरने लगे। उसने कभी जिक्र नहीं किया कि उसके बाकी मित्रों को प्रमोशन क्यों नहीं मिला। उसने मुझे बताया कि उसे याद नहीं कि उसे उससे पहले कभी इतनी शांति और गर्व महसूस हुआ होगा। वह बिना डींगें मारे अपनी सफलता का आनंद ले सका। बाद में, जब उसके मित्रों को पता चला, तो वे उसकी विनम्रता से बहुत प्रभावित हुए। उसे अपने विनम्र स्वभाव के कारण कहीं अधिक सकारात्मक प्रतिक्रिया मिली।

44

जब इस बारे में संदेह हो कि आज कचरा उठाने की बारी किसकी है,
तो तुरंत आगे बढ़ें और उसे उठाएँ

अगर हम सावधान न रहें, तो रोज़मर्रा की जिम्मेदारियों के प्रति क्रोधित होते रहेंगे। एक बार, जब मेरा मूड खराब था, मैंने महसूस किया कि एक सामान्य दिन में मैं 1000 तरह के विभिन्न काम करता हूँ। यकीनन, जब मेरा मूड अच्छा होता है तो वह संख्या कम हो जाती है।

मैंने जब इसके बारे में सोचा, तो मेरे लिए हैरान कर देनेवाली बात थी कि मेरे लिए सभी कार्यों को याद रखना कितना आसान है, साथ ही बाकी उन जिम्मेदारियों को भी, जिनका मैं ध्यान रखता हूँ। लेकिन, इसी के साथ मैं रोज़मर्रा के उन कार्यों को आसानी से भूल जाता हूँ, जिन्हें मेरी पत्नी करती है। कितना आसान है!

अगर आप एक संतुष्ट व्यक्ति होते हुए सभी कार्यों का ब्यौरा रखने की सोचते हैं, तो यह वाकई बहुत मुश्किल कार्य है। कौन क्या कर रहा है, कौन अधिक काम कर रह है आदि इस प्रकार के कार्यों का ब्यौरा रखने के बारे में सोचने से आपका दिमाग अस्त-व्यस्त रहता है। यह छोटी बातों का प्रतीक है जिन पर आप व्यर्थ में चिंता करते हैं। जब आप यह जान जाते हैं कि आपने अपने स्तर का कार्य पूरा कर लिया है और आपके परिवार में किसी के पास करने के लिए थोड़ा कम काम है तो यह आपके लिए चिंता का विषय बन जाता है और आप सोचने लगते हैं कि अब कचरा साफ करने की बारी किसकी है, ऐसे में आप जीवन के आनंद से वंचित होते चले जाते हैं।

केवल आप ही सही हैं, यह मान लेना आपकी भूल है। उसी तरह आपको इस सोच से भी बचना है कि दूसरे आपका अनुचित लाभ उठा सकते हैं। अधिकतर समय आपका सही होना ज़रूरी नहीं है। अगर आप अपने साथी से अधिक बार कचरा उठा रहे हैं तो यह भी कोई बड़ी बात नहीं है। जब आप जीवन में इन छोटी बातों से उबरेंगे तो आपके पास सच्चे और अहम कामों को पूरा करने के लिए पर्याप्त ऊर्जा होगी।

45
अंधकार को कोसने के बजाय उम्मीद का दीया जलाएँ

मैं कई सालों से इसके बारे में सुनता और बताता आया हूँ कि यह बेहतर जीवन के लिए योजना होती है। जब कभी मैं इस बुद्धिमत्ता पर अमल करना भूल जाता हूँ तो इसे ध्यान में रखने की कोशिश करता हूँ। यह बहुत साधारण और विश्वसनीय है, फिर भी इसे अक्सर अनदेखा किया जाता है। जैसा कि इसके शीर्षक से पता चलता है इस योजना में बजाय परिस्थितियों के बारे में बुरा-भला कहने के उन्हें सकारात्मक रूप से सुधारने पर जोर दिया जाता है। इसका मतलब है कि किसी समस्या के समाधान का हिस्सा बनना न कि उसे बार-बार याद करना। मेरा मानना है कि इस तकनीक पर काम करना बेहतर होता है।

हम जब काम कर रहे होते हैं तो समय के जाल में फँसना, अपनी ऊर्जा लगाना और संसार में गलत चीज़ों की शिकायत करना बहुत आसान होता है। यदि हम प्रमाण के तौर पर देखें तो यह संसार समस्याओं से भरा हुआ है, हमारे पास अपनी मान्यताओं की ओर देखने का समय तक नहीं।

अगर आप ध्यान से देखें, तो अधिकतर मामलों में, काम के दौरान दूसरों से समस्याओं के बारे में संवेदना प्रकट करना या उसके बारे में अत्याधिक विचार करना आपके तनाव में बढ़ोतरी करता है, फलस्वरूप आप जिस काम में उलझे होते हैं, उसे करने में और भी समस्या उत्पन्न होती है। जब हम किसी समस्या के बारे में सोचते हैं और उसके बारे में दूसरों से बात करते हैं तो हमारे दिमाग में बैठ जाता है कि जीवन बहुत कठिन और तनाव से भरा है, जो शायद हो सकता है। जब हम ज़रूरत से ज्यादा इस बात पर विचार करते हैं कि क्या गलत हो रहा है तो हमें उन चीज़ों का ध्यान आता है, जो हमें पसंद नहीं या उनके प्रति हमारा रवैया निराशाजनक और व्यग्र होता है।

यह मजेदार है, फिर भी ध्यान देने योग्य बात यह है कि आप किसी समस्या को कम नहीं कर सकते, लेकिन 'उम्मीद का दीया जलाने' से आप अपना तनाव ज़रूर कम कर सकते हैं। साधारण रूप से देखा जाए तो इसका अर्थ है कि कोई

सुझाव अथवा तनाव कम करने की दिशा में उठाया गया सकारात्मक कदम। इसका मतलब तनाव कम करने के लिए समाधान पर अधिक महत्त्व और समस्या को कोसने पर कम महत्त्व देना।

उदाहरण के लिए, आप जहाँ काम करते हैं, वहाँ दूसरों की पीठ पीछे गप्पें लड़ाना आम बात है। जबकि दूसरे इस बात से नाराज होते हैं या खीजते हैं। इससे छुटकारा पाने के लिए देखें कि आप इस समस्या को कैसे कम कर सकते हैं। अपने कुछ दोस्तों को इकट्ठा कीजिए और इस समस्या को उनके सामने रखें। लेकिन किसी पर दोष लगाने की बजाय, अपने सहयोग की बात करें। स्वीकार करें कि आप स्वयं भी अक्सर इस प्रकार की गपशप करने के आदि हैं लेकिन अब आप भविष्य में ऐसा न करने का प्रयास करेंगे। इस बैठक को उल्लासपूर्वक और साधारण रूप में लें। गपशप कम करने के सकारात्मक फायदों पर केंद्रित रहें– एक-दूसरे के प्रति अच्छा रवैया दर्शाएँ, इसकी चिंता मत करें कि दूसरे लोग आपके बारे में क्या बातें करते हैं, तनाव कम करें और आगे बढ़ें। अधिकतर मामलों में, जो लोग आपके साथ काम करते हैं, वे इस अवसर का लाभ उठाएँगे क्योंकि आपने पहल की है। यदि वे ऐसा नहीं भी करते, तब भी आपको सकारात्मक कदम उठाते हुए इस बुरी आदत को कम करना होगा। फिर किसी भी तरीके से, जीत आपकी होगी!

यदि आप लोगों के बारे में गप्पे लड़ाने के बजाय उनकी कोई मदद करेंगे तो निश्चित ही लोग आपके इस व्यवहार की सराहना करेंगे। इससे आप स्वयं भी अच्छा महसूस करेंगे और लोगों के साथ काम करने में भी आपको आनंद आने लगेगा। आपको देखकर अन्य लोग भी दूसरों की मदद करने के लिए प्रेरित होंगे।

देखा, उम्मीद का दीया जलाना कितना आसान है?

46

वेदरप्रूफिग से बचें

वेदरप्रूफिंग का विचार भले ही शांतिपूर्ण जीवन से जुड़ा है परंतु यह हमारी विक्षिप्त और कृतघ्नता से जुड़ी प्रवृत्तियों का रूपक भी है। यह रणनीति मेरे एक मित्र डॉ. जॉर्ज प्रैंस्की द्वारा बताई गई है।

हम जिस प्रकार अपने घर को सर्दियों में मौसम के असर से बचाने के लिए दरारें पड़ने, लीक होने और कई प्रकार की असुविधाओं से बचाव के लिए तैयार कर सकते हैं, उसी प्रकार अपने संबंधों और अपने जीवन को भी तैयार कर सकते हैं। वास्तव में यहाँ वेदरफूफिंग करने का अर्थ यह है कि आपको इस बात का ध्यान रखना है कि कब और कहाँ किसी चीज़ को ठीक करने की ज़रूरत है। इसमें जीवन में आई दरारों और कमियों को ठीक करना शामिल है, या तो उन्हें ठीक करें, या फिर उनके बारे में एक-दूसरे को बताएँ। यह प्रवृत्ति न केवल आपको दूसरों से दूर करती है बल्कि आपको भी बुरा लगता है। इससे आपको हर चीज़ और व्यक्ति में बुराई देखने का प्रोत्साहन मिलता है - जो आपको पसंद नहीं है। हम अपने जीवन और संबंधों को सराहने के बजाए वेदरप्रूफिंग करते हुए यह मानने लगते हैं कि जीवन हमेशा इसी तरह कमियों से भरा रहेगा। कभी कुछ भी अच्छा नहीं होगा।

हमारे संबंधों में भी वेदरप्रूफिंग ऐसी ही भूमिका निभाती है।

आप किसी से मिलते हैं और सब ठीक होता है। आप उसकी छवि, व्यक्तित्व, उसके स्वभाव या इन सभी की ओर आकर्षित होते हैं या होती हैं। आरंभ में, आप उस व्यक्ति से अपनी विभिन्नताएँ स्वीकार कर लेते हैं, वास्तव में आप उनकी सराहना करते हैं। हो सकता है कि आप जिसकी ओर आकर्षित हो रहे हों, वह इसलिए हो कि आप उससे कितने अलग हैं। आपके पास अलग राय, चुनाव, स्वभाव और प्राथमिकताएँ हो सकती हैं।

कुछ समय पश्चात, फिर आप अपने नए साथी (मित्र, टीचर या कोई अन्य), के भेद जानने का प्रयास करते हैं ताकि आप उसे बेहतर समझ सकें। आप इसके

बारे में उसे बताते हैं। आप कहते हैं, 'तुम्हें पता है, तुम्हें देर से आने की बीमारी है... मैंने महसूस किया है कि तुम ज्यादा नहीं पढ़ते।' इसका अर्थ यह है कि आप इन बातों को जीवनशैली का हिस्सा बना देते हैं - किसी दूसरे की कमियों को देखना और उसे बताना।

यकीनन, किसी समय कोई प्रतिक्रिया, आलोचना या मदद के रूप में किया गया मार्गदर्शन कोई बड़ी खतरे की बात नहीं है। फिर भी वर्षों के कामकाजी जीवन में मुझे ऐसे सैंकड़ों जोड़े मिलें, जिन्होंने बताया कि जीवन में कभी न कभी उनके साथी की ओर से वेदरप्रूफिंग झेलनी पड़ी थी।

जब आप किसी दूसरे व्यक्ति की वेदरप्रूफिंग करते हैं तो इससे उनके बारे में इतना पता नहीं चलता जितना आपके बारे में पता चलता है कि आपको दूसरों की परख करने में कितना आनंद आता है।

आपके भीतर अपने संबंध, जीवन के निश्चित पहलुओं या फिर दोनों की वेदरप्रूफिंग करने की आदत हो, तो बस आपको इसे एक बुरा विचार समझकर छोड़ना होगा। यह आदत ज्यों ही होठों तक आए तो होठ बंद कर लें। कुछ भी कहने से पहले विचार करें कि क्या इसे कहना आवश्यक है। कहीं आप अपने कथन से साथी या मित्र को वेदरप्रूफ तो नहीं कर रहें? आप अपने साथी और दोस्तों को जितना कम वेदरप्रूफ करेंगे, आपका जीवन उतना ही अधिक सुपर होता जाएगा।

47

प्रतिदिन कुछ क्षण किसी ऐसे व्यक्ति के बारे में सोचते हुए बिताएँ जिससे आप प्रेम करना चाहें

मैंने पहले भी इस किताब में जिक्र किया है कि प्रति दिन कुछ क्षण, किसी को धन्यवाद करते हुए बिताएँ। विनम्रता और शांति पाने का दूसरा तरीका यह भी है कि जिसे आप प्रेम करते हैं, प्रतिदिन उसे याद करने में कुछ क्षण बिताएँ। पुरानी कहावत को याद रखें - एक सेब रोजाना खाएँ और बीमारियों से दूर रहें। प्रेम के समकक्ष पढ़ा जा सकता है कि किसी को प्रेम करने के बारे में रोजाना सोचने से आप अपने क्रोध को दूर भगा सकते हैं।

जब मैंने महसूस किया कि कुछ लोग मुझे परेशान करते हैं, तो मैंने रोजाना, उन लोगों से प्रेम करने के बारे में सोचना शुरू कर दिया। मेरे दिमाग में ऐसे लोगों के नकारात्मक और अजीब बर्ताव के ख्याल आते और कुछ की क्षणों में मैं आपे से बाहर हो जाता। एक दिन मैंने जाग्रत होते हुए निर्णय लिया कि मुझे हर सुबह कुछ समय किसी को प्रेम करने के बारे में सोचते हुए बिताना चाहिए। उससे मेरा ध्यान उस व्यक्ति के सकारात्मक रवैए की तरफ ही नहीं बल्कि संपूर्ण दिन की ओर अग्रसर हुआ। मैं यह नहीं कहना चाहता कि उसके बाद मुझे कभी क्रोध नहीं आया, लेकिन खीझ और कुढ़न की भावना पहले से बहुत घट गई। मैं इस युक्ति का श्रेय अपने सुधार को देना चाहता हूँ।

हर सुबह जब मैं उठता हूँ, अपनी आँखें बंद करता हूँ और गहरी साँसें लेता हूँ। फिर मैं अपने आपसे एक सवाल करता हूँ- आज मैं अपना प्रेम किसे भेजूँ? अचानक मेरे दिमाग में किसी की तस्वीर उभरकर आती है- वह परिवार का कोई सदस्य, कोई मित्र, कोई ऐसा जिसके साथ मैं काम करता हूँ, पड़ोसी, मेरे अतीत का कोई जानकार, यहाँ तक कि सड़क पर चलता हुआ कोई अजनबी भी हो सकता है। मेरे लिए, इससे कोई अंतर नहीं पड़ता कि वह कौन होगा क्योंकि मुझे तो अपने मन को प्रेम की ओर लगाना है। एक बार व्यक्ति तय करने के बाद मैं उसे अपने प्रेम की तरंगें भेजता हूँ। कई बार मैं स्वयं से भी कह देता हूँ, 'उम्मीद है कि आज तुम्हारा अद्भुत दिन स्नेहपूर्ण दयालुता से भरा होगा।' कुछ ही क्षणों

के बाद मेरा हृदय आनेवाले दिन का स्वागत करने को तैयार होता है। यह कोई रहस्यमयी सी बात है, जिसका मैं वर्णन नहीं कर सकता। वे कुछ क्षण मेरे कई घंटों पर छाए रहते हैं। यदि आप भी अपनी ओर से इस छोटे से व्यायाम को आज़माएँ तो मेरा मानना है कि आपका दिन पहले से थोड़ा अधिक शांत और सहज हो सकता है।

48

एक मानवविज्ञानी बनें

मानवविज्ञान, मनुष्य और उसके मूल से जुड़ा विज्ञान है। हालाँकि इस रणनीति में मैं पूरी सुविधा से मानवविज्ञान को अपनी तरह से परिभाषित करना चाहूँगा। इसके अनुसार, बिना किसी परख के दूसरे लोगों के पेश आने और जीने के तरीके में दिलचस्पी रखना ही मानवविज्ञान है। यह रणनीति आपके भीतर करुणा विकसित करते हुए आपको और अधिक धैर्यवान बनाती है। इससे परे, दूसरे लोगों के पेश आने के तरीके को परखने के बजाए आपको उनके साथ स्नेह और दयालुता से पेश आना है। जब आप पूरी उदारता से किसी की प्रतिक्रिया के लिए कौतूहल रखते हैं तो आपका खीझना भी स्वाभाविक ही है। इस तरह, अगर आप मानवविज्ञानी बनें तो आप दूसरों के किए कामों के कारण कम कुंठित महसूस करेंगे।

जब कोई आपके साथ अनुचित व्यवहार करता है, तो अपने जाने-पहचाने तरीके से प्रतिक्रिया देते हुए ऐसा न कहें कि 'यकीन नहीं आता कि वह ऐसा कर सकता है।' उस समय आपको कहना होगा, 'ओह, वह अपनी दुनिया में चीज़ों को ऐसे ही देखता होगा। रोचक बात है।' यदि आप इस रणनीति की मदद लेना चाहते हैं तो आपको उदार बनना होगा। दिलचस्पी लेने और दंभी होने में थोड़ा सा ही अंतर है, मानो आप गुप्त रूप से मानते हों कि आपका तरीका कहीं बेहतर है।

हाल ही में, मैं एक स्थानीय शॉपिंग मॉल में गया। मेरी छह वर्ष की बेटी मेरे साथ थी। मेरे पास से बेहूदे कपड़ों में संतरी बालोंवाले कुछ युवक निकले जिनके पूरे शरीर पर टैटू बने हुए थे। मेरी बेटी ने पूछा कि उन्होंने ऐसे कपड़े क्यों पहने हैं? क्या इन्होंने कोई अलग तरह के कपड़े पहने हुए हैं?'

अगर यह कई साल पहले की बात होती तो उन्हें देखते ही मेरा पारा सातवें आसमान पर होता और मैं उनकी परख करते हुए यही मानता कि वे लोग गलत थे और मेरा पारंपरिक तरीका कहीं अच्छा था। शायद मैं कुछ ऐसी ही सोच अपनी बेटी को भी सौंप देता। हालाँकि मानवविज्ञानी बनने के दिखावे ने मेरे नज़रिए को

काफी हद तक बदल दिया है। मैं पहले से नरम दिल हो गया हूँ। मैंने अपनी बेटी से कहा, 'यकीन से नहीं कह सकता पर ये लोग हमसे कुछ अलग हैं और हम सभी इसी तरह अलग-अलग होते हैं।'

उसने कहा, 'हम्म, पर मुझे तो अपने बाल ऐसे ही पसंद हैं।' उनके व्यवहार पर अपनी ऊर्जा लगाने के बजाए हमने उस बात को वहीं समाप्त किया और एक-दूसरे के साथ का आनंद लेना जारी रखा।

जब आप किसी के नज़रिए में दिलचस्पी नहीं लेते तो इसका अर्थ यह नहीं कि आप उसकी हिमायत कर रहे हैं। मैं अपने जीवन में कभी गुंडागर्दी करनेवाले आवारा युवकों का समर्थन नहीं करूँगा परंतु मुझे उन्हें परखने का भी हक नहीं है। आनंद जीवन का नियम है। याद रखें, दूसरों की परख में बहुत ऊर्जा नष्ट होती है और बिना किसी अपवाद के, यह आपको उस जगह से दूर ले जाती है, जहाँ आप वास्तव में होना चाहते थे।

49
विभिन्न यथार्थ को समझें

हम दूसरों के काम करने में रुचि लेने पर चर्चा कर रहे थे, इसके साथ ही हमें अलग-अलग यथार्थ पर भी बात कर लेनी चाहिए।

अगर आप दूसरे देशों की यात्राओं पर गए हैं या उनके बारे में पढ़ा होगा तो आप जान सकते हैं कि हमारी संस्कृतियों में भारी अंतर पाए जाते हैं। विभिन्न यथार्थ का नियम कहता है कि व्यक्तियों में पाया जानेवाला अंतर विस्तृत होता है। जिस तरह हम अलग संस्कृतियों से आए लोगों से अपेक्षा नहीं रख सकते कि वे एक जैसा काम करेंगे या बात करेंगे (यदि वे ऐसा करेंगे तो हम मायूस होंगे)। यह नियम हमें बताता है कि संसार को देखने के हमारे व्यक्तिगत नज़रिए में भेद इसका भी निषेध करता है। यह केवल भेदों को सहन करने की बात नहीं है, हमें सही मायनों में इस तथ्य को समझना और मान्यता देनी होगी कि इससे विपरीत हो ही नहीं सकता।

मैंने देखा है कि इस समझ ने लोगों के जीवन बदल दिए हैं।

इससे आप लड़ाईयों को रोक सकते हैं। जब हम चीज़ों को अलग तरह से देखने की अपेक्षा रखते हैं, जब हम मानकर चलते हैं कि दूसरे किसी काम को अपने तरीके से करेंगे तो हमारे भीतर उनके और अपने लिए करुणा का भाव पैदा होता है। जब हम इसके विपरीत अपेक्षा रखते हैं तो संघर्ष की संभावना बन जाती है।

मैं आपको प्रोत्साहित करता हूँ कि आप दिल से इस तथ्य को सम्मान दें कि हम सब अलग हैं। जब आप ऐसा करते हैं तो आपके भीतर दूसरों के साथ-साथ अपने लिए भी प्रेम और अपने अनूठेपन के लिए प्रशंसा का भाव पैदा होगा।

50
मदद करने के निजी उपाय विकसित करें

यदि आप चाहते हैं कि आपका जीवन शांति और दयालुता के लिए जाना जाए, तो आपको शांति से भरपूर दयालुता से भरे काम ही करने चाहिए। मैं इसके लिए, मदद करने के निजी उपाय विकसित करता हूँ। दयालुता से भरे ये छोटे काम ही हमारे लिए दूसरों की सेवा करने के अवसर बनते हैं और हमें भी अच्छा और दयालु बनने का सुख मिलता है।

हम सैन फ्रांसिस्को के एरिया के देहाती इलाके में रहते हैं। हममें से अधिकतर इसकी सुंदरता और कुदरत देखते हैं। देहाती इलाकों में, कारों से बाहर कचरा फैलानेवाले लोग इस सुंदरता के अपवाद हैं। इन जगहों पर रहनेवालों को सार्वजनिक सेवाओं की पूरी सुविधा नहीं मिल पाती जितनी नगरीय जीवन जीनेवालों के पास होती है।

मैं अक्सर अपने दो बच्चों के साथ मिलकर, आसपास के इलाके से कचरा समेटने का काम करता हूँ। हम इसे करने के इतने आदी हो गए हैं कि मेरी बेटियाँ मुझे आवाज लगाकर कहती हैं, 'डैडी! कार रोको। इस जगह कचरा दिखाई दे रहा है।' और अगर हमारे पास समय हो तो हम कार रोककर कचरा उठा लेते हैं। यह सुनने में विचित्र लग सकता है पर हमें इसे करने में आनंद आता है। हम पार्कों, फुटपाथ और कहीं से भी कचरा बटोर लेते हैं। एक बार तो मैंने एक अजनबी को हमारे घर के पासवाले इलाके से कचरा बटोरते देखा था।

उसने मुस्कुराकर कहा था, मैंने आपको ऐसा करते देखा था। मेरे हिसाब से यह अच्छी आदत है।

आप भी ऐसा ही कोई काम करके अपनी ओर से मदद कर सकते हैं। किसी अजनबी के लिए दरवाजा खोल सकते हैं। नर्सिंग होम में अकेले रहनेवाले वृद्धों से मिलने जा सकते हैं या किसी के घर के बाहर से कचरा समेट सकते हैं। किसी ऐसे ही काम के बारे में सोचें जो सार्थक हो। इसमें मज़ा आता है और एक मिसाल भी बनती है। हर किसी की जीत होती है।

51

प्रतिदिन, कम से कम एक व्यक्ति से कुछ ऐसा कहें
जो आपको उसके बारे में पसंद हो, उसे सराहें

प्राय: आपको लोगों को यह बताना कितना याद रहता है कि आप उन्हें पसंद करते हैं या सराहते हैं? जब भी मैं लोगों से पूछता हूँ कि उन्हें आखिरी बार किसी ने दिल से सराहते हुए कब कुछ कहा था तो वे बता नहीं पाते।

कुछ लोग तो यह भी कहते हैं कि उन्हें कभी कोई नहीं सराहता।

हमें दूसरों को उनके प्रति सकारात्मक भावनाओं के बारे में क्यों बताना चाहिए, इसके अनेक कारण हो सकते हैं। मैंने लोगों से इस तरह के बहाने सुने हैं, 'लोगों को मुझसे जानने की क्या ज़रूरत है, उन्हें पहले से पता है।' और 'मैं उसे सराहता तो हूँ पर कहने में झिझक होती है।'

जब आप किसी व्यक्ति से पूछते हैं कि उसे अपनी वह सराहना पसंद है या नहीं तो दस में से नौ बार यही उत्तर आता है कि उन्हें अपनी तारीफ या सकारात्मक फीडबैक सुनना अच्छा लगता है। आप किसी की नियमित रूप से प्रशंसा नहीं करते। इसकी वजह आपकी झिझक है या आपको पता नहीं यह बात कैसे कहनी है। आपको लगता है कि आपको उसे यह बात बताने की ज़रूरत नहीं, उसे पहले से अपनी ताकत का पता है या फिर आपको ऐसा करने आदत नहीं है; वजह चाहे जो भी हो, अब समय आ गया है कि आप बदलें।

किसी की प्रशंसा भी एक तरह की दयालुता ही है। अगर आपको आदत हो जाए तो इसमें आपका कोई नुकसान तो नहीं पर आपको इसका लाभ अवश्य होता है। कई लोग सारा जीवन इसी सोच में बिता देते हैं कि लोग उन्हें मान्यता देंगे। वे अपने माता-पिता, साथी, बच्चों और मित्रों के बारे में ऐसा ही सोचते हैं परंतु यदि कोई अजनबी भी दिल से तारीफ करे तो अच्छा लगता है। आप किसी के बारे में कैसा महसूस करते हैं, अगर उसे बता देंगे तो उसे अच्छा लगेगा। यह स्नेहपूर्ण दयालुता ही है। इसका अर्थ है कि आप उसके बारे में सकारात्मक सोच रखते हैं। जब आपकी सोच सकारात्मक दिशा में जाती है तो आपकी भावनाएँ भी शांत हो जाती हैं।

एक दिन मैं राशन की दुकान में था, मैंने वहाँ धीरज का कमाल का प्रदर्शन देखा। चेकआउट क्लर्क को बेवजह ही एक ग्राहक ने झाड़ दिया था। उसने गुस्सा करने के बजाए शांत भाव से बातचीत की। जब मेरी बारी आई तो मैंने उसे सराहते हुए कहा कि वह उस गुस्सैल आदमी से भी कितनी अच्छी तरह पेश आई। उसने मुस्कुराकर कहा, 'थैंक्यू सर, आप पहले इंसान हैं जिसने इस स्टोर में मेरी तारीफ की।' मुझे उसे अपनी सोच बताने में दो सैकेंड से भी कम समय लगा परंतु यह उसके और मेरे लिए दिन का बेहतरीन पल हो गया था।

52

अपनी सीमाओं के लिए बहस करें और वे आपकी होंगी

अधिकतर लोग अपनी ही सीमाओं के लिए बहस करने में बहुत सारी ऊर्जा व्यय कर देते हैं, मैं ऐसा नहीं कर सकता। क्या करें, मैं तो ऐसा ही हूं। मेरे किसी से स्नेही संबंध नहीं हो सकते।

हम इसी तरह के आत्मविनाशक कथनों से अपनी नकारात्मकता बढ़ाते रहते हैं।

हमारा मन बहुत ही शक्तिशाली साधन है। जब हम तय करते हैं कि कुछ सच है या हमारी पहुँच के बाहर है तो हमारे लिए उस बाधा से जूझना कठिन हो जाता है। मान लें, आप स्वयं से कहते हैं कि आप लिख नहीं सकते तो आप अपनी बात साबित करने के लिए मिसाल खोजते हैं। आपको हाईस्कूल में लिखे गए खराब निबंध की याद आती है या फिर आपको याद आता है कि पिछली बार कितना खराब खत लिखा था। आपके दिमाग को वे सारी सीमाएँ याद आने लगेंगी जो आपको कुछ भी करने से भयभीत रखेंगी। यदि आप लेखक अथवा कुछ और बनना चाहते हैं तो पहला कदम यही होगा कि आप अपने भीतर छिपे आलोचक को शांत रखें, जो कि आप स्वयं ही हैं।

मेरी एक ग्राहक का हमेशा यही कहना था कि वह कभी अच्छे संबंध नहीं बना सकती। उसने कुछ गलत नहीं कहा था। ज्यों ही उसे कोई साथी मिलता तो वह अनजाने में ही ऐसे कारण पैदा करती कि उसका साथी उसे छोड़ दे। यदि वह डेट के लिए देरी से जाती तो उसे कहती कि मैं हमेशा देर कर देती हूँ। अगर कभी असहमति होती तो कहती कि वह हमेशा ही बहस में पड़ जाती है। देर-सवेर, वह सामनेवाले को यकीन दिला देती कि वह उसके प्यार के लायक नहीं थी। फिर वह स्वयं से कहती, 'देखा, मेरे साथ हमेशा यही होता है। मैं कभी किसी से अच्छे संबंध नहीं रख सकती।'

उसे अपने साथ गलत बातें होने की अपेक्षा रखना बंद करना था। उसे देखना था कि वह अपनी ही सीमाओं के लिए बहस न करे। उसे यह नहीं कहना चाहिए

कि वह हमेशा ही ऐसा करती है। उसे कहना चाहिए, 'यह कितनी मज़ाकिया बात है। वैसे मैं हमेशा ऐसा नहीं करती।' उसे देखना चाहिए कि अपनी सीमाओं की चर्चा करना नकारात्मक है और वह आसानी से उसे सकारात्मक आदत में बदल सकती है। आज, वह पहले से कहीं बेहतर कर रही है। जब भी वह पुरानी आदत की ओर वापस आती है तो वह भी अपने पर हँसने लगती है।

मैंने यह सीखा कि जब मैं अपनी ही सीमाओं के लिए बहस करता हूँ तो अक्सर निराशा ही हाथ आती है। मेरा मानना है कि आपके साथ भी यही होता होगा।

53

याद रखें, हर चीज़ पर ईश्वर की छाप है

रब्बी हारोल्ड हमें याद दिलाते हैं कि ईश्वर की बनाई हर चीज़ पवित्र है। इंसान के रूप में हमारा कर्तव्य यही है कि हम उस पवित्रता की तलाश करें जो अपवित्र परिस्थितियों में होती है। वे कहते हैं कि जब हम ऐसा करना सीखते हैं, तो हम अपनी आत्मा को पोषित करना भी सीख लेंगे। एक सुंदर सूर्योदय में भगवान की पवित्रता देखना आसान है। बर्फ से ढका पहाड़, स्वस्थ बच्चे की मुस्कान या फिर सागर की लहरें भी आपको पवित्र लग सकती है। परंतु क्या हम बदसूरत हालात में भी उस पवित्रता को खोज सकते हैं? जीवन के कठिन हालात, परिवार की त्रासदी या फिर जीवन के संघर्ष में?

जब हमारा जीवन हर चीज़ में पवित्रता देखने की इच्छा से भरा होता है तो कुछ जादुई सा घटने लगता है। एक शांति का भाव उदित होता है। हम रोज़मर्रा के पहलुओं को पोषित करने लगते हैं जो अब तक हमसे छिपे थे। जब हम याद करते हैं कि हर चीज़ पर ईश्वर की छाप है तो यही उसे खास बना देता है। अगर हम किसी मुश्किल व्यक्ति या हालात से निबटते हुए भी इसी तथ्य को याद रखें तो हमारा नज़रिया विकसित होगा। इससे में हमें यह याद रखने में मदद मिलेगी कि सामनेवाले इंसान को भी ईश्वर ने बनाया है और चाहे आपको अपने बिल भरने में संघर्ष करना पड़ रहा है परंतु आपको अपने हर काम में उसका आशीर्वाद मिलता आया है।

मन में यह हमेशा याद रखें कि हर चीज़ पर ईश्वर की छाप है। हमें कहीं सुंदरता नहीं दिखी इसका अर्थ यह नहीं कि उस जगह सुंदरता नहीं है। शायद हम सही तरह से देख नहीं सके या हमारा बोध इतना विकसित नहीं हुआ।

54
निंदा करने से बचें

जब हम दूसरे व्यक्ति की निंदा करते हैं या उसे परखते हैं तो इससे उसके बारे में नहीं, हमारे बारे में पता चलता है कि हम आलोचक होना चाहते हैं।

अगर हम किसी जगह जाकर, दूसरों की निंदा सुनकर आएँ और घर जाकर विचार करें कि क्या उस निंदा से दुनिया को बेहतर बनाने में मदद मिलेगी, तो बेशक आपको वही जवाब मिलेगा जो मुझे मिला था - ज़ीरो। इस निंदा से किसी को लाभ नहीं होता। परंतु यही बहुत नहीं है। आलोचना करने से कुछ भी हल नहीं होता; इससे हमारी दुनिया में गुस्सा और निराशा बढ़ते हैं। हममें से कोई भी अपनी बुराई सुनना पसंद नहीं करता। हम अपनी निंदा सुनते ही बचाव की मुद्रा में आ जाते हैं। अक्सर अपनी निंदा सुननेवाला लज्जा या भय से पीछे हट जाता है या उग्र होकर हमला करता है। ऐसा कितनी बार हुआ होगा कि आपने किसी से अपनी निंदा सुनकर उससे कहा हो, 'शुक्रिया! आपने मेरी कमी बता दी। आपका आभार।'

निंदा करना, गाली देने की तरह एक बुरी आदत है। हमें इसकी लत हो जाती है, हमें पता है कि इससे कैसा महसूस होता है। यह हमें व्यस्त रखती है और बात करने के लिए विषय मिल जाता है। यदि आप एक पल के लिए सोचें कि आप किसी की निंदा करने के बाद कैसा महसूस करते हैं तो आप देखेंगे कि आप थोड़ा सा लज्जित होते हैं, मानो आप पर ही हमला हुआ हो। इसका कारण यही है कि जब हम किसी की निंदा करते हैं तो हम दुनिया को बता रहे हैं कि मुझे दूसरों की निंदा करने की आवश्यकता है। हमें यह स्वीकार करने में गर्व नहीं होता।

इसका हल यही है कि जब भी आप स्वयं को ऐसा करते देखें तो स्वयं को वहीं रोक दें। देखें कि आप कितनी बार ऐसा करते हैं और आपको कितना बुरा महसूस होता है। मैं कई बार अपने आपको ऐसा करते पकड़ लेता हूँ और खुद से यह कहना नहीं भूलता, 'मैं फिर से चालू हो गया।' और फिर मेरी निंदा का भाव धैर्य और सम्मान में बदल जाता है।

55

आभार प्रकट करना याद रखें

मुझे नहीं लगता कि कोई एक व्यक्ति भी ऐसा होता होगा, जिसे आभार मिलना अच्छा नहीं लगता होगा। दूसरी ओर देखें तो अधिकतर लोग आभार न मिलने पर नाराज होते हैं या अपमानित महसूस करते हैं।

आप कई तरीके से दूसरों का आभार प्रकट कर सकते हैं। जब कोई आपको कॉल करता है, आप उसे कॉल करके जवाब देते हैं। जब कोई आपको कुछ भेजता है, उसे धन्यवाद कहना न भूलें या एक नोट लिखने में थोड़ा समय लगाएँ। जब कोई अच्छा काम करता है, तो भी ऐसा ही करें। जब कोई माफी माँगता है, उसे भी जवाब दें। विनम्र कार्यों का जवाब देना ज़रूरी होता है- ऐसा करने से कार्य सदृढ़ और अधिक काम करने का प्रोत्साहन मिलता है। इससे हम सब का लाभ होता है।

अधिकतर लोगों को अभार मिलना अच्छा लगता है। हमें किसी का फोन आना अच्छा लगता है, हमें बताया जाना कि हम बेहतर काम कर रहे हैं, मेहनत के लिए धन्यवाद मिलना, अपनी कलात्मकता पर प्रोत्साहन मिलना, हमें याद दिलाना कि हम खास हैं।

डेनिस एक बीमा कंपनी में बड़ा डिपार्टमेंटल स्टोर चलाता है, जिसमें उसके नीचे लगभग पचास लोग काम करते हैं। डेनिस को किसी के अच्छे व्यवहार के लिए उसे प्रोत्साहित करने की आदत थी। उसने मुझसे कहा, मेरा मानना है कि जिन लोगों को नौकरी मिली वे भाग्यशाली हैं। मैंने महसूस किया है कि जो लोग अच्छा काम करते हैं, उन्हें पुरस्कार मिलना अतिरिक्त वेतन मिलने जैसा लगता है। मैंने प्रेमपूर्वक, विनम्रतापूर्वक तरीके से सोचने में उनकी मदद की। इसमें थोड़ा समय लगा, लेकिन वह सही मायने में ऐसा करने में सक्षम था।

जब वह याद करता है तो उसे यकीन नहीं होता कि वह किस प्रकार का व्यवहार करता था। उसने मुझे बताया कि जो कोई मेरे लिए काम करता था, वह मुझसे डरता था और असुरक्षित महसूस करता था। कोई भी मेरी तारीफ भी

नहीं करता था। आज, मैं हर काम के बदले उसका बेहतर तरीके से जवाब देता हूँ। इस कारण मैं सभी के व्यवहार में बहुत भारी अंतर देख सकता हूँ। लोग पहले से ज्यादा खुश, सुरक्षित और वफादार हैं। मैं थोड़ा समय और लेता, लेकिन मैंने देखा कि लोगों ने मुझे क्षमा करना शुरू कर दिया। मैंने सीख लिया कि मुझे अपने कर्मचारियों की उतनी ही ज़रूरत है जितनी कि उन्हें मेरी।

हमें दूसरों की ओर ध्यान देना चाहिए, किसी चीज़ के बदले में कुछ देकर नहीं बल्कि इसलिए कि ऐसा करना सही होता है - क्योंकि उन्हें खुशी मिलती है। मैं आपको बताना चाहूँगा कि उस मामले में, सही काम करना वाकई आपकी मदद करता है। इससे परिमाण निर्धारित नहीं होता किंतु मुझे यकीन है कि आभार प्रकट करने की कला ने मेरी सफलता, व्यवसाय और मानव के रूप में बहुत मदद की। मैंने दूसरों का आभार प्रकट करने के लिए सैंकड़ों धन्यवाद पत्र लिखे और हज़ारों फोन कॉल किए। मैं जानता हूँ कि मेरे ऐसा करने से मेरा ही लाभ होगा, लेकिन जब भी ज़रूरी होगा, लोगों को जवाब देना मेरा लक्ष्य रहेगा। समय बीतता गया और लोग मेरी प्रशंसा और आभार प्रकट करने लगे कि यही एकमात्र व्यक्ति है जो सबका आभार प्रकट करता है।

लोगों के प्रति किया गया आभार उन्हें याद रहता है और वे उसे पसंद करते हैं। जब आप किसी से कोई मदद या सलाह लेते हैं तो इसका मतलब है कि वह व्यक्ति पहले कभी आपसे मदद लेने आया होगा और आपने उसकी सहायता की होगी। इससे दूसरे लोग भी आपकी मदद करते हैं और आपको सफल होते देखना चाहते हैं। यही नहीं, जिन लोगों का विनम्रतापूर्वक और प्रेमपूर्वक आभार प्रकट किया गया हो, वे क्षमा करनेवाले होते हैं। वे आपकी गलतियों को नजरअंदाज करेंगे और आपको सच्चे मन से क्षमा कर देंगे। कहने की ज़रूरत नहीं कि इससे आपका जीवन बेहतर बनता है और तनावरहित रहता है। इसलिए इसके बारे में सोचें। क्या आपके कार्यक्षेत्र में कोई ऐसा है, जिसे आपका आभार चाहिए? यदि ऐसा है, तो आपको कौन रोक रहा है?

56

अपनी पाँच जिद्दी अवस्थाओं के बारे में लिखें और देखें कि आप उन्हें बदल सकते हैं या नहीं?

जब मैंने पहली बार इस रणनीति को अपनाया तो मैंने यही जिद पकड़ ली कि मैं जिद्दी नहीं था। समय के साथ इस पर काम करते हुए, मैं थोड़ा सौम्य होने लगा और मैंने पाया कि मैं स्वयं को अड़ियलपन करते हुए देख सकता हूँ।

मेरे ग्राहकों से कुछ उदाहरण प्रस्तुत हैं :

'जो लोग तनावग्रस्त नहीं होते, वे आलसी हैं।'

'मेरा तरीका ही एकमात्र तरीका है।'

'पुरुष अच्छे श्रोता नहीं होते।'

'औरतें बहुत धन व्यय करती हैं।'

'बच्चों के साथ बहुत काम करना होता है।'

'लोग बिज़नेस में पैसे के अलावा और किसी चीज़ की कद्र नहीं करते।'

आप देख सकते हैं कि यह एक अंतहीन सूची है। हमें यह नहीं देखना कि आप किन बातों के लिए अड़ियल हैं, देखना यह है कि आप अपने विचारों पर कितनी पकड़ बनाए रखते हैं। अगर आप अपनी बात से थोड़ा हटते हैं तो इससे आप कमजोर साबित नहीं हो जाते। इससे आप मजबूत बनते हैं। मेरे एक ग्राहक को अपनी बात पर पूरा यकीन था कि औरतें ज्यादा पैसा व्यय करती हैं। जब उसने अपनी कट्टरता पर ध्यान दिया तो वह अपनी बात पर थोड़ा शर्मिंदा हुआ और हँसने लगा। उसने हकीकत में पाया कि वह अपनी पत्नी के बजाए छिपकर, अपने पर ज्यादा पैसा खर्च करता था। वह अपनी कट्टर सोच का शिकार था।

जब वह थोड़ा समझदार और सौम्य बना तो उसके विवाह संबंध में सुधार हुआ। वह अपनी पत्नी से उस बात के लिए खीझता था जो उसने कभी की ही नहीं थी। अब वह अपनी पत्नी के कमखर्च की आदत को सराहता है। वह भी इस स्वीकृति और सराहना के साथ अपने पति को पहले से अधिक प्रेम और आदर देने लगी है।

57

केवल मौज के लिए, अपनी आलोचना को स्वीकारें
(फिर इसे जाते हुए देखें)

अक्सर हम जरा सी आलोचना होते ही परेशान हो जाते हैं। हम इसे किसी आपातकाल की तरह लेते हैं और इस तरह अपना बचाव करने लगते हैं मानो जंग के मैदान में खड़े हों। वास्तव में आलोचना, दूसरे व्यक्ति का नज़रिया है जो वह हमारे बारे में रखता है। वह हमारे काम और हमारी सोच का निरीक्षण कर रहा है और हमारे बारे में कुछ ऐसा सोच रहा है, जो हमारे अपने बारे में हमारे नज़रिए से मेल नहीं खाता। क्या ये बहुत बड़ी बात है!

जब भी हम आलोचना को सुनते ही बचावात्मक मुद्रा में आ जाते हैं तो यह आहत करती है। हमें लगता है कि हम पर हमला हुआ है, हम अपना बचाव करते हैं या अपनी ओर से हमला करने लगते हैं। हमें गुस्सा आता है और आलोचना करनेवाले की ओर से मन आहत होता है। इन सभी प्रतिक्रियाओं में हमारी बहुत सी मानसिक ऊर्जा नष्ट होती है।

एक लाभदायक अभ्यास यह होगा कि आप अपनी ओर भेजी गई आलोचना को स्वीकार कर लें। मैं आपसे यह नहीं कह रहा हूँ कि आप स्वयं को पायदान समझते हुए, अपनी ओर आ रही सारी नकारात्मकता को ग्रहण करते हुए अपने स्वाभिमान को नष्ट करें। मैं केवल यही सुझाव दे रहा हूँ कि कई बार आलोचना को मान लेने से ही माहौल हल्का हो जाता है, सामनेवाले इंसान की अपना नज़रिया बताने की इच्छा पूरी हो जाती है। उससे आपको दूसरे की बात में थोड़ी सी भी सच्चाई को स्वीकार करने का अवसर मिल जाता है और शायद सबसे अहम बात यह है कि आपको शांत बने रहने का एक अवसर मिलता है।

कई वर्ष पूर्व, मुझे ऐसा अवसर मिला, जब मैंने अपनी आलोचना को स्वीकार किया। मेरी पत्नी ने मुझसे कहा, 'कई बार तुम बहुत बोलते हो।' मुझे याद है कि क्षणभर के लिए मन आहत हुआ था परंतु फिर मैंने उससे सहमत होने का निर्णय लिया और कहा, 'तुम ठीक कहती हो। मैं कई बार बहुत बोलता हूँ।' तब मैंने कुछ ऐसा पाया जिसने मेरा जीवन बदल दिया। मैं उससे सहमत था और देख

सकता था कि उसकी बात में दम था। मैं अक्सर ज्यादा बोलता हूँ। मेरे इस नए रवैए से उसे विश्रांत होने का अवसर मिला। कुछ ही मिनट बाद उसने कहा, 'पता है, तुमसे बात करना बहुत आसान है।' अगर मैंने उसकी पहली बात पर गुस्सा दिखाया होता तो शायद वह ऐसा न कहती। दरअसल जब हम अपनी आलोचना के बारे में नकारात्मक प्रतिक्रिया देते हैं तो सामनेवाले को यकीन हो जाता है कि उसने जो कहा, वह उचित ही है।

इस नीति को एक बार अपनाकर देखें। शायद आपको भी यही लगेगा कि कभी-कभार आलोचना को स्वीकार करना भी लाभदायक हो सकता है।

58
दूसरों की राय में छिपा सच तलाशें

अगर आपको कुछ सीखना और दूसरों को प्रसन्न करना पंसद है तो आपको यह विचार पसंद आएगा।

लगभग सभी अपनी राय को अच्छा मानते हैं अन्यथा वे उसे आपके साथ साझा क्यों करते? हममें से कई लोग यह विनाशक काम करते हैं, वे दूसरे की राय से अपनी राय की तुलना करते हैं। जब यह हमारे विश्वास से मेल नहीं खाता तो हम इसे नकार देते हैं या इसमें दोष तलाशने लगते हैं।

हम आत्मसंतुष्ट अनुभव करते हैं और दूसरा स्वयं को हीन समझता है। लेकिन हम इससे कुछ नहीं सीखते।

लगभग हर राय में कोई अच्छाई या गुण होता है। अगर हम दोषों के बजाए गुण खोज रहे हों तो वह हमारे काम आ सकती है। अगली बार जब भी कोई अपना मत दे, तो उसे परखने या निंदा करने के बजाए देखें कि क्या उसकी बात में कोई सच्चाई है।

आप यह ध्यान रखें, जब आप किसी की राय को परखते हैं या उसकी निंदा करते हैं तो यह उसके बजाए आपके बारे में अधिक बताता है। इससे पता चलता है कि आप दूसरों को परखने की आदत रखते हैं।

मैं अब भी कई बार दूसरों के नज़रिए को परखता हूँ पर यह पहले की तुलना में बहुत कम हो गया है। अब मैं उनकी कही बातों में सच को तलाशने लगा हूँ। अगर आप भी इस सादी सी रणनीति का पालन करेंगे तो आपके साथ अद्भुत बातें होंगी : आप दूसरे लोगों को बेहतर तरीके से समझने लगेंगे, दूसरे आपके स्वीकार से आकर्षित होकर इस स्नेही ऊर्जा को जानेंगे, आपके सीखने का वक्र ऊँचा उठेगा और संभवत: सबसे महत्त्वपूर्ण बात यह होगी कि आप अपने बारे में कहीं अधिक बेहतर महसूस करेंगे।

59

गिलास को पहले से टूटा हुआ देखें (और बाकी सब चीज़ों को भी)

यह एक बौद्ध शिक्षा है, जो मैंने आज से बीस वर्ष पूर्व सीखी थी। इसने मुझे बार-बार एक ऐसा दृष्टिकोन दिया जो मुझे मेरे कहीं अधिक स्वीकृत अस्तित्व की ओर जाने का लक्ष्य देता रहा है।

इस शिक्षा का सार यही है कि यह जीवन निरंतर परिवर्तन की अवस्था में है। हर चीज़ का आदि और अंत है। हर वृक्ष एक बीज से आरंभ होकर अंतत: माटी में मिलता है। हर चट्टान बनती है और समाप्त होगी। हमारी आधुनिक दुनिया में, इसका अर्थ है कि हर कार, हर मशीन और कपड़े का हर टुकड़ा जर्जर होकर नष्ट होगा, बस हमारे शरीर भी जन्म लेंगे और नष्ट होंगे। एक गिलास बना था और अंतत: वह भी टूटेगा।

इस शिक्षा से एक प्रकार की शांति मिलती है। जब आप कुछ टूटने की अपेक्षा रखते हैं, तो आपको इसके टूटने पर हैरानी या निराशा नहीं होती। कुछ नष्ट होने पर सदमे में आने के बजाए आपको आभार प्रकट करना चाहिए कि आपको उसके साथ समय बिताने का अवसर मिला।

आपको आसान सी बातों के साथ आरंभ करना चाहिए जैसे एक गिलास पानी। अपना मनपसंद पेय गिलास में डालें। एक पल के लिए इसकी सुंदरता और स्वाद को सराहें। अब कल्पना करें कि गिलास टूटकर धरती पर बिखर गया है। अपने बोध को बनाए रखने का प्रयास करें, जल्दी ही सब कुछ फिर से अपने आरंभिक रूप में होगा।

कोई नहीं चाहता कि उसके मनपसंद पेय से भरा गिलास टूट जाए। यह दर्शन निष्क्रिय बनने का नुस्खा नहीं है। यह आपको अपना नज़रिया बनाने का अवसर देता है। तब आप यह नहीं सोचते, 'हे भगवान ये क्या हो गया?' तब आप सोचते हैं, 'ओह, टूट गया।' इस सजगता के बीच रहें और आप देखेंगे कि आपके मन की शांति बनी रहेगी और आप जीवन को उस रूप में सराह सकेंगे, जैसा कभी नहीं सराहा।

60

आप जहाँ जाते हैं, आप वहीं हैं, इस कथन को समझें

यह जॉन कबात-जिन की पुस्तक का शीर्षक है। इस शीर्षक के अनुसार, आप जहाँ भी जाते हैं, अपने आपको साथ ले जाते हैं। इस कथन का महत्त्व आपको यह सिखा सकता है कि आप जहाँ हैं, वहीं से निरंतर कहीं और होने की इच्छा पर रोक लगा सकें। हमें यही मानने की आदत हो जाती है कि काश हम कहीं और होते - छुट्टियों पर, किसी दूसरे साथी के साथ, किसी अलग कैरियर में, अलग घर में, अलग हालात में - तो हम किसी तरह और संतुष्ट व प्रसन्न हो सकते थे। हो सकते थे न?

सच तो यह है कि अगर आपकी ऐसी विनाशक मानसिक आदतें हैं - अगर आप आसानी से खीझते और झुंझला जाते हैं, अगर आप हमेशा गुस्से और कुंठा में रहते हैं और निरंतर ऐसा ही महसूस करते हैं कि आपको कहीं और होना चाहिए था, तो ये प्रवृत्ति सदा आपके साथ रहेगी। यदि आप उन खुशहाल लोगों में से हैं जो कभी गुस्सा नहीं करते या खीझते नहीं, तो आप एक से दूसरी जगह, एक से दूसरे व्यक्ति के साथ बहुत कम नकारात्मक प्रभाव के साथ हो सकते हैं।

किसी ने मुझसे पूछा था, 'कैलीफोर्निया के लोग कैसे हैं?' मैंने उनसे पूछा, 'आपके देश के लोग कैसे हैं?' उसने कहा, 'स्वार्थी और लोभी।' तो मैंने कहा, 'हो सकता है कि आपको कैलीफोर्निया में भी स्वार्थी और लालची लोग ही मिलेंगे।'

इस छोटे से बोध के साथ कुछ अद्भुत घटने लगता है, जब आप अपने जीवन को किसी वाहन की तरह स्वयं चलाते हैं। जिस जगह हों, वहीं शांत रहने पर केंद्रित होते हैं तो आपको वर्तमान से भरपूर संतोष होने लगता है। जब आप नई जगह जाते हैं, नए लोगों और नई चीज़ों के बीच होते हैं तो आप अपने साथ उस आंतरिक शांति को लेकर चलते हैं। यह पूरी तरह से सच है कि आप जहाँ भी जाते हैं, अपने आपको साथ ले जाते हैं।

61
कुछ कहने से पहले साँस लें

यह छोटी सी रणनीति मेरे अनुसार, उन सभी लोगों के लिए कारगर रही है जिन्होंने इसे आज़माया। यह तत्काल परिणाम देती है जिनमें धैर्य, बोध और दूसरों से मिलनेवाला सम्मान और आभार भी शामिल है।

यह रणनीति वास्तव में सरल है। इसमें आपको थोड़े से विराम के सिवा कुछ नहीं करना : जब तक सामनेवाले की बात समाप्त हो, आपको साँस लेनी है। हो सकता है कि पहले आपको दोनों की आवाज़ के बीच का अंतर अनंत जान पड़ेगा, परंतु वास्तव में यह केवल कुछ क्षण की बात होगी। फिर धीरे-धीरे आप साँस लेने की शक्ति और सुंदरता को जान लेंगे और उसे सराहने लगेंगे। यह आपको अपने और निकट ले आएगी। आप स्वयं से अधिक सम्मान अर्जित करेंगे। आप पाएँगे कि दूसरों की सुनना भी आपकी ओर से दिया जानेवाला एक दुर्लभ और विशेष उपहार हो सकता है। बस आपके मन में ऐसा करने का इरादा और अभ्यास होना चाहिए।

यदि आप आसपास होनेवाली बातचीत पर गौर करें तो आप देखेंगे कि अक्सर हममें से अधिकतर लोग बोलने के लिए अपनी बारी आने की प्रतीक्षा ही करते रहते हैं। हम वास्तव में सामनेवाले की बात नहीं सुन रहे होते, हम यही सोचते रहते हैं कि इसके चुप होते ही हमें क्या बोलना है। हम अक्सर दूसरों की बात के बीच 'हूँ-हाँ, बिलकुल' वगैरह बोलकर उनकी बात समाप्त करने को उकसाते हैं ताकि जल्दी से अपनी राय दे सकें। मानो हम किसी पिंग-पौंग गेंद को उछालकर समय पास कर रहे हों। तब उस बातचीत में आनंद पाने या कुछ सीखने के लिए कुछ नहीं होता।

ताबड़तोड़ संप्रेषण की इस शैली में हम अक्सर सामनेवाले के नज़रिए की निंदा करते हैं, गलत अर्थ निकालते हैं, उसकी मंशा को सही तरह से समझ नहीं पाते और अपनी राय कायम कर लेते हैं। यह सब हमारा संप्रेषण पूरा होने से पहले ही हो चुका होता है। इसमें कोई संदेह नहीं कि अक्सर हम आपस में एक-दूसरे से

खीझे और चिढ़े हुए होते हैं। कई बार, सुनने के कौशल में कमी होने के कारण, हमारे पास कोई मित्र होना भी किसी चमत्कार से कम नहीं होता।

मेरा अपना जीवन सुनने के लिए अपनी बारी आने की प्रतीक्षा में बीता है। यदि आप भी मेरी तरह हैं, तो आपको यह जानकर सुखद आश्चर्य होगा, जब आप सामनेवाले को उसकी बात धैर्य से पूरी करने देंगे। जब आप पहली बार किसी को इस तरह सुनेंगे तो आपके अपने भीतर से शांति का अनुभव होगा। सामनेवाला व्यक्ति भी शांत रहेगा और आपके बीच एक शांत धारा प्रवाहित होगी। आपको यह चिंता नहीं करनी कि आपको बोलने का अवसर नहीं मिलेगा। आपकी बारी भी आएगी। दरअसल, तब बोलना और भी बेहतर होगा क्योंकि आप जिससे बात करेंगे, वह आपसे उसी धैर्य और सम्मान से बात करेगा, जैसे आपने उससे की थी।

62

अपने काम के माहौल को खुशनुमा बनाएँ

काश मैं इस किताब में अपने ऑफिस की एक तस्वीर शामिल कर पाता। यह बहुत ही खुशनुमा, दोस्ताना माहौलवाला और शांत है। दरअसल, यह इतना खुशहाल लगता है कि इस जगह आकर तनाव टिक ही नहीं सकता। इस जगह आनेवाले अधिकतर लोगों का दावा है कि उन्हें इस जगह से वापस जाते हुए बेहतरी का एहसास होता है। फिर भी मैं आपको यकीन दिलाता हूँ कि मेरा ऑफिस बहुत सजावट से भरपूर या महंगे सामान से सजा हुआ नहीं है।

इसमें एक टैंक में मछलियाँ तैरती हैं, मेरी पत्नी और बच्चों की तस्वीरें हैं और वे तस्वीरें हैं जो उन्होंने मेरे लिए बनाईं। इन्हें फ्रेम में लगाया गया और हर कुछ माह बाद बदल दिया जाता है। जिन्हें बदला जाता है, उन्हें फेंकने के बजाए एक स्क्रैपबुक में रख दिया जाता है। हर सप्ताह मैं ऑफिस में फूलों से सजावट करता हूँ। वे सुंदर लगते हैं और उनकी गंध बहुत प्यारी होती है। मेरी बुकशेल्फ में मेरी कई पसंदीदा किताबें हैं और मेरे पास पक्षियों को खाना खिलाने के लिए एक बर्डफीडर भी है। मेरे बच्चे अक्सर मुझे अपने बीन बैग देते रहते हैं और मेरे साथ ऑफिस में आकर बैठना पसंद करते हैं। मुझे बैंगनी रंग हिप्पो बीन बैग पसंद है जिसका नाम हैप्पी है।

मैं जानता हूँ कि अधिकतर लोगों को अपने ऑफिस को हैप्पीनेस हैडक्वार्टर में बदलने की विलासिता या अनुमति नहीं होती। मैं यह भी जानता हूँ कि मेरा कार्यालय भले ही मेरे लिए उचित हो परंतु कई दूसरे लोगों के लिए असुविधाजनक भी हो सकता है। इसमें कोई बुराई नहीं है। हालाँकि जब मैं कई लोगों के ऑफिस में जाता हूँ तो दिमाग में सबसे पहले यही आता है कि वह व्यक्ति तनावग्रस्त है। कई ऑफिस, वर्क स्टेशन, घरों के ऑफिस और काम करने के माहौल इतने तनावग्रस्त होते हैं कि क्या कहा जाए। उनमें नीरसता की मात्रा इतनी अधिक होती है कि रचनात्मकता की गुंजाईश नहीं रहती। कई जगह, जीवन, प्रसन्नता, आभार, संबंध या प्रकृति का कोई संबंध नहीं होता।

अगर आप काम के माहौल को अच्छा रखें तो तनाव से मुक्त होंगे और इससे भी ज़रूरी बात यह होगी कि आप काम के दौरान छोटी-छोटी बातों पर चिंता करना छोड़ देंगे। हालाँकि आपका बहुत सा समय अपने काम की मेज पर ही बीतता है तो क्यों न थोड़ा समय, ऊर्जा और पैसा लगाकर उसे जीवंत बना दें। जब मैं ऑफिस में आया तो इसका कालीन पतला, गंदा और मैला था। मैंने कुछ सौ डॉलर से नया कालीन लिया जो दिखने में सुंदर था और उस पर चलना भी अच्छा लगता था। अगर मैं उस ऑफिस में पाँच साल भी रहा तो प्रतिदिन के हिसाब से कुछ सेंट का ही खर्च आया। मेरा मानना है कि मेरे ऑफिस की इमारत में, केवल मैंने ही इस तरह निवेश किया है। कई बार यह जानना भी रोचक होता है कि हम अपने आपको कितना कम मोल देते हैं।

अगर आप यह काम स्वयं नहीं कर सकते, तो आप किसी से मदद भी ले सकते हैं जैसे आपका जीवनसाथी, सहकर्मचारी, दोस्त या फिर आपके बच्चे! आपको यह जानकर हैरानी होगी कि यह सब कितना आसान हो सकता है।

63

अच्छा महसूस होने पर आभार प्रकट करें और बुरा महसूस होने पर गरिमा बनाए रखें

इस धरती का सबसे खुशहाल व्यक्ति भी सदा खुश नहीं होता। दरअसल, प्रसन्नचित्त लोगों को भी अपने मूड के उतार-चढ़ाव, समस्याओं, निराशाओं और दिल की टूटन से जूझना होता है। अक्सर एक प्रसन्न और अप्रसन्न रहनेवाले व्यक्ति का अंतर केवल इतना होता है कि भले ही प्रसन्न व्यक्ति का मूड कितना भी खराब क्यों न हो, वे अपने उस मूड का प्रबंधन कैसे करते हैं। वे अपनी बदली हुई भावनाओं के साथ क्या करते हैं?

अधिकतर लोग अच्छा महसूस न करने पर काम में जुट जाते हैं। वे अपने खराब मूड को गंभीरता से लेते हुए यह विश्लेषण करने लगते हैं कि क्या हुआ है। वे स्वयं को उस मूड से जोड़ने की जबरन कोशिश करते हैं और इससे समस्या हल होने के बजाए और बढ़ जाती है।

जब आप शांत और ठहरे हुए लोगों को देखते हैं, तो आप पाएँगे कि वे मूड अच्छा होने पर आभार प्रकट करते हैं कि वे अच्छा महसूस कर रहे हैं। वे समझते हैं कि सकारात्मक और नकारात्मक भाव आते-जाते रहते हैं और ऐसा समय भी होगा जब वे बेहतर महसूस नहीं करेंगे। खुशहाल लोग जिंदगी के लिए यही नज़रिया रखते हैं। वे आती-जाती भावनाओं की अनिवार्यता को स्वीकार करते हैं। जब वे अवसाद, गुस्सा या तनाव महसूस करते हैं तो अपनी भावनाओं से जूझने के बजाए और घबराने के बजाए उन्हें स्वीकार करते हैं और मानते हैं कि यह भी बीत जाएगा। नकारात्मक भावों से लड़ने के बजाए, वे पूरी गरिमा से उन्हें मान लेते हैं। इस तरह वे मन की सकारात्मक अवस्था के साथ, उस नकारात्मक अवस्था से सहज ही बाहर आ जाते हैं। मेरे अनुसार खुशहाल इंसान वही है जो समय-समय पर उदासी भी महसूस करता है। उसे अपने खराब मूड और उदासी से भी कोई परेशानी नहीं होती। मानो उसे इसकी परवाह ही न हो, समय बीतने के साथ, वह फिर से प्रसन्न होगा और उसके लिए यह कोई बड़ी बात नहीं है।

अगली बार मूड खराब हो तो उससे जूझने के बजाए शांत रहने का प्रयत्न

करें। देखें कि क्या आप घबराने के बजाए पूरी गरिमा से उसे स्वीकार कर सकते हैं। अगर आप नकारात्मक भावों के बीच गरिमा बनाए रखेंगे तो वे उसी निश्चितता के साथ ओझल होंगे जैसे रोज सूर्यास्त होता है।

64
थोड़े कम आक्रामक चालक बनें

आपको सबसे ज्यादा गुस्सा किस जगह आता है? अगर आप भी अधिकतर लोगों की तरह हैं, तो आपकी सूची में भारी यातायात में गाड़ी चलाना शामिल होगा। आपको बार-बार ऐसा लगता है कि काश आपको कार चलाने के लिए सड़क के बजाए रेस का खाली मैदान मिला होता।

कम आक्रामक वाहन चालक बनने के तीन कारण हैं, जो अच्छे माने जा सकते हैं। पहला, जब आप बहुत आक्रामक होते हैं तो स्वयं को और अपने आसपास के लोगों को खतरे में डाले रखते हैं। दूसरा, यह बहुत तनावपूर्ण होता है कि आप हमेशा आक्रामक तरीके से वाहन चलाएँ। आपका रक्तचाप बढ़ जाता है और व्हील पर जकड़ गहरी होती है, आपकी आँखों पर दबाव बढ़ता है और आपकी सोच आपके बस से बाहर हो जाती है। अंत में, आपके पास उस जगह जाने लिए पर्याप्त समय नहीं होता, जिस जगह जाने को घर से निकले थे।

हाल ही में मैं दक्षिण में ओकलैंड से सैन जोस जा रहा था।

यातायात जाम था पर धीरे-धीरे चल रहा था। मैंने देखा कि एक गुस्सैल चालक बार-बार अपनी लेन से बाहर आते हुए, गाड़ी की गति तेज़ और धीमी कर रहा था। वह बहुत जल्दी में दिख रहा था। मैं अपनी चालीस मील की यात्रा में अधिकतर अपनी लेन में ही रहा। मैं एक नया ऑडियोटेप सुन रहा था जो हाल ही में खरीदा था और अपने ही मज़े में था। मैंने उस यात्रा का भरपूर आनंद लिया क्योंकि मुझे अकेले ड्राइविंग करना बहुत भाता है। जब मैं उस मार्ग से बाहर आ रहा था तो पीछे से वही चालक तेज़ गति के साथ मेरे पास से निकल गया। हम दोनों के उस जगह पहुँचने का समय लगभग एक सा रहा परंतु उसे पता नहीं था कि उसका यह रवैया कितना जानलेवा था और उसके वाहन पर भी कितना प्रभाव डाल रहा था।

जब आप ऐसे चालकों को निकलते हुए देखते हैं जो आपके पास से तेज़ी से निकलते हैं ताकि अगली लाल बत्ती पर आपको पछाड़ सकें तो उनकी यह गति

किसी काम नहीं आती। अगर आप भी उसके लोभ में आ गए तो आपको टिकट मिलेगा और आठ घंटे ट्रैफिक स्कूल में बिताने पड़ सकते हैं।

अगर आप सजग भाव से तय कर लें कि आप आक्रामक तरीके से वाहन नहीं चलाएँगे तो आपके लिए यह समय वास्तव में बहुत ही आरामदायक हो सकता है।

अपने वाहन चालन के समय को इस तरह देखें कि आपको सहज भाव से साँस लेने और अपने साथ होने का समय मिल रहा है। मांसपेशियों को विश्रांत करने का इससे बेहतर समय और क्या होगा। मेरे पास कुछ ऐसे ऑडियोटेप खासतौर पर हैं, जो मांसपेशियों की शिथिलता का अभ्यास करवाते हैं। कई बार मैं उन्हें सुनता हूँ और अपने गंतव्य तक जाते-जाते कहीं बेहतर महसूस करने लगता हूँ। आपको अपने जीवनकाल में कई घंटे ड्राईविंग के नाम करने होंगे, क्या आप इस समय को भय और कुंठा के बीच बिताना पसंद करेंगे? या तनाव को भुलाकर थोड़ी समझदारी से काम लेंगे?

यदि आप समझदारी से काम ले सके तो यह वाकई कारगर होगा।

65
रिलैक्स

रिलैक्स या विश्रांत होने का क्या अर्थ है? आपने अपने जीवन में यह शब्द हज़ारों बार सुना होगा। पर बहुत कम लोग ऐसे होंगे, जिन्होंने इसके अर्थ पर विचार किया हो। जब आप लोगों से पूछते होंगे (जैसा मैंने कई बार पूछा) तो उनका जवाब यही होगा कि रिलैक्स होने का अर्थ है, किसी काम को बाद में करने की योजना बनाना। आप इसे अवकाश के समय, झूले पर या रिटायर होने पर करेंगे या बाकी काम पूरे होने पर करेंगे। इससे यह संकेत मिलता है कि आपके जीवन का लगभग पचानवे प्रतिशत समय खीझ, कुंठा और चिड़चिड़ाहट में ही बीतता है। बहुत कम लोग इसे मानेंगे परंतु यह सच ही है। क्या आप बता सकते हैं कि हम लोग जीवन को एक आपातकाल की तरह क्यों देखते हैं? हम अपने 'इन-बास्केट' में रखे सारे काम के समाप्त होने तक अपने विश्राम को टालते क्यों हैं? यह तो कभी संभव नहीं होगा।

आपको इसे अपने हृदय की ऐसी विशेषता के रूप में लेना है जिसे आप समय-समय पर लेते रहेंगे और आगे के लिए नहीं टालेंगे। अब आप रिलैक्स कर सकते हैं। आपके लिए यह याद रखना भी आवश्यक है कि विश्रांत रहनेवाले लोग ही जीवन में बड़ी उपलब्धियों को हासिल करते हैं क्योंकि रचनात्मकता का इससे गहरा संबंध होता है। उदाहरण के लिए, मैं जब भी तनाव में आता हूँ तो लिखने के बारे में सोचता तक नहीं। रिलैक्स होते ही मेरी लेखनी सहज और शांत भाव से चलने लगती है। अधिक विश्रांत होने का अर्थ होगा कि आप स्वयं को जीवन में आनेवाले हर उतार-चढ़ाव और हर तरह की परिस्थितियों के लिए तैयार कर रहे हैं। आपको बार-बार स्वयं को पूरी दयालुता और स्नेह के साथ याद दिलाना होगा कि आपके पास यह चुनाव है कि आप जीवन के लिए कैसी प्रतिक्रिया देना चाहते हैं।

आप अपनी सोच और परिस्थितियों के साथ नए सिरे से जुड़ना सीख सकते हैं। अभ्यास के साथ, ये चुनाव आपको कहीं बेहतर विश्रांत व्यक्ति के रूप में सामने लाएँगे।

66

मेल के माध्यम से एक बच्चा गोद लें

हालाँकि मैं किसी सर्विस एजेंसी के लिए इस पुस्तक में कोई विज्ञापन नहीं देना चाहता परंतु मेरा यह मानना है कि मेल के माध्यम से एक बच्चे को गोद लेना मेरे लिए एक सकारात्मक अनुभव रहा है।

नहीं, आप वास्तव में कोई बच्चा गोद नहीं लेते। आप उनकी मदद करते हैं और इसी सिलसिले में उन्हें जानते भी हैं। यह अनुभव मेरे पूरे परिवार के लिए असीम संतोष और प्रसन्नता का कारण रहा है। मेरी छह वर्षीया बेटी ने एक बच्चे को गोद लिया है और वह इस अनुभव से बहुत प्रसन्न है। वे लोग एक-दूसरे को पत्र लिखते हैं और आपस में संपर्क बनाए रखते हैं। उन्हें एक-दूसरे के जीवन की बातें सुनना पसंद है।

आप हर माह एक एजेंसी को थोड़ी धनराशि भेजते हैं, जिससे वे बच्चों की मदद करते हैं। बच्चों के माता-पिता को उनकी ज़रूरतें पूरी करने में मदद मिलती है। बच्चों को स्कूल भेजना और उनकी दूसरी ज़रूरतें पूरी करना सरल हो जाता है।

मेरा मानना है कि यह अनुभव प्रसन्नतादायक इसलिए है कि हमें आपस में सपंर्क रखने का अवसर मिलता है। कई बार दान देने के बाद आपको पता नहीं चलता कि वह किसे दिया गया। इस संदर्भ में, आपको उस बच्चे से मिलने का भी अवसर मिलता है। इस तरह के संबंध से आपको यह एहसास होता है कि भगवान ने आपको यह सौभाग्य दिया कि आप किसी की मदद कर सकें। मेरे और बहुत से लोगों के लिए इस तरह के संबंधों से आभार का अनुभव होता है। ऐसी बहुत सी एजेंसियाँ हैं, जो इस काम में आपकी सहायक हो सकती हैं।

67

अपने मैलोड्रामा को मैलो-ड्रामा में बदलें

एक खास तरह से, इस रणनीति के कहने का अर्थ है, 'छोटी-छोटी बातों की चिंता न करें।' जीवन में कई लोग आवश्यकता से अधिक नाटकीय होकर जीने में विश्वास रखते हैं। सुनने में जाना-पहचाना लगता है? हम लोग अक्सर छोटी-छोटी चीज़ों को बड़ा बना देते हैं, हमें तिल का ताड़ और राई का पहाड़ बनाने की आदत हो जाती है। हम भूल जाते हैं कि जीवन इतना बुरा भी नहीं है, जितना हमने इसके बारे में सोच लिया है। हम यह भी भूल जाते हैं कि जब हम चीज़ों को आवश्यकता से अधिक बड़ा बनाकर, उनका अनुपात बिगाड़ते हैं तो उसका खामियाज़ा भी हमें ही भुगतना होता है।

मैंने पाया कि अगर केवल खुद को इतना याद दिला दें कि यह जीवन कोई सोप ओपेरा नहीं तो इतने से ही मन को शांत करने में मदद मिल जाती है। जब मैं बहुत तनाव में आता हूँ या स्वयं को गंभीरता से लेने लगता हूँ (मैं मानता हूँ कि मेरे साथ ऐसा अक्सर होता है) तो मैं स्वयं से कहता हूँ, 'लो भई, मेरा नाटक फिर से चालू हो गया।' यह कहते ही मेरी सारी गंभीरता गायब हो जाती है और मुझे अपने पर ही हँसी आने लगती है। मेरे लिए स्वयं को शांत अवस्था में वापस लाना सरल हो जाता है। मेरा मैलोड्रामा, मैलो-ड्रामा में बदल जाता है।

अगर आपने कभी सोप ओपेरा देखा हो, तो आपको पता होगा कि उसके पात्र छोटी-छोटी बातों को इतनी गंभीरता से लेते हैं कि उनके लिए अपना जीवन बरबाद कर देते हैं। किसी ने कुछ कहा तो बुरा लग गया, किसी ने उनके साथ बुरा कर दिया, उनके साथी के साथ बात कर ली। उनका जवाब होता है, 'हे भगवान, मेरे साथ ऐसा कैसे हो सकता है?' फिर वे दूसरों के साथ उस समस्या पर बात करते हुए उसे कई गुना बढ़ा देते हैं। इस तरह उनका जीवन एक आपातकाल-मैलोड्रामा में बदल जाता है।

अगली बार जब भी कभी आप तनाव में हों तो इस रणनीति के साथ प्रयोग करते हुए याद दिला दें कि जीवन कोई आपातकाल नहीं है और अपनी नाटकीयता को बदलकर सहज हों।

68

अपने दृष्टिकोण से अलग आलेख और किताबों को पढ़ें और कुछ सीखने का प्रयत्न करें

क्या आपने कभी ध्यान दिया कि आप जो भी पढ़ते हैं, उससे जीवन के बारे में अपने दृष्टिकोण को ही जायज़ ठहराते हैं? यही हमारे रेडियो, टी.वी. सुनने या देखने और जीवन की अन्य चीज़ों के साथ होता है। दरअसल, अमेरिका के सबसे लोकप्रिय टॉक शो में कॉलर अक्सर स्वयं को 'डिट्टो हैड' कहते हैं यानी 'मैं पहले ही तुम्हारी सारी बातों से सहमत हूँ। मुझे और बताओ।'

उदारपंथी, कट्टरपंथी - हम सभी एक से हैं। हम अपनी राय बनाते हैं और सारा जीवन अपनी राय को जायज़ ठहराने और यह मानने में लगा देते हैं कि हम सच कह रहे हैं। ऐसी कट्टरता अच्छी नहीं है क्योंकि हम उन दृष्टिकोणों से भी बहुत कुछ सीख सकते हैं जो हमारी राय से मेल नहीं खाते। यह इसलिए भी सही नहीं है क्योंकि अपनी जिद में आकर हमें दूसरों की बात मानने या समझने के लिए भारी आंतरिक संघर्ष का सामना करना पड़ता है। ऐसा मन हमेशा अपने आसपास के लोगों के साथ जूझता हुआ पाया जाता है।

हम भूल जाते हैं कि हम सभी इस बात पर सहमत हैं कि हमारा दुनिया को देखने का नज़रिया ही एकमात्र सही नज़रिया नहीं है। हम भूल जाते हैं कि अगर दो लोगों की राय अलग हो तो कई बार वे अपनी बात जायज़ ठहराने के लिए एक ही उदाहरण उठाते हैं – और दोनों ही पक्ष तार्किक व उपयुक्त हो सकते हैं।

यह जानने के बाद हम और ज्यादा कट्टर हो सकते हैं या फिर मुक्त होकर कुछ नया सीखने को तत्पर हो सकते हैं।

दिन में कुछ मिनटों के लिए – जीवन में आप जो भी नज़रिया रखते हों – उसके बावजूद कुछ ऐसा पढ़ने की कोशिश करें कि आपको दूसरों के नज़रिए जानने का भी अवसर मिल सके। आपको ऐसा करने के लिए अपने विश्वासों को बदलने की आवश्यकता नहीं है। बस आपको अपने मन का विस्तार करना है और हृदय को नए विचारों के प्रति मुक्त करना है। इस नए रवैए से आपका वह तनाव घटेगा जो आपको दूसरों की राय स्वीकार करते समय झेलना पड़ता है। इसके अलावा

यह अभ्यास आपको दूसरों के प्रति अधिक सहज होना और धैर्य रखना सिखाता है। आपको दूसरों की बातों में भी तर्क दिखने लगेगा और आप पहले से कहीं अधिक विश्रांत और दार्शनिक प्रकार के व्यक्ति बन सकेंगे। मैं और मेरी पत्नी अमेरिका में कट्टरपंथी और उदारवादी, दोनों तरह के न्यूज़लैटर पढ़ना पसंद करते हैं। मेरा मानना है कि इन दोनों ने ही जीवन के लिए हमारे नज़रिए को विस्तृत करने में सहायता की है।

69

एक बार में एक काम करें

एक दिन मैंने सड़क पर एक व्यक्ति को कार चलाते देखा जो शेव करते हुए, कॉफी पी रहा था और अखबार पढ़ रहा था! मैंने सोचा, 'बहुत बढ़िया।' उस दिन सुबह मैं कोई ऐसा उपयुक्त उदाहरण ही खोज रहा था, जिसमें हमारे समाज की दीवानगी को दिखाया जा सके।

अक्सर हम लोग एक बार में एक साथ कई सारे काम करते हैं? हमारे पास कॉर्डलैस फोन इसलिए आए कि जीवन को सरल बना सकें, परंतु इन्होंने तो जीवन को और उलझा दिया है। मैं और मेरी पत्नी, एक मित्र के घर डिनर पर गए और देखा कि वे फोन पर बात करते हुए दरवाजा खोल रही थीं, डिनर की तैयारी देख रही थीं और अपनी बेटी का डायपर बदल रही थीं (उन्होंने हाथ धो लिए थे)। हममें से कई लोग अक्सर यही करते हैं, किसी से बात करते हैं या तीन चार काम एक बार में ही एक साथ करने की कोशिश करते हैं।

जब आप बहुत सारे काम एक साथ करते हैं तो आपके लिए वर्तमान क्षण पर केंद्रित होना कठिन हो जाता है। चाहे आप बर्तन साफ करें, साथी से बात करें, पत्रिका पढ़ें, बच्चे के साथ खेलें, एक बार में एक ही काम पर केद्रिंत होने का प्रयास करें। एकाग्रता बनाकर रखें। आपको आरंभ में दो बातें दिखाई देंगी। पहली, आपको अपने काम में भरपूर आनंद आएगा। चाहे वह अलमारी टिकाने या बर्तन साफ करने जैसा काम क्यों न हो। जब आप केंद्रित होते हैं और काम में कोई बाधा नहीं होती तो आपके लिए काम में मग्न होना सरल हो जाता है, चाहे काम कैसा भी क्यों न हो।

दूसरे, आपको यह देखकर हैरानी होगी कि आप कितनी निपुणता और गति से अपने काम पूरे कर सकते हैं। मैं जब से वर्तमान क्षण पर केंद्रित रहने लगा हूँ, तब से जीवन के लगभग हर क्षेत्र में मेरे कौशल में निखार आया है - लेखन, पठन, घर की सफाई और फोन पर बात करना आदि। आप भी ऐसा ही कर सकते हैं। यह सब आपके एक ही निर्णय से संभव होगा - एक बार में एक ही काम करना।

70
दस तक गिनें

जब मैं बड़ा हो रहा था तो मेरे पिता अक्सर मुझसे और मेरी बहनों से गुस्सा होने पर दस तक गिनती करते। अनेक माता-पिता गुस्सा आने पर ऐसा ही करते हैं ताकि वे यह तय कर सकें कि उसके बाद उन्हें क्या करना है।

मैंने इसमें साँस के प्रयोग को भी शामिल किया है। बस आपको इतना ही करना है : जब गुस्सा आए तो गहरी साँस लें, एक बोलें। फिर पूरे शरीर को विश्रांत करते हुए साँस छोड़ें। फिर दो बोलते हुए यही प्रक्रिया दोहराएँ और कम से कम दस गिनने तक ऐसा करें (आप वाकई बहुत गुस्से में हों तो गिनती पच्चीस तक कर दें)। आप अपने मन को ध्यान के अभ्यास का एक छोटा सा संस्करण दे रहे हैं। गिनती और श्वसन अभ्यास के मेल से आपको विश्रांत होने में मदद मिलेगी और गिनती पूरी होने तक आपके भीतर गुस्सा बचेगा, इसका सवाल ही नहीं पैदा होता। फेफड़ों में ऑक्सीजन का स्तर बढ़ेगा और आपके गुस्सा होने और गिनती पूरी होने के समय अंतराल के बीच आपको अपना बोध वापस पाने का अवसर मिल जाएगा। इस तरह आप बड़ी बातों को भी छोटी बातों के रूप में देखना सीख लेंगे।

तनाव या कुंठा के दौरान भी यह अभ्यास काम आता है। जब भी मन पटरी से उतरे, तो इसे आज़माकर देखें।

सच तो यह है कि यह अभ्यास एक या दो मिनट अवश्य करना चाहिए, चाहे आपको गुस्सा आया हो या नहीं। मैंने अपने दैनिक जीवन में इसे शामिल कर लिया है क्योंकि इससे मन विश्रांत होता है और इसे करने में आनंद आता है। अक्सर, यह मुझे गुस्सा आने ही नहीं देता।

71

समय-समय पर ब्रेक लें

कैरियर के आरंभ में मुझे जो बुरी आदतें पड़ीं, उनमें से सबसे खराब यह थी कि मैं पर्याप्त ब्रेक नहीं लेता था। मुझे यह स्वीकार करने में थोड़ी शर्मिंदगी है, पर मुझे ऐसा लगता था कि ऐसा करने से समय नष्ट होगा। मुझे लगता था कि अगर काम के बीच विश्राम नहीं किया तो मैं ज्यादा समय बचाकर और अधिक काम कर सकूँगा - इस तरह दूसरों से आगे निकलने में आसानी होगी। मै लंच के दौरान भी काम करता और पूरे दिन में कभी-कभार ब्रेक लेता था।

हाल ही के वर्षों में, मैंने सीखा कि नियमित ब्रेक लेने में असफलता एक भारी भूल है, जो न केवल समय के साथ हमें जर्जर करती है पर बल्कि हमारी उत्पादकता को भी कम कर देती है। हो सकता है कि आपको एक समय में इसका एहसास न हो पर धीरे-धीरे आपकी कुंठा जाहिर होने लगती है। आपका धीरज घटने लगता है, एकाग्रता कम होती है और सुनने के कौशल पर भारी असर दिखाई देता है। मेरा मानना है कि लंबे समय के दौरान बहुत सारे प्रभाव सामने आते हैं। आप बहुत जल्दी थकने लगते हैं और रचनात्मकता व अंतर्दृष्टि का धीरे-धीरे क्षय होता जाता है।

हालाँकि यह सब प्रकट रूप से नहीं होता परंतु जब मैंने अपने भीतर देखना आरंभ किया तो पाया कि जब मैं काम के दौरान अंतराल में विश्राम लेकर लौटता था, तो वे बातें मुझे उतना परेशान नहीं करती थीं जितना वे बिना ब्रेक लिए करने लगी थीं। हालाँकि अब भी कभी-कभी अधीरता के बीच अपना उत्साह खो देता हूँ। पहले से भी ज्यादा, छोटी-छोटी बातों पर चिंता करने लगता हूँ। परंतु मेरा मानना है कि हर किसी के पास बिना ब्रेक के काम करने के लिए अलग-अलग तरह की लय और विभिन्न क्षमता पाई जाती है, जब आप अपने लिए कुछ मिनट निकालते हैं तो आपको भीतर से आरोग्य और पोषण मिलता है, भले ही आपको इस बात का एहसास हो या न हो।

आपके ब्रेक बहुत बड़े या लंबे समय के नहीं होने चाहिए। अक्सर, आपको

अपने दिमाग को शांत करने, गहरी साँसें लेने, बाजुओं को फैलाने या ताज़ी हवा लेने के लिए कुछ मिनटों की ही आवश्यकता होती है। जब आप यह समय निकालते हैं तो हर घंटे के बाद आप काम पर कहीं तरोताज़ा होकर वापस आते हैं। मानो आपने अपने लिए 'रीसेट बटन' दबाया और नए सिरे से काम आरंभ किया हो। अक्सर छोटा ब्रेक लेने से मेरी बुद्धि और रचनात्मकता निखर आते हैं और मैं अपनी ओर से बेहतरीन नतीजे पैदा कर पाता हूँ।

मैं भी अधिकतर लोगों की तरह अक्सर ब्रेक लेना भूल जाता था। मैं किसी अध्याय को लिखते हुए या किसी परियोजना पर काम करते हुए घंटों एक ही मुद्रा में बैठा रहता। अंतत: जब उठता तो पूरे शरीर में अकड़न और थकान महसूस होती। तब मुझे याद आता कि मैं ब्रेक लेना भूल गया था। इसके अपवाद भी रहे परंतु अक्सर अपने काम को देखकर कह सकता था कि उस दौरान मैं अपनी ओर से बेहतरीन प्रदर्शन नहीं दे सका।

यह रणनीति इस बात पर बल देती है कि अधिक को हमेशा बेहतर नहीं माना जा सकता। मेरा मानना है कि प्रति घंटे, कुछ मिनट कम काम करने से, मैं कहीं अधिक चतुराई, प्रभावी उत्पादकता और बेहतर तरीके से काम कर सकता हूँ। मैं दिन-प्रतिदिन-दिन के आधार पर अपने लिए जो ऊर्जा बटोर रहा हूँ, वह मेरे कैरियर के कुछ साल बढ़ा देगी।

मेरा मानना है कि मैं जो उपदेश दे रहा हूँ, अब उस पर अमल करने का समय आ गया है। मैं आपको यह बताते हुए अपना अध्याय समाप्त करता हूँ कि मैं एक छोटा सा ब्रेक लेने जा रहा हूँ। संभवत: आपके लिए भी यह ब्रेक लेने का उचित समय हो।

72

तूफ़ान के केंद्र में होने का अभ्यास करें

तूफ़ान का केंद्र अक्सर वह स्थान होता है जो आसपास की सारी गतिविधि से परे, शांत होता है। केंद्र के आसपास बाकी सब कुछ हिंसक और बाधा से भरा होता है, परंतु केंद्र पूरी तरह से शांत रहता है। यदि हम भी सारे कोलाहल के बीच इसी तरह शांत रह पाते तो कितना अच्छा होता – तूफ़ान का केंद्र।

यह भी आश्चर्यजनक बात है कि आपके लिए स्वयं को तूफ़ान का केंद्र मानने की कल्पना करना कहीं आसान है। बस आपका ऐसा अभिप्राय होना चाहिए और आप इसका अभ्यास कर सकें। उदाहरण के लिए मान लेते हैं, आप किसी ऐसे पारिवारिक समारोह में जानेवाले हैं जिस जगह बहुत हो-हल्ला होगा। आप स्वयं को कह सकते हैं कि आप इस अनुभव को शांत रहने के एक अवसर के रूप में इस्तेमाल कर सकते हैं। आप संकल्प ले सकते हैं कि आप उस कमरे में अकेले व्यक्ति होंगे जो पूरी तरह से शांत होगा। आप श्वसन का अभ्यास कर सकते हैं। दूसरों की बात आराम से सुनने का अभ्यास कर सकते हैं। आप दूसरों को सही ठहराते हुए उनकी प्रसन्नता का आनंद उठा सकते हैं। अगर आप पहले ही तय कर लें तो यह सब आसानी से कर सकते हैं।

पारिवारिक समारोह, कॉकटेल पार्टी, बर्थ डे पार्टी वगैरह जैसे हानिरहित परिदृश्यों से आरंभ करें और सफलता का आनंद लें। आप देखेंगे कि तूफ़ान का केंद्र बनने से, आप वर्तमान क्षण पर कहीं अधिक केंद्रित हो सकेंगे। आप पहले से कहीं अधिक आनंदित होंगे। जब आप एक बार इस तरह की हानिरहित परिस्थितियों में कौशल पा लेंगे तो आप और कठिन हालात के बीच इस रणनीति को आज़मा सकते हैं जैसे – संघर्ष से निपटना, बुरा समय या शोक। यदि आप धीरे-धीरे आरंभ करते हुए आगे बढ़ेंगे तो जल्द ही आप सीख लेंगे कि तूफ़ान का केंद्र कैसे बनना है।

73

अपनी योजनाओं में बदलाव के प्रति लचीला बन जाएँ

जब मैं एक बार कोई योजना बना लेता हूँ तो इसे छोड़कर प्रवाह के साथ चलना कठिन हो जाता है। मुझे काफी हद तक यही सिखाया गया था कि किसी भी परियोजना की सफलता के लिए ऐसा करना ज़रूरी होता है।

इसके साथ ही यह भी सच है कि लचीलेपन के अभाव में मन में होनेवाला आंतरिक संघर्ष अक्सर लोगों के मन में खीझ पैदा करता है।

मैं अक्सर सुबह के समय अपना लेखन करता हूँ। मिसाल के लिए मैंने इस पुस्तक लेखन के लिए तय किया था कि सुबह सबके सोकर उठने से पहले इस पर काम कर लिया करूँगा। परंतु अगर मेरी चार साल की बेटी सुबह जल्दी उठकर मेरे पास आ जाए तो क्या होता है? मेरी सारी योजना वहीं छूट जाती है। तो क्या मैं उसका खेद मनाता हूँ? या फिर हो सकता है कि मेरा ऑफिस जाने से पूर्व दौड़ने जाने का लक्ष्य रहा हो, पर ऑफिस से आई एमरजेंसी कॉल के कारण उसे छोड़ना पड़े।

ऐसे असंख्य उदाहरण हो सकते हैं, जब हमारी योजना अचानक बदल जाती है, हमारा सोचा हुआ काम पूरा नहीं हो पाता और कोई अपनी बात पूरी नहीं कर पाता, आप अपनी अपेक्षा से कम आय अर्जित करते हैं, आपके पास नियोजित समय से कम समय होता है, अचानक कोई अनपेक्षित काम आ जाता है – और यह सिलसिला लगातार चलता जाता है। आपको स्वयं से पूछना होगा – आपके लिए वास्तव में क्या महत्त्वपूर्ण है?

हम अक्सर बहाना बनाते हैं कि योजना में बदलाव होने पर कुंठित होना स्वाभाविक है। हालाँकि यह इस बात पर निर्भर करता है कि आपकी प्राथमिकता क्या है। क्या आपके लिए अपने लेखन की दिनचर्या पर टिकना आवश्यक है या आपको अपनी चार साल की बिटिया के साथ समय बिताना है? क्या तीस मिनट की दौड़ छोड़ी जा सकती है? जब आप स्वयं से पूछते हैं कि आपको विकसित होते हुए, जीवन के प्रवाह में बहने के लिए क्या करना चाहिए तो आप अपना

उत्तर पा सकते हैं। यदि आप शांत स्वभाव का व्यक्ति बनना चाहते हैं तो आपको कट्टरता के बजाए लचीलेपन को अपनी प्राथमिकता बनाना होगा, हालाँकि इसके कुछ अपवाद भी हो सकते हैं। मैंने यह भी पाया कि यह अपेक्षा रखना भी सहायक होगा कि कभी योजना में कोई बदलाव आ भी जाए तो अगर मैं खुद को सही तरह से समझा सकूँ तो सारी परेशानी वहीं दूर हो जाती है।

आप पाएँगे कि जब आप अपनी योजनाओं में लचीलेपन की गुंजाईश रखते हैं तो आपके साथ अद्भुत अनुभव घटने लगते हैं। आप पहले से कहीं अधिक शांत रहेंगे और अपनी उत्पादकता का बलिदान नहीं करेंगे। हो सकता है कि आपकी उत्पादकता पहले से बढ़ जाए क्योंकि चिंता और तनाव में आपकी ऊर्जा नष्ट नहीं होगी। मैंने भी यह विश्वास करना सीखा कि मैं अपनी समयसीमाओं को पूरा करूँगा, अपने अधिकतर लक्ष्य प्राप्त करूँगा और अपने उत्तरदायित्वों का आदर करूँगा, भले ही मुझे अपनी योजनाओं को थोड़ा सा या बहुत अधिक बदलना ही क्यों न पड़े। इस तरह आपके आसपास के लोग भी सहज अनुभव करेंगे। आपकी योजनाओं में बदलाव आने पर भी आप उसी सहज भाव से उनसे पेश आते रहेंगे।

74

आपके पास जो है, उसके बारे में सोचें; जो चाहते हैं, उसके बारे में न सोचें

पिछले बारह से भी अधिक वर्षों से एक तनाव परामर्शदाता के रूप में, मैं एक बहुत ही विनाशक और सर्वव्यापी मानसिक प्रवृत्ति का गवाह रहा हूँ। मैंने देखा है कि हम लोग उन चीज़ों पर ध्यान नहीं देते जो हमारे पास है, हम केवल उसी पर केंद्रित रहते हैं, जो हम पाना चाहते हैं। इससे कोई अंतर नहीं पड़ता कि हमारे पास कितना है, हम अपनी इच्छाओं की सूची को बड़ा करते चले जाते हैं जो हमारे असंतोष की गारंटी बन जाती है। हमारी सोच कहती है, 'जब यह इच्छा पूरी होगी तो मुझे प्रसन्नता होगी।' और यही सोच उस इच्छा के पूरी होते ही अगली इच्छा के लिए ऐसा कहने लगती है।

हमारे एक निकटतम मित्र ने नए घर की दावत में सबको बुलाया।

अगली बार मिले तो वह अगले घर की बात कर रहा था, जो पिछले घर से भी बड़ा होनेवाला था। वह अकेला नहीं है। हममें से अधिकतर लोग ऐसा ही करते हैं। हमें यह या वह चाहिए। अगर हमें मनचाहा नहीं मिलता तो हम लगातार उसके बारे में ही सोचते रहते हैं, अपने नए हालात में भी उसी सोच को साथ ले जाते हैं और अप्रसन्न ही बने रहते हैं। जब हम नई इच्छाओं को निमंत्रित करते हैं तो खुशी कहीं पीछे छूट जाती है।

सौभाग्य से, प्रसन्न रहने का एक तरीका है। इसके लिए आपको अपनी सोच को इच्छाओं से हटाकर उन चीज़ों पर केंद्रित करना होगा, जो आपके पास पहले से हैं। अपने साथी को बदलने की इच्छा करने के बजाए उसकी खूबियों पर ध्यान दें। वह पहले से अधिक स्नेही हो जाएगी। अपने वेतन की शिकायत करने से पहले आभार प्रकट करें कि आपके पास नौकरी है। हवाई के अवकाश पर न जाने का गुस्सा दिखाने से पहले याद करें कि आपने घर के पास ही एक जगह जाकर कितना मज़ा किया था। संभावनाओं की सूची अंतहीन है।

हर बार, जब भी आप इच्छाओं के जाल में उलझने लगें, तो सब कुछ नए सिरे से सोचें। गहरी साँस लेकर उन चीज़ों के प्रति आभार प्रकट करें, जो आपके

जीवन में पहले से मौजूद हैं। जब आप अपनी इच्छाओं के बजाए उन बातों के लिए आभार प्रकट करेंगे, जो आपके पास पहले से हैं या अपने साथी की खूबियों पर केंद्रित होंगे तो बात और सुंदर हो जाएगी। नौकरी में आपकी उत्पादकता पहले से बढ़ेगी और आपकी पदोन्नति होगी। आप अपनी मनचाही जगह पर जा सकें या नहीं, लेकिन आपको कहीं भी, किसी भी जगह आनंद लेना आ जाएगा।

यह ध्यान दें कि आपको हमेशा उन बातों पर केंद्रित रहना है, जो आपके पास पहले से हैं। इस तरह आपका जीवन पहले से बेहतर होने लगेगा। जीवन में पहली बार आपको पता चलेगा कि संतोष किसे कहते हैं।

75

नकारात्मक विचारों की उपेक्षा का अभ्यास करें

यह अनुमान लगाया गया है कि मनुष्य के मन में एक दिन में औसतन पचास हज़ार विचार आते हैं। इनमें से कुछ सकारात्मक और कुछ उत्पादक होते हैं। बदकिस्मती से, हममें से कई लोग नकारात्मक - गुस्सैल, भयभीत, निराशावादी, चिंतित ही बने रहते हैं। शांत बनने की दिशा में यह प्रश्न अहम नहीं है कि आपके मन में नकारात्मक विचार आते हैं या नहीं - आपको यह तय करना है कि इस तरह के विचार सामने आने पर इनसे कैसे निपटना है।

जब भी नकारात्मक सोच से निपटने की बात आती है तो आपके पास दो विकल्प होते हैं - विचार करना, अध्ययन करना और फिर थोड़ा और सोचना - या फिर आप उन्हें अस्वीकृत करना भी सीख सकते हैं। आपको उनकी ओर ध्यान न देकर उन्हें उपेक्षित करना है। शांत रहना सीखने की दिशा में नकारात्मक विचारों को कम गंभीरता से लेना या उनकी उपेक्षा करना आपके लिए कहीं बेहतर हो सकता है।

जब आपको कोई विचार आता है तो यह केवल एक विचार ही होता है। यह आपकी मर्जी के बिना आपको हानि नहीं पहुँचा सकता। मिसाल के लिए अगर आपको कोई अतीत से जुड़ा विचार आता है कि आपने कोई अच्छा काम नहीं किया, जिससे आपके माता-पिता को दुःख हुआ। हो सकता है कि यह सोच आपके आंतरिक संघर्ष का कारण बन जाए। आप इस विचार को अपने मन में अहमियत देते हुए खुद को यकीन दिला सकते हैं कि आपको तो अप्रसन्न होना चाहिए या फिर तय कर सकते हैं कि इस सोच को यहीं खारिज कर दिया जाए।

इसका अर्थ यह नहीं कि आपका बचपन मुश्किल नहीं था परंतु इस वर्तमान क्षण में आपके पास चुनाव है कि आपको किन विचारों पर ध्यान देना है।

यही मानसिक आयाम आपके आज के विचारों पर भी लागू होगा। ये आयाम आपके आज की शाम से जुड़े भावी विचारों पर भी लागू होगा। यही आपके आनेवाले दस वर्षों के लिए भी कारगर रहेगा। आपको हर दशा में ऐसा ही लगेगा

कि अगर आप नकारात्मक सोच को अपने से दूर कर देते हैं तो उस क्षण में आपको सकारात्मक सोच पाने में देर नहीं लगती। और इस शांत मानसिक अवस्था में, आपकी समझदारी और विवेक आपसे कहेंगे कि आपको क्या करना चाहिए। यह रणनीति अभ्यास चाहती है परंतु सध जाए तो आपका जीवन बदल देगी।

76

परिवार व मित्रों से सीखने को तैयार रहें

मुझे यह देखकर बहुत खेद होता है कि बहुत कम लोग ऐसे होते हैं जो अपने आसपास के लोगों जैसे अपने माता-पिता, साथी, बच्चे और मित्रों से कुछ सीखना चाहते हैं। मुक्त मन से कुछ ग्रहण करने के बजाए हम स्वयं को भय, लज्जा, जिद या घमंड में घेरे रखते हैं। मानो हम स्वयं से कह रहे हों, मैं जितना सीख सकता था, वह सब पहले ही सीख लिया है: अब मुझे उस व्यक्ति से कुछ नहीं सीखना।

यह बड़े खेद की बात है क्योंकि हमारे आत्मीय ही हमें अच्छी तरह जानते हैं। कई बार वे हमारे लिए ऐसे उपाय प्रस्तुत करते हैं, जो हमारे जीवन में बहुत उपयोगी हो सकते हैं।

यदि हम घमंड या जिद में आकर कुछ नहीं सीखते तो हम जीवन में सुधार लानेवाले उन अद्भुत और सरल उपाय खो देंगे।

मैं अपने परिवार और मित्रों के सुझावों के प्रति आग्रही रहता हूँ। मैं अक्सर अपने मित्रों और परिवार के सदस्यों से यहाँ तक पूछ लेता हूँ कि उन्हें मुझमें कौन सी कमियाँ दिखाई देती हैं। इस तरह वह इंसान खुद को खास समझता है और मुझे कुछ अच्छे सुझाव भी मिल जाते हैं। विकास के लिए इससे अच्छा रास्ता कोई नहीं पर कोई भी इसका प्रयोग नहीं करना चाहता। बस आपको थोड़ा सा साहस और विनम्रता चाहिए, साथ ही अपने अहं से मुक्त होने की योग्यता होनी चाहिए। यदि आपको सुझावों को उपेक्षित करने की आदत है तो यह आपके लिए और भी आवश्यक हो जाता है। आप उन्हें अपनी निंदा मानकर अपने ही परिवार के सदस्यों से विमुख हो जाते हैं। कल्पना करें कि जब आप पूरी गंभीरता से उनसे सलाह माँगेंगे तो वे कैसे अचंभित हो जाएँगे।

आप यह तय करें कि आप किस तरह के इंसान से कैसी सलाह लेना चाहेंगे जैसे मैं अपने पिता से बिजनेस में राय लेता हूँ। भले ही मुझे उनका लैक्चर भी क्यों न सुनना पड़े, वह भी मेरे काम ही आता है। उनकी सलाह अक्सर मेरे काम आती है और मुझे उसे सीखने के लिए अपना नुकसान नहीं करना पड़ता।

77
जहाँ भी हैं, प्रसन्न रहें

कितने खेद से कहना पड़ता है कि हममें से अधिकतर लोग प्राय: अपनी प्रसन्नता को अनिश्चित समय के लिए टालते रहते हैं। ऐसा नहीं कि हम जानकर ऐसा करना चाहते हैं। दरअसल हम खुद को यही दिलासा देते रहते हैं कि एक दिन हम प्रसन्न होंगे। हम प्रसन्न होंगे, जब हम अपने बिल भर देंगे, जिस दिन हम स्कूल छोड़ेंगे, जिस दिन पहली नौकरी मिलेगी, जिस दिन पदोन्नति होगी। हम खुद को यकीन दिलाते हैं कि विवाह करने से जीवन बेहतर होगा और फिर एक शिशु आने से खुशी मिलेगी, फिर एक और। तब हम कुंठित होकर बच्चों के बड़े होने की प्रतीक्षा करते हैं ताकि हमारे मन को खुशी मिल सके। हम पहले से अधिक संतुष्ट हो सकें। इसके बाद हमें अपने किशोरों से निबटना पड़ता है। जब वे इस अवस्था से बाहर होंगे तो हमें बहुत खुशी होगी। हम स्वयं से कहते हैं कि जब हमारे साथी से अच्छी निभेगी, जब नई कार मिलेगी या कहीं अवकाश पर जाएँगे, जब रिटायर होंगे या फिर कुछ खास हासिल करेंगे तो हमारा जीवन संपूर्ण होगा। और यह अंतहीन सिलसिला ऐसे ही चलता रहता है।

इस दौरान जीवन आगे बढ़ता जाता है, सच तो यह है कि प्रसन्न होने के लिए इस समय से बेहतर कोई और समय हो ही नहीं सकता। अगर अब नहीं, तो कब? अपने लिए यही स्वीकार करना बेहतर होगा कि आप अभी प्रसन्न होने का निर्णय लें। अल्फ्रेड डिसूजा के शब्दों में, लंबे समय तक तो यही लगता रहा कि मेरा जीवन आरंभ होनेवाला था - मेरा असली जीवन। परंतु हमेशा कोई न कोई बाधा आती रही। बार-बार अधूरे काम सामने आते रहे, समय कभी पूरा नहीं पड़ता था। कर्ज कभी पूरा नहीं चुकता था। मैं सोचता था कि यह सब होने के बाद जीवन आरंभ होगा। अंत में पता चला कि ये बाधाएँ ही तो मेरा जीवन थीं। इस नज़रिए ने ही मुझे जीना सिखाया कि प्रसन्नता पाने का कोई उपाय नहीं है। प्रसन्नता ही उपाय है।

78
अपनी निजी प्राथमिकताओं की सूची तैयार करें

मैं आपको पहले ही चेतावनी दे दूँ कि ये रणनीति आपको भले ही कितनी सादी लगे पर कुल मिलाकर बहुत लाभदायक होती है। आपको इसके दौरान ऐसी निजी चीज़ों को ध्यान से देखना होता है, जिन्हें आप अपने लिए बहुत महत्त्वपूर्ण मानते हों। एक बार जब आप तय कर लें कि वे क्या हैं तो उन्हें एक कागज पर लिख लें और उस सूची को एक या दो सप्ताह के लिए परे रख दें।

मिसाल के लिए, हो सकता है कि आपकी सूची कुछ इस तरह दिखती हो : १. आनंद के लिए पढ़ना २. व्यायाम करना ३. समय निकालकर स्वयंसेवक बनना ४. परिवार और मित्रों के साथ समय बिताना ५. नियमित ध्यान करना ६. प्रकृति के साथ समय बिताना ७. व्यवस्थित रहना ८. डायरी लेखन ९. कुछ नया आज़माना १०. स्वस्थ आहार ग्रहण करना ११. यात्रा करना आदि।

इसके बाद मुश्किल काम आता है : जब थोड़ा समय बीत जाए तो अपनी सूची बाहर निकालें और इसे पढ़ें। अब पूरी ईमानदारी से पिछले सप्ताह के बारे में सोचें या जब आपने वह सूची तैयार की थी। क्या आपने अपने काम करने के अलावा, उस तरह का समय बिताया? अगर आपके पिछले कुछ सप्ताह के काम, आपकी बनाई सूची के अनुसार थे, तो आपको बधाई! आप अल्पसंख्यकों में से हैं और मेरा एकमात्र सुझाव यही है कि आप अपनी इस आदत को बनाए रखें। मेरा अनुमान है कि आप जीवन में पूरी तरह से संतुष्ट होंगे और वही संतोष आपके जीवन और कार्य में भी झलकता होगा।

अगर आपको अपनी सूची देखकर एहसास होता है कि आपके काम का अधिकतर प्रतिशत तो दूसरी तरह के कामों की पूर्ति में निकल जाता है तो आपको इस पर काम करना होगा। अगर आप उन अधिकतर लोगों में से हैं जो व्यायाम नहीं करते, स्वयंसेवक नहीं बनते और अपना अधिकतर समय घर या ऑफिस का काम करते हुए ही बिताते हैं। तो आपको जानना चाहिए कि हम अक्सर ऐसे ही कामों को अहम मानते हैं, जो हमारे लिए अधिक सुविधाजनक होते हैं। दुर्भाग्य से,

जीवन अचानक ही हमें हमारे बचे हुए महत्त्वपूर्ण काम करने को समय नहीं देता। अगर हमने अपने व्यवहार और प्राथमिकताओं का संतुलन नहीं साधा तो ऐसा कभी संभव नहीं होगा।

आप देख सकते हैं कि व्यायाम करना आपके जीवन की गुणवत्ता के लिए इतना महत्त्व क्यों रखता है? जब आप व्यस्त होते हैं या कड़ा परिश्रम करते हैं, थके हुए और परेशान होते हैं तो आप आसानी से अपनी प्राथमिकताओं को उपेक्षित या विलंबित कर सकते हैं। हो सकता है कि आप अपनी दिनचर्या और व्यस्तता में इतने मग्न हो जाएँ कि आप केवल कुछ ही काम कर सकें या फिर कोई काम ही न कर सकें। तब अंदर ही अंदर आपको पता होगा कि जो काम नहीं हुए, वे आपके पोषण के लिए कितने आवश्यक थे। आप स्वयं से इस तरह की बातें करते हैं कि 'इन दिनों मैं बहुत व्यस्त चल रहा हूँ... आगे चलकर मैं इन कामों को पूरा कर लूँगा...।' पर आपको कभी उन्हें पूरा करने का समय नहीं मिलता। संतोष का यही अभाव, काम और दूसरी जगह पर कुंठा में बदल जाता है।

जब आप एक बार इस ढाँचे के प्रति सचेत होंगे तो आपके लिए बदलाव लाना आसान हो जाएगा। आप आसानी से छोटे-मोटे समायोजन कर सकेंगे। आप सोने जाने से पहले थोड़ी देर पढ़ सकते हैं, व्यायाम, ध्यान या पठन करने के लिए थोड़ा सा जल्दी उठ सकते हैं और इसी तरह ये काम पूरे होंगे। याद रखें, आपने स्वयं अपने लिए वह प्राथमिकता सूची तैयार की है। आपके पास निश्चित रूप से उन कामों को करने की शक्ति है। मैं आपको प्रोत्साहित करता हूँ कि आज ही अपनी प्राथमिकता सूची तैयार करें – यह वास्तव में एक नई शुरुआत हो सकती है।

79

याद रखें, आप वही बनते हैं जिसका आप सबसे अधिक अभ्यास करते हैं

अधिकतर ध्यानपरक और आध्यात्मिक अभ्यासों में दोहराव का अभ्यास ही बुनियादी नियम माना जाता है। दूसरे शब्दों में, आप जो भी अभ्यास करेंगे, आप वही बनेंगे। आप जीवन के कठिन दौर में आते ही घबरा जाते हैं और अपने बचाव में आलोचना के लिए लगातार प्रतिक्रिया देते हैं। बार-बार सही होने का आग्रह करते हुए, संकट को आरंभ से ही बड़ा मानने लगते हैं। जीवन को आपातकाल की तरह लेते हुए अपने जीवन को ऐसे ही अभ्यासों का प्रतिबिंब बना देते हैं। आप कुंठित होते हैं क्योंकि आपने यही करने का अभ्यास किया है।

हालाँकि आप चाहें तो अपने भीतर करूणा, धैर्य, दयालुता, विनम्रता और शांति आदि गुणों का अभ्यास कर सकते हैं। इसके लिए भी आपको अभ्यास करना होगा। यह कहना उचित ही होगा कि अभ्यास आपको संपूर्ण बनाता है इसलिए आपको अभ्यास करते समय बहुत सावधान रहना चाहिए।

आपका पूरा जीवन किसी बड़ी परियोजना के समान है जिसमें आपको स्वयं को निरंतर सुधार करना है। केवल तभी आप अपनी बाहरी और भीतरी आदतों के प्रति सजग हो सकेंगे। आप अपना समय कैसे बिताते हैं? क्या आपकी ऐसी आदतें हैं जो आपके लक्ष्यों के लिए सहायक हैं? क्या आप जो कहते हैं, वह आपके जीवन मूल्यों से मेल खाता है? स्वयं से ये और अन्य महत्त्वपूर्ण प्रश्न पूछें और पूरी ईमानदारी से उनके उत्तर दें। तभी यह तय किया जा सकेगा कि आपके लिए कौन सी रणनीतियाँ कारगर हो सकती हैं। क्या आप स्वयं से यही कहते रहते हैं कि आप अपने साथ थोड़ा और समय बिताना चाहेंगे? या मैं ध्यान लगाना सीखना चाहता था। कई लोग कार धोने या टी.वी. के शोज़ देखने में अपना समय बरबाद कर देते हैं जबकि उस समय में वे जीवन के उन पहलुओं पर काम कर सकते थे, जो उनके दिल के बेहद करीब थे। अगर आपको याद होगा कि आप जो अभ्यास करते हैं, वही बनते हैं तो हो सकता है कि आप अपने लिए अलग तरह का अभ्यास चुनने लगें।

80
मन को रखें शांत

पास्कल ने कहा है, मानवता की सारी समस्याओं की जड़ यही है कि इंसान कमरे में शांत होकर अकेला नहीं बैठ सकता। मैं यकीन से नहीं कह सकता कि मैं इतना शांत बैठ सकता हूँ या नहीं, परंतु इतना निश्चित है कि एक शांत मन ही आंतरिक शांति का आधार है। आंतरिक शांति ही बाहरी शांति के रूप में प्रकट होती है।

हालाँकि मन को शांत रखने के कई तरीके मौजूद हैं जैसे मनन, गहरी साँस लेना, विचार करना और मानसिक चित्रण करना परंतु ध्यान को सार्वभौमिक रूप से स्वीकृत किया गया है और इसका सबसे अधिक प्रयोग होता है। यदि आप दिन में पाँच से दस मिनट के लिए भी अपने मन को शांत करना सिखा सकें, तो यही स्थिरता आपके दैनिक जीवन में झलकेगी, आप चीज़ों के लिए प्रतिक्रिया देने से बचेंगे और छोटी परेशानियों को आपातकाल मानने का नज़रिया भी बदल जाएगा।

ध्यान आपको शांत रहना सिखाते हुए पूरी तरह से विश्रांत होना सिखाता है। यह आपको शांति से जीना सिखाता है।

ध्यान के अनेक रूप और पद्धतियाँ उपलब्ध हैं। हालाँकि ध्यान के लिए आपको अपने मन को रिक्त करना होगा। अक्सर शांत वातावरण में ही ध्यान किया जाता है। आप अपनी आँखें बंद कर, आती-जाती साँस पर ध्यान केंद्रित करते हैं। जब विचार आपके मन में प्रवेश करते हैं, तो आप उन्हें गुज़रने देते हैं और अपने ध्यान को फिर से साँस पर ले आते हैं। इसे बार-बार करें। समय के साथ, आप अपने ध्यान को श्वास पर केंद्रित करना सीख लेंगे और अपने भटके हुए मन को शांत कर सकेंगे।

आपको जल्द ही पता चल जाएगा कि मन को शांत करना सरल नहीं है। आप ज्यों ही इसे शांत करना चाहते हैं, यह विचारों से भर जाता है। आरंभ में कुछ क्षणों से अधिक ध्यान केंद्रित नहीं हो पाता। यदि आप प्रभावी ध्यान साधक बनना चाहते हैं तो आपको निरंतर अपने पर काम करना होगा। निरुत्साहित न हों। हर

दिन, कुछ मिनट का समय आपके लिए लाभदायक होगा। आप अपने समुदाय की ध्यान कक्षा में भी जा सकते हैं या फिर किसी किताब या ऑडियो बुक की मदद लें। मैं ऐसे बहुत से लोगों को नहीं जानता जो ध्यान किए बिना ही शांत भाव से रह सकते हैं।

81
योग अपनाएँ

ध्यान की तरह योग भी एक प्रभावशाली साधन है, जिसकी मदद से आप कहीं अधिक शांत और सहज हो सकते हैं। सदियों से योग को मन को शांत और मुक्त करने के लिए प्रयुक्त किया जाता रहा है, यह लोगों को सहजता और समत्व प्रदान करता है। इसे प्रतिदिन कुछ मिनट आसानी से कर सकते हैं। इसे किसी भी आयु या फिटनेस के लोग कर सकते हैं। मैंने एक बार योग कक्षा में भाग लिया था जिसमें सत्तर वर्ष की आयु के व्यक्ति के साथ दस वर्षीय बालक भी उपस्थित था। योग में कोई प्रतिस्पर्धा नहीं है। आप अपनी गति और सुविधा के अनुसार अभ्यास और प्रगति करते हैं।

हालाँकि योग शारीरिक रूप से होता है परंतु इससे शारीरिक के अलावा मानसिक लाभ भी होते हैं। शारीरिक रूप से यह मांसपेशियों, रीढ की हड्डी आदि की लचीलता और मजबूती बढ़ाता है। भावात्मक रूप से, योग आपको सहजता और शांति प्रदान करता है।

योगाभ्यास करते हुए कई सरल और जटिल योगासन किए जाते हैं। इन्हें शरीर की आवश्यकता के अनुरूप ही सुझाया जाता है। जिनसे गर्दन, पीठ, नितंबों, टाँगों और मेरुदंड में खिंचाव आता है। जब आप योगाभ्यास करते हैं तो उस समय आप अपने आसन पर ही पूरी तरह से ध्यान केंद्रित करते हैं।

योग के प्रभाव वाकई चमत्कारी हैं। केवल कुछ ही मिनटों में आप जीवंत और मुक्त अनुभव करते हैं। शांत और सहज हो जाते हैं। मन स्पष्ट रूप से सोचने लगता है। आपका पूरा दिन सरल और केंद्रित रहता है। मेरा मानना था कि मैं योगाभ्यास करने का समय नहीं निकाल सकता था। परंतु अब पूरा यकीन है कि इसका विपरीत ही सत्य है। योग करने के लिए मेरे पास समय ही समय है। यह मुझे युवा और ऊर्जान्वित बनाता है। यह परिवार और मित्रों के साथ शांत और अच्छा समय बिताने का साधन भी है। एक साथ टी.वी. देखने के बजाए मैं अपनी दोनों पुत्रियों के साथ अक्सर योग वीडियो चला लेता हूँ और कुछ मिनटों तक हम योगाभ्यास करते हैं।

ध्यान की तरह आपको किसी समुदाय, हेल्थ क्लब या वाईएमसीए में योगाभ्यास के लिए भी कक्षा मिल सकती है। अगर आप पुस्तक लेना चाहें तो मुझे रिचर्ड हिटलमैन की ट्वेंटी-एट डेज़ एक्सरसाइज़ प्लान पसंद है। इसके अलावा कई वीडियो उपलब्ध हैं या आप योग जर्नल नामक पत्रिका की मदद भी ले सकते हैं।

82
सेवा को जीवन का अभिन्न अंग माने

अधिक स्नेही और दयालु बनने के लिए आपको कदम उठाना होगा।

हालाँकि इसके लिए आपको निश्चित रूप से कुछ नहीं करना, इसका कोई तयशुदा फार्मूला नहीं है। दयालुता और उदारता से भरे काम अक्सर सहज होते हैं, आदमी की सोच में सेवा और कुछ देने की भावना होती है।

अनेक दार्शनिकों और गुरुओं से मैंने यही सीखा है कि मैं अपने दिन का आरंभ स्वयं से यह प्रश्न पूछते हुए करूँ कि 'मैं किसी के काम कैसे आ सकता हूँ?' इस तरह मुझे ऐसे अनेक उपाय याद आ जाते हैं, जिससे मैं दूसरों की मदद कर सकता हूँ। जब मैं यह सवाल करने का समय निकालता हूँ तो सारा दिन उत्तर मेरे सामने आते रहते हैं।

यदि आपका लक्ष्य भी यही है कि आप दूसरों के लिए सहायक हों तो आपको ऐसा करने के लिए बहुत से अवसर मिलेंगे। आपके पास सेवा करने के अंतहीन अवसर हैं। कई बार किसी मित्र या अनजान को अपने घर में आसरा देना, गाड़ी में किसी बड़े को अपनी सीट देना, किसी छोटे को सड़क पार करवाना, किसी दल से बात करना, किताब लिखना, बेटी को स्कूल में मदद करना, दान के लिए चैक लिखना या सड़क से कचरा उठाना भी इसी श्रेणी में आता है। मेरा यही मानना है कि हमें केवल एक बार किसी की सेवा नहीं करनी। दूसरों की सेवा करके यह भी नहीं सोचना कि वे आपके लिए कुछ क्यों नहीं करते। आपके जीवन में सेवा हमेशा बना रहनेवाला भाव होना चाहिए। अगर कहीं कचरा दिखे तो अपनी बारी न होने पर भी सफाई कर दें। अगर कोई परेशान हो तो हो सकता है कि उसे आपके आलिंगन या स्पर्श की ज़रूरत हो। उनकी बात सुनें। अपनी ओर से जरूरतमंद की यथासंभव मदद करें।

मैंने यही सीखा है कि अगर हमारे मन में सेवा का भाव होगा तो हम सारा दिन छोटे-छोटे कामों से भी दूसरों की मदद कर सकते हैं। अपने परिवार, मित्रों और अनजान लोगों की बात सुनना भी मदद है। मुझे पता है कि अभी मुझे

निःस्वार्थ बनना सीखने के लिए लंबी यात्रा करनी है। हालाँकि मुझे यह भी पता है कि सेवा को जीवन का अभिन्न अंग बनाने से मेरा जीवन और भी सुंदर हुआ है। किसी को कुछ देना ही अपने आपमें पुरस्कार है। दरअसल आप जो देते हैं, उसके ही अनुपात में वापस पाते हैं। जब आप अपने अनूठे तरीकों से और अधिक देंगे तो कहीं अधिक शांति का अनुभव पा सकेंगे। हर किसी की जीत होगी, विशेष तौर पर आपकी!

83
किसी की मदद करें पर बदले में कुछ न चाहें

आप इस रणनीति की मदद से अपने जीवन में सेवा को एक अभिन्न अंग की तरह शामिल कर सकते हैं। यह आपको सिखाएगी कि जब आप बिना किसी अपेक्षा के, किसी दूसरे की मदद करते हैं तो इससे आपका जीवन कितना सुखी हो जाता है।

अक्सर लोग जाने-अनजाने दूसरों से कुछ पाने की अपेक्षा रखते हैं, दूसरों के लिए कुछ करने के बाद उनसे कुछ पाना चाहते हैं – 'मैंने बाथरूम साफ किया है, तो उसे रसोई साफ करनी चाहिए।' 'पिछले सप्ताह मैंने उसका बच्चा संभाला, इस सप्ताह उसे मेरे बच्चे को संभालना चाहिए।' इस तरह हम अपने अच्छे कामों की बोली लगाकर उनकी कीमत को कम कर देते हैं। जब आप किसी के लिए कुछ करें और केवल करने का ही आनंद लें तो आप सहज और शांत अनुभव करेंगे।

जिस तरह कुछ व्यायाम करने से आपके मस्तिष्क में एंडोरफिन का स्राव होता है और आप शारीरिक रूप से बेहतर महसूस करते हैं, उसी तरह आपकी दयालुता और स्नेह भी भावात्मक प्रेरणा बनते हैं। आपको कुछ अच्छा करने के बाद एक धन्यवाद पाने की भी अपेक्षा नहीं होनी चाहिए। दरअसल, आपको उस व्यक्ति को बताने की भी ज़रूरत नहीं कि आपने उसके लिए कुछ किया है।

जब हम बदले में कुछ पाने की अपेक्षा रखते हैं, तो हमारी शांत भावना में हस्तक्षेप आता है। हमारे अपने ही विचार हमारे दिमाग को अस्त-व्यस्त कर देते हैं और हम यही सोचने लगते हैं कि हमें बदले में क्या मिलेगा। जब आपके मन में ऐसे विचार नहीं होंगे तो आपके सकारात्मक भाव स्वयं ही वापस आ जाएँगे।

अगर आप वास्तव में किसी के लिए कुछ करते हैं और बदले में कुछ नहीं चाहते – चाहे आपके साथी के लिए गैराज की सफाई हो या मेज लगाना, पड़ोसी के लॉन की छंटाई करना हो या काम से जल्दी घर आकर घर और बच्चे संभालना। जब आप अपना काम कर लें तो देखें कि आपके मन को बिना किसी अपेक्षा के मदद करने में कितना सुकून मिल रहा है। यदि आप यह अभ्यास कर सकें तो ये भावनाएँ भी अपने आपमें किसी पुरस्कार से कम नहीं हैं।

84
प्रभावी रूप से सुनने की कला को तनाव घटाने का साधन मानें

मैंने अपनी पिछली अधिकतर किताबों में सुनने की कला के विभिन्न पहलुओं के बारे में चर्चा की है। मैं बार-बार सुनने की कला पर जोर इसलिए देता हूँ क्योंकि मेरे हिसाब से जीवन के सभी पहलुओं में यह सफलता प्राप्त करने का महत्वपूर्ण विषय है- निजी व व्यावसायिक स्तर पर। यदि सुनने की कला को थोड़ा विकसित कर लिया जाए तो यह मधुर संबंधों, बढ़ते प्रदर्शन तथा तनाव कम करने के रूप में बहुत अधिक लाभ पहुँचा सकती है।

काम के दौरान अपनी सुनने की कला पर ध्यान दें। क्या आप अपने सहकर्मियों की बात वास्तव में सुनते हैं? क्या आप अपनी बारी आने से पहले उनकी बात पूरी तरह सुनते हैं? क्या आप कभी-कभी दूसरों के लिए अपनी बात जल्दी समाप्त कर देते हैं? क्या आप मीटिंग्स में सहनशील व उत्तरदायी व्यक्ति की भूमिका निभाते हैं या असहनशील व प्रतिक्रियाशील व्यक्ति की? क्या आप दूसरों द्वारा कहे गए शब्दों पर ध्यान देते हैं या आप जानते हैं कि वह क्या कहना चाहता है? यह अपने आपसे पूछें और ऐसा करने से उत्पन्न सवाल आपकी मदद कर सकते हैं। मैंने जितने लोगों से पूछा, अधिकतर लोगों की सुनने की कला में थोड़े सुधार की ज़रूरत है।

असरदार तरीके से सुनने की शक्ति द्वारा तनाव कम करने के कई कारण हैं। सबसे पहला, जो लोग ध्यान से सुनते हैं, वे उच्च स्तर के आदरणीय तथा लोकप्रिय होते हैं। सही मायने में सुननेवाले लोग बहुत कम होते हैं, जैसे वे लोग जिनके आप करीब हों और बेहतर महसूस करें। असरदार तरीके से सुननेवाले लोग जनता द्वारा पसंद किए जाते हैं, वे ज्यादा तनावभरे कार्यों जैसे - पीठ पीछे बातें करना, नाराजगी, गड़बड़ी और सभी बुरे कार्यों से बचने का प्रयास करते हैं। अच्छा सुननेवाले लोगों को आसानी से आसपास महसूस किया जा सकता है इसलिए शांत रहकर, आप उन तक पहुँच सकते हैं और उनकी मदद कर सकते हैं। और फिर, आप जब बेहतर श्रोता बन जाते हैं, तो आपके आसपास भी ऐसे लोगों का दायरा बन जाता है, जो आपको सहायता प्रदान कर सकते हैं। लोग अच्छे श्रोताओं के

प्रति वफादार होते हैं क्योंकि वे उनके सवालों की प्रतिक्रिया देते हैं व उनका आदर करते हैं।

असरदार तरीके से सुनने की कला आपकी इस बात में मदद करती है कि लोग पहली बार आपसे क्या कहना चाहते हैं, जिससे आप अनेक गलतियाँ और गलत अनुमान लगाने से बच जाते हैं, जैसा कि आप जानते हैं जो बेहद तनावपूर्ण हो सकता है। अगर आप लोगों से पूछें कि ऐसा क्या है जो उन्हें निराश करता है और क्रोध आता है, तो अधिकतर आपसे यही कहेंगे कि मेरी बात कोई नहीं सुनता, यह उनका सबसे पहला वाक्य होगा। इसलिए, दूसरे क्या कहते हैं, उसे ध्यान से सुनें जिससे आपको पारस्परिक संघर्ष करने में मदद मिलेगी। अंतत: असरदार तरीके से सुनना आपके समय की बचत करता है क्योंकि यह लापरवाही से की जानेवाली गलतियों को रोकने में मदद करता है। दूसरों द्वारा दी गई हिदायतें और विचार आपको लिए बहुत ही सरल बना देते हैं, जिससे आप बेवजह और समय व्यर्थ करनेवाली गलतियाँ करने से बच जाते हैं।

यह उन योजनाओं में एक प्रभावशाली चरण हो सकता है, जिससे आप तुरंत और सार्थक नतीजे प्राप्त कर सकते हैं। आपको इसके लिए थोड़ा अधिक कार्य करना होगा लेकिन अगर आप ऐसा करते हैं तो यह आपके लिए फायदे का सौदा होगा। आप जिन लोगों के बीच रहकर काम कर रहे हैं, उन्हें यह बात कहने से कोई नहीं रोक सकता कि आप सबसे अलग तरीके से काम कर रहे हैं, लेकिन जब वे आपके आसपास होंगे या आपसे बात करेंगे तो कुछ अलग महसूस करेंगे। लोगों द्वारा पसंद किए जाने और सराहे जाने के साथ, आप स्वयं को भी शांत और स्थित महसूस करेंगे।

85
अपनी समस्याओं को संभावित शिक्षक जानें

अधिकतर लोग सहमत होंगे कि जीवन में समस्याओं को ही तनाव की सबसे बड़ी वजह माना जाता है। काफी हद तक यह सच भी है। हालाँकि इसका और अधिक सटीक आकलन यह होगा कि हम कितना अधिक तनाव महसूस करेंगे? इसका संबंध समस्या के बजाए, समस्या से हमारे संबंध पर निर्भर करता है। दूसरे शब्दों में, हम अपनी समस्याओं को कितनी बड़ी समस्या बना देते हैं? हम उन्हें एमरजेंसी मानते हैं या संभावित शिक्षक मानते हैं?

समस्याएँ कई आकारों, आकृतियों और गंभीरता के अलग-अलग स्तरों में आती हैं परंतु इनमें एक बात आम होती है : ये हमें कुछ ऐसा देती हैं, जो सबसे अलग है और हम उसे पाना चाहते थे। हम अपनी समस्याओं से जितना अधिक जूझते हैं, उन्हें अपने से जितना दूर करना चाहते हैं, वे उतना अधिक बदतर होकर तनाव का कारण बनती हैं। लेकिन सत्य हमेशा इसके विपरीत होता है। जब हम समस्याओं को जीवन के अनिवार्य अंग के रूप में देखते हैं, उन्हें संभावित शिक्षक मानते हैं तो ऐसा लगता है कि किसी ने कंधों पर रखा बोझ उतार दिया हो।

किसी ऐसी समस्या के बारे में सोचें, जिससे आप कुछ समय से जूझ रहे थे। आप अब तक इससे कैसे निपटते आए हैं? यदि आपने इसका मानसिक पूर्वाभ्यास किया, विश्लेषण किया पर कोई हल नहीं मिला तो ये संघर्ष आपको किस जगह लाया है। हो सकता है कि आप पहले से कहीं अधिक तनावग्रस्त हुए हों।

अब उसी समस्या को नए नज़रिए से देखें। समस्या को परे धकेलने के बजाए उसे अपना लें। मानसिक रूप से उसे अपने दिल के करीब जानें। स्वयं से पूछें यह समस्या आपको कौन से कीमती सबक दे सकती है? क्या आपको अधिक सावधान और धैर्यवान बनने को कह रही है? क्या इसका आपके लालच, ईर्ष्या या लापरवाही से लेना-देना है?

इस समस्या किसी ऐसे शक्तिशाली भाव से संबंध है? आप किन समस्याओं से जूझ रहे हों? अवसर तो यही होता है कि शायद आपको इनसे कुछ सीखने का

मौका मिल रहा है। जब आप अपनी समस्याओं को इस नज़रिए से देखते हैं तो वे बंद मुट्ठी से खुली मुट्ठी में बदलने लगती हैं। इस रणनीति पर विचार करेंगे तो आप सहमत होंगे कि सारी समस्याओं को एमरजेंसी नहीं माना जा सकता। और अक्सर, जब हम वह सीख लेते हैं, जो वह हमें सिखाना चाहती है तो समस्या स्वयं ही दूर होने लगती है।

86
न जानने में सुख है

एक बार किसी गाँव में एक सयाना इंसान रहता था। सभी लोग मानते थे कि उसके पास सारे प्रश्नों और परेशानियों का हल था।

एक दिन, एक किसान उस सयाने के पास गया और कहा, 'मेरी मदद करो, मेरे साथ भयंकर घटना हो गई। मेरा बैल मारा गया और खेत जोतने के लिए कोई जानवर नहीं है। क्या इससे भी कुछ बुरा हो सकता था?' सयाने ने जवाब दिया, 'हो भी सकता था, नहीं भी हो सकता था।' उस आदमी ने घर आकर पड़ोसियों से कहा कि 'सयाना पागल हो गया है। भला इससे बुरा क्या हो सकता है। वह इसे देख क्यों नहीं पा रहा?'

अगले ही दिन उस आदमी को अपने खेत के पास एक मजबूत जवान घोड़ा दिखाई दिया। उसे उपाय सूझा कि क्यों न बैल के बजाए घोड़े को ही खेत में जोत लिया जाए। वह मारे खुशी के फूला नहीं समाया। खेत का काम निपटाकर वह सयाने इंसान के पास गया और उससे कहा कि वह सही था। वास्तव में बैल का मरना तो शुभ था, इस तरह उसे हल जोतने के लिए घोड़ा मिल गया। इससे अच्छा तो कुछ हो ही नहीं सकता था। सयाने ने यह सुनकर फिर से जवाब दिया, 'हो सकता है, नहीं भी हो सकता।' किसान इस बार भी उसके जवाब से सहमत नहीं था। उसे यकीन हो गया कि सयाना इंसान पागल हो गया है।

पर एक बार फिर, किसान को क्या पता था कि उसके साथ क्या होनेवाला था।

कुछ दिन बाद, किसान का बेटा घोड़े पर सवारी करते हुए गिर गया। उसकी पैर टूट गया और वह काम करने के लायक नहीं रहा। किसान परेशान हो गया। वह एक बार फिर वह उस सयाने के पास गया और कहा कि उसे कैसे पता चला कि घोड़े से गिरकर बेटे को चोट आनेवाली थी?

'आपने ठीक कहा था। मेरा बेटा घायल हो गया। वह फसल के लिए मेरी मदद नहीं कर सकता। मेरे साथ इससे ज्यादा बुरा नहीं हो सकता। आपको भी इससे

सहमत होना ही होगा।' परंतु समझदार आदमी ने उसे शांत भाव से देखा और फिर उसी लहज़े में कहा, 'यह हो भी सकता है, नहीं भी हो सकता।' किसान उसके पागलपन से खीझकर अपने घर वापस आ गया।

अगले ही दिन राजा के सिपाही आ गए। वे हर घर से लड़ाई लड़ने लायक नौजवान को ले जा रहे थे। किसान का बेटा चल नहीं पा रहा था इसलिए वे उसे छोड़ गए। युद्ध में सबके मरने की संभावना थी पर किसान का बेटा जीवित रहता।

इस कहानी से हमें शक्तिशाली संदेश मिलता है। सच तो यही है कि हम नहीं जानते कि हमारे साथ क्या होनेवाला है – बस हमें लगता है कि हम जानते हैं। अक्सर किसी भी बात का बतंगड़ बना देते हैं। अपने दिमाग में आनेवाली भयंकर घटनाओं की तस्वीरें बना लेते हैं। उनमें से अधिकतर गलत होती हैं। यदि हम शांत रहें और संभावनाओं के लिए मुक्त रहें तो अंतत सब ठीक होगा। याद रखें, 'यह हो भी सकता है, यह नहीं भी हो सकता।'

87
अपने अस्तित्व की संपूर्णता को मान दें

ज़ोरबा द ग्रीक खुद को तबाही मानता था। वास्तव में हम सब भी तो यही चाहते हैं कि हम ऐसे न हों। हम अपने उन हिस्सों को स्वीकार नहीं करना चाहते, जो हमें यकीन दिलाते हैं कि हम संपूर्ण नहीं हैं।

आपको अपने सभी पहलुओं को स्वीकार करना चाहिए, उसकी एक वजह यह है कि इस तरह आप अपने लिए और अधिक करुणामय हो सकते हैं। जब आप असुरक्षित महसूस करें तो झूठा दिखावा करने के बजाए यह मानें कि आप भयभीत हैं और इसमें कुछ बुरा नहीं है। यदि आप जलन, लालच या गुस्सा महसूस करें तो इन भावनाओं को छिपाने या दबाने के बजाए उनके प्रति मुक्त हों, इस तरह उनसे छूटने में आसानी होगी और आप उनसे पार हो सकेंगे। जब आप अपनी नकारात्मक भावनाओं को बड़ा नहीं मानते या फिर मारे भय के कोई काम नहीं करते और अपने जीवन को संपूर्ण दिखाने का दिखावा नहीं करते या ऐसा करने की उम्मीद भी नहीं करते, स्वयं को उसी तरह स्वीकार करते हैं, जैसे आप हैं तो सब सही हो जाता है।

जब आप अपने कम संपूर्ण पक्षों को भी स्वीकार करते हैं तो कुछ जादुई घटने लगता है। नकारात्मकता के साथ-साथ आप सकारात्मकता को भी देखने लगते हैं। आपको अपने अस्तित्व के ऐसे शानदार पक्ष भी दिखने लगते हैं, जिन पर शायद आपने आज तक ध्यान नहीं दिया था। आप देखेंगे कि कई बार आपके मन में स्वार्थ होगा, कई बार आप निःस्वार्थ भाव से काम करेंगे। कई बार आप डरे हुए और असुरक्षित होंगे या कई बार आप साहस से काम लेंगे।

आपको अपने अस्तित्व को ज्यों का त्यों स्वीकार करना है, जिसका अर्थ होगा, 'भले ही मैं संपूर्ण नहीं हूँ, पर जो भी हूँ उससे ही प्रसन्न हूँ।' जब भी नकारात्मकता हावी हो तो उसे तस्वीर का बड़ा रुख समझकर अपना लें। उसके साथ-साथ अपनी परख न करें क्योंकि आप इंसान हैं। यह देखें कि क्या आप अपने साथ स्नेह और दयालुता से पेश आ सकते हैं। आप भले ही तबाही का सामान ही क्यों न हों, पर आपको परेशान नहीं होना है क्योंकि हम सभी ऐसे ही तो हैं।

88
अपने साथ थोड़ा नरमाई से पेश आएँ

इस पुस्तक की हर रणनीति इसलिए ही बनाई गई है कि यह आपको शांत, सहज और स्नेही बनने में सहायक हो सके। हालाँकि इस पहेली का यह हिस्सा याद रखना बहुत महत्त्व रखता है कि आपको सदा शांत रहना है और यह चिंता नहीं करनी कि आप कैसा काम कर रहे हैं। रणनीतियों का अभ्यास करते हुए, उन्हें दिमाग में रखें और उनके संपूर्ण होने की चिंता न करें। अपने साथ नरमाई से पेश आएँ। कई बार आपको लगेगा कि आप हार रहे हैं। आप स्वयं को निराश, कुंठित और परेशान महसूस करेंगे। जब भी ऐसा हो तो कोई बात नहीं। जीवन एक प्रक्रिया है, जिसमें एक के बाद एक सिलसिला चलता रहता है। जब भी हार हो जाए तो नए सिरे से आरंभ करें।

जब लोग आंतरिक रूप से शांत होना अनुभव करते हैं तो वे अक्सर एक भूल करते हैं, वे थोड़ी सी भी असफलता से हार जाते हैं। आपको अपनी भूलों को कुछ सीखने के अवसर के रूप में लेना चाहिए। ऐसे हालात में स्वयं से कहें, 'ओह, मैं फिर से हार गया। अगली बार अपनी पहल अलग रखूँगा।' इस तरह जीवन की प्रतिक्रियाओं के लिए आपको भारी बदलाव दिखेगा, परंतु यह सब अचानक नहीं होता।

मैंने एक बार प्रस्तावित पुस्तक शीर्षक के बारे में सुना था, जिसका सार था : 'मैं ठीक नहीं, तुम ठीक नहीं और यह पूरी तरह से ठीक है।' स्वयं को थोड़ा ब्रेक दें। कोई भी अपना सौ प्रतिशत नहीं दे सकता। बस आपको अपनी ओर से बेहतर करते हुए सही दिशा में आगे जाना है। जब आप अपने नज़रिए को इस तरह रखना सीख लेते हैं, अपने प्रति स्नेही बने रहते हैं तो आपको प्रसन्नचित्त होने और प्रसन्न जीवन जीने से कोई नहीं रोक सकता।

89
दूसरों को दोष देना बंद करें

जब कोई हमारी अपेक्षा पर पूरा नहीं उतरता, तो हम इसी सोच के साथ काम करते हैं, 'जब कोई संदेह हो तो यह किसी दूसरे की भूल होगी।' आप अपने आसपास हर चीज़ में इसी सोच का असर देख सकते हैं। कार सही तरह से काम नहीं कर रही तो मैकेनिक का ही दोष है। आपके खर्च ज्यादा हो रहे हैं, यह आपके साथी के कारण हो रहा है। घर में बदहाली है, बस आप ही उसे व्यवस्थित रखते हैं। परियोजना समय से पूरी नहीं हो रही, आपके सहयोगी काम पर ध्यान नहीं दे रहे और इस तरह दूसरों को दोष देने का सिलसिला जारी रहता है।

इस तरह के दोषारोपण की सोच हमारी संस्कृति में आम है। निजी रूप से, हम मानते हैं कि हम अपने कामों के लिए स्वयं उत्तरदायी नहीं होते। सामाजिक स्तर पर हम कई तरह के मुकदमों में उलझ जाते हैं। जब हमें दूसरों को दोष देने की आदत होती है तो हम अपने गुस्से, कुंठा, अवसाद, तनाव और अप्रसन्नता के लिए भी दूसरों को दोषी मानते हैं।

निजी प्रसन्नता को पाने के लिए, आप हर समय दूसरों को दोष नहीं दे सकते। बेशक कई बार दूसरे लोग या हालात हमारी समस्याओं का कारण होते हैं। परंतु हमें उस समय आगे आकर अपनी प्रसन्नता की जिम्मेदारी लेनी चाहिए। हालात किसी इंसान को नहीं बनाते, वे उसे प्रकट करते हैं।

एक प्रयोग के तौर पर देखें कि जब आप अपने जीवन में हर चीज़ के लिए दूसरों को दोष देना बंद कर देते हैं तो क्या होता है? इसका अर्थ यह नहीं कि आप लोगों को उनके कामों के लिए जवावदेह न ठहराएँ, बस आपको अपनी खुशी के लिए स्वयं को जिम्मेदार मानना है और अपने आसपास के हालात और लोगों को दोष नहीं देना है। जब घर बिखरा हो तो अपनी ओर से आगे आकर उसे समेटें। जब भी बजट ज्यादा हो जाए तो खर्च कम करें। जब भी मन उदास हो तो स्वयं को याद दिला दें कि आप ही स्वयं को प्रसन्न कर सकते हैं।

दूसरों को दोष देने से आपकी मानसिक ऊर्जा का क्षय होता है। इस तरह

आप तनाव और रोग की ओर खिंचते चले जाते हैं।

दूसरों को दोष देने से आप अशक्त होते हैं क्योंकि आपकी प्रसन्नता का दूसरों के काम या व्यवहार से लेन-देन नहीं है। दूसरों को दोष देना बंद करते ही आपकी निजी ताकत वापस आने लगती है। आप स्वयं अपने चुनाव करने लगते हैं। आपको पता चल जाता है कि जब भी मन उदास होगा तो आप स्वयं अपने लिए कोई प्रबंध कर लेंगे। आप अपने लिए सकारात्मक भावनाओं कों पैदा कर सकेंगे। जीवन को और अधिक सुंदर बनाना हो तो दूसरों को दोष देना बंद करें। आज़माकर देखें कि क्या होता है।

90

यह सूत्र याद रखें, 'दूसरों के साथ भलाई से पेश आकर उन्हें दोस्त बना सकते हैं'

जब मैं किसी व्यक्ति को दूसरों को तंग करते, बुरी तरह झल्लाते हुए या भयभीत करते, किसी को नीचा दिखाते या नीचतापूर्ण काम करते या षड्यंत्र रचते हुए देखता हूँ, तो मैं उन्हें याद दिलाने की कोशिश करता हूँ कि कभी न कभी आपको भी इसका शिकार होना पड़ेगा। साधारण शब्दों में आपको इसकी अच्छी कीमत चुकानी पड़ेगी! यकीनन, कोई समय ऐसा आएगा जब आपको भी कोई नीचा दिखाएगा या भयभीत करेगा। लेकिन मुझे यकीन है कि जब कोई ऐसा रवैया अपनाता है तो वह आपको परेशान करता है।

जब आप एक विनम्र, सबके प्रिय और शांत व्यक्ति हैं - जब आप एक सादगी भरे और अच्छे श्रोता और सबका भला सोचनेवाले व्यक्ति हैं - तो आपका व्यक्तित्व सबको दिखाई देता है। इसका नतीजा यह होता है कि आपके इर्द-गिर्द आपसे प्रेम करनेवाले लोग होते हैं और आपकी उपस्थिति उन्हें सुकून व विश्वास का अहसास कराती है। वे आपका पक्ष लेते हैं, अपनी सफलता के सीक्रेट आपसे शेयर करते हैं और जहाँ तक हो सके आपका सहयोग करना चाहते हैं। बहुत साधारण सी बात है, वे आपकी सफलता से आनंदित होते हैं। जब आप दूसरों के प्रति विनम्र होते हैं, लोग आपकी ओर खिंचे चले आते हैं जैसे शहद की ओर मधुमक्खियाँ। आप जब कोई गलती करते हैं तो वे शीघ्र ही आपको क्षमा कर देते हैं और आपको किसी प्रकार के शक के दायरे में नहीं रखते। वे आपकी पीठ पीछे हमेशा सकारात्मक व जोशीली बातें करते हैं। इससे आपकी छवि मशहूर हो जाती है।

दुर्भाग्यवश, इसके विपरीत भी एक सच्चाई है। जब आप कठोर और अधिक उग्र हैं, तो आपकी सकारात्मक आदतों को अक्सर नजरअंदाज किया जाता है, महत्त्व नहीं दिया जाता या भुला दिया जाता है। इसके साथ ही, आप अपने विरोधी स्वभाव व कठोर रवैये के कारण स्वयं के लिए भारी तनाव का कारण बनते हैं। यदि आप अधिक महत्वाकांक्षी होते हैं, तो वास्तव में आप लोगों को अपने से दूर कर रहे होते हैं। लेकिन जब आप विनम्रता का आचरण अपनाते हैं, लोग आपकी

ऊर्जा व ईमानदारी से खिंचे चले आते हैं।

एक आधार रेखा ज़रूरी होती है और हमेशा इसका ध्यान रखना चाहिए। मैं अक्सर व्यावसायिक फैसले कीमत, गुणवत्ता या मुझे कितना लाभ होगा, इनके आधार पर नहीं बल्कि इसके आधार पर लेता हूँ कि मैं जिसके साथ काम करने जा रहा हूँ उसका व्यवहार कैसा है। मैंने हमेशा महसूस किया है कि जब कभी मैं अपने हृदय की बात सुनता हूँ और अच्छे लोगों को अपने आसपास महसूस करता हूँ, मेरा अनुभव स्वयं ही सकारात्मक हो जाता है। जो लोग मुझे पसंद करते हैं, उनके बीच रहने से मैं एक उच्च प्रतिष्ठा प्राप्त कर सकता हूँ और मेरे व्यावसायिक निर्णय व संबंध मजबूत बनेंगे और मेरी सफलता बढ़ेगी। इसलिए मेरी अधिकतर कल्पनाएँ सही होती हैं।

मेरा मानना है कि अगर आप स्वयं को विनम्र व्यक्ति समझते हैं तो आपको सभी के साथ दोस्ताना व्यवहार अपनाना चाहिए। हममें से अधिकतर लोगों को लंबी दूरी तय करनी है। हो सकता है कि मैं ठीक काम कर रहा हूँ, लेकिन यदि मैं अपने घर में या ऑफिस में किसी को नीचा दिखा रहा हूँ, दूसरों पर दोष लगा रहा हूँ या किसी भी तरह से उनके साथ चालाकी कर रहा हूँ, तो समझें कि आप ठीक काम नहीं कर रहें। जब हम वास्तविक जीवन में विनम्रता और शांत भाव की आवश्यकता के बारे में सोचते हैं, तो हम ऐसे हो जाते हैं। मुझे यकीन है कि इस सहज ज्ञान में अधिकतर लोग जानते हैं कि आप शहद के प्रयोग से अधिक मधुमक्खियाँ पकड़ सकते हैं। फिर भी, मेरा मानना है कि यह हमारे लिए एक अच्छा सबक है।

91
सुबह जल्दी उठें

मैंने पाया है कि यह सरल और व्यावहारिक रणनीति कई लोगों के जीवन को शांत और सार्थक बनाने में सहायक रही है।

कई लोग उतावली में उठकर कॉफी लेते हैं और अपने रोज के कामों में जुट जाते हैं। सारा दिन काम करने के बाद थके हुए वापस आते हैं। घर में रहकर बच्चों को संभालनेवाले लोगों के साथ भी ऐसा ही होता है। उन्हें सोकर उठते ही बच्चों के सारे काम करने होते हैं। इस तरह किसी और काम के लिए समय नहीं रहता। चाहे आप काम करें या परिवार की देख-रेख करें, आप इतना थक जाते हैं कि किसी और चीज़ का आनंद लेने के लिए समय ही नहीं रहता। इस थकान का समाधान अक्सर यही होता है, 'बेहतर होगा कि मैं थोड़ी नींद ले लूँ।' तो आप खाली समय मिलते ही सोने चले जाते हैं। कई लोगों के दिल में यह हूक बनी रहती है कि काश उनके पास बच्चे, काम और नींद के अलावा थोड़ा समय शेष रहता।

अपनी थकान को देखने का एक और तरीका यह हो सकता है कि आप देखें कि आपको संतुष्टि का एहसास नहीं हो रहा। इसका आपकी कम नींद से संबंध नहीं है, आप भीतर से संतोष अनुभव नहीं कर रहें इसलिए थकान महसूस होती है।

अपने लिए एक या दो घंटों का समय अलग से रखें - अगर सुबह के समय ऐसा कर सकें तो बेहतर होगा। यह आपके जीवन में सुधार लाने का अभूतपूर्व उपाय हो सकता है। मैं प्राय: सुबह तीन से चार के बीच उठ जाता हूँ। एक कप कॉफी लेने के बाद योग करता हूँ और कुछ मिनट तक ध्यान करता हूँ। इसके बाद, ऊपर जाकर थोड़ी देर लेखन करता हूँ। इस दौरान किसी मनपसंद किताब को भी थोड़ी देर पढ़ता हूँ। कई बार कुछ न करते हुए बस बैठा रहता हूँ।

अक्सर काम करना बंद कर, पहाड़ों के बीच दिख रहे सूर्योदय को देखने लगता हूँ। कोई फोन नहीं बजता, कोई मुझसे दूसरा काम करने को नहीं कहता और उस समय कोई काम नहीं होता। वह मेरे लिए दिन का सबसे शांत समय होता है।

जब तक मेरी पत्नी और बच्चे सोकर उठते हैं तो ऐसा लगता है कि मैं पूरा दिन आनंद के बीच बिता चुका हूँ। भले ही मैं दिन में कितना भी व्यस्त क्यों न रहूँ, मैं कभी भी परेशान नहीं होता या ऐसा नहीं लगता कि मेरे जीवन पर मेरा बस नहीं रहा। मेरा मानना है कि इस तरह मैं अपनी पत्नी, बच्चों, काम के दौरान ग्राहकों और मुझ पर आश्रित अन्य लोगों के लिए बेहतर समय निकाल सकता हूँ।

मुझे कई लोगों ने बताया है कि सुबह की दिनचर्या में केवल यह एक बदलाव लाने से उनके जीवन में भारी बदलाव आया है। पहली बार वे उन कामों में भाग लेने योग्य हुए हैं, जिनके लिए उनके पास समय नहीं रहता था। अचानक ही किताबें पढ़ने लगे, ध्यान करने लगे और सूर्योदय को सराहने लगे हैं।

आपको जो संतोष अनुभव होगा, वह आपकी नींद के उन घंटों पर भारी होगा। यदि हो सके तो रात को टी.वी. कम देखें ताकि आपकी नींद की कमी पूरी हो सके।

92
जब मदद करें तो छोटी बातों पर केंद्रित हों

मदर टेरेसा ने एक बार कहा था, 'हम इस धरती पर महान काम नहीं कर सकते। हम केवल छोटे कामों को स्नेह से कर सकते हैं।' कई बार हमारी महान योजनाओं के कारण ही हमारे जीवन में छोटे कामों को करने में बाधा आने लगती है। मेरे एक मित्र ने एक बार कहा था, 'मैं अपने जीवन को सेवा में लगाना चाहता हूँ पर अब तक कुछ नहीं कर सका। एक दिन जब मैं सफल हो जाऊँगा तो दूसरों के लिए बहुत कुछ करूँगा।' हालाँकि इस दौरान सड़कों पर भूखे मौजूद हैं, बूढ़े लोग संगति चाहते हैं, माँओं को बच्चों के लिए मदद चाहिए, सड़कों पर कचरा पड़ा है और हज़ारों काम ऐसे हैं जो करने के लिए पड़े हैं।

मदर टेरेसा ने सही कहा था। हम दुनिया को बदल नहीं सकते पर इसे बेहतर तो बना ही सकते हैं। बस हमें दयालुता से भरे छोटे कामों पर केंद्रित होना है। मैं अपनी ओर से दूसरों की मदद करने के उपाय करता हूँ, इन छोटे कामों से मेरे मन को संतोष मिलता है। अक्सर ये बड़े कार्पोरेशनों की ओर से किए जानेवाले परोपकारी काम इतने प्रशंसनीय नहीं होते, जितना किसी बूढ़े के लिए एक घंटे के लिए स्वयंसेवक बनना या किसी गरीब को पाँच डॉलर का उपहार देना बड़ी बात हो सकती है।

यदि हम चाहें तो रोज़मर्रा के जीवन में इन छोटी बातों को शामिल कर सकते हैं। यदि हम ऐसा नहीं करते तो अपनी कुंठा को छिपाने के लिए बहाने तलाश करने होंगे। यदि हम किसी के लिए कुछ करने की कोशिश करेंगे तो इस संसार को कुछ अच्छा देने और बेहतर बनाने का संतोष हमारे पास होगा।

93
याद रखें, आज से एक सौ साल बाद, सभी नए लोग होंगे

मेरे एक अच्छी मित्र पैटी ने मेरे साथ यह बात साँझा की, जो उसने अपने एक मनपसंद लेखक से सीखी थी। इसने मेरे जीवन के नज़रिए को बढ़ाने में मदद की है।

सभी चीज़ों की योजनाओं में एक सौ वर्ष कोई बड़ी बात नहीं है। हालाँकि यह तो तय है कि एक सौ वर्ष में हम इस ग्रह से जा चुके होंगे और जब इस बात को ध्यान में रखा जाता है तो हम संकट या तनाव के समय अपने नज़रिए को बदल सकते हैं।

अगर आपका टायर पंक्चर हो जाए, आपकी चाबी न मिले और आपको घर के बाहर रात बितानी पड़े तो अब से एक सौ वर्ष बाद इसका क्या अर्थ होगा? अगर कोई आपके साथ दयालुता से पेश न आए और आपको सारी रात काम करना पड़े? अगर आपका घर साफ न हुआ और आपका कंप्यूटर खराब हो गया? मान लें कि आप चाहकर भी अवकाश पर नहीं जा सके, नई कार या नया घर नहीं ले सके? ये सब चीज़ें और दूसरी बातें भी, अगर सौ वर्षों के संदर्भ में सोची जाएँ तो और भी गहरे अर्थ के साथ सामने आती हैं।

आज सुबह ही मैंने खुद को ऐसी एक परेशानी में पाया। मैं गलती से दो लोगों को एक ही समय पर आने के लिए कह चुका था। वे एक साथ आ गए। तब मैंने खुद को याद दिलाया कि आज से सौ साल बाद किसी को इस क्षण के बारे में याद तक नहीं होगा इसलिए यह कोई बहुत बड़ी बात नहीं है। मेरा सारा तनाव जाता रहा और बात करने से, उनमें से एक व्यक्ति ने दोबारा आने के लिए हामी भर दी। मैंने अपनी गलती की जिम्मेदारी लेते हुए क्षमा माँग ली। हमेशा की तरह यह एक छोटी सी बात थी, जिसे चाहने पर बड़े हंगामे में बदला जा सकता था।

94
गंभीर न बनें

इन दिनों, हम सभी को जैसे गंभीर रहने का रोग हो गया है।

मेरी बड़ी बेटी अक्सर मुझसे कहती है, 'डैडी, आप फिर से गंभीर दिखने लगे।' हममें से जो लोग गंभीर नहीं दिखना चाहते, वे भी अनजाने में इस गंभीरता की चपेट में आ जाते हैं। लोग अक्सर छोटी बातों से कुंठित रहते हैं, उनमें कहीं जाने को देर हो गई, किसी को उनके पास आने में देर हो गई, वे यातायात में फँस गए, उन्हें बिल भरने हैं, उन्हें लाइन में खड़ा होना है, खाना जल गया है, उनसे कोई भूल हो गई है – बस ये बातें ही हम सबको परेशान करने के लिए बहुत होती हैं।

दरअसल हम जीवन को अपनी अपेक्षाओं से ज़रा सा भी परे जाते हुए देखना ही नहीं चाहते। हम चाहते हैं कि सब कुछ एक निश्चित तरीके से घटे और ऐसा होता नहीं है। जीवन ऐसा ही है। बेंजामिन फ्रेंकलिन ने कहा है, 'हमारा सीमित नज़रिया, हमारी आशाएँ और भय ही जीवन की माप बनती है और हालात हमारे उपायों के साथ समायोजित नहीं होते तो वे हमारी परेशानी बन जाते हैं। हम अपना जीवन, लोग और हालात अपने तरीके से चाहते हैं और जब ऐसा नहीं होता तो हम संघर्ष करते हैं और कष्ट पाते हैं।'

इस गंभीरता से छूटने का प्रथम चरण यह होगा कि हम यह मानें कि हमारे पास कोई समस्या है। आपको बदलाव के साथ और सहज होना होगा। आपको देखना होगा कि आपकी गंभीरता आपकी अपनी देन है – यह आपने अपने जीवन के साथ ही बना ली है और आपको इसकी प्रतिक्रिया में बदलाव लाना होगा।

इसके बाद आपको यह समझना होगा कि आपकी अपेक्षा और कुंठा के स्तर में क्या संबंध है। जब भी आप किसी काम को अपेक्षित रूप से चाहते हैं तो आपको कुंठा और निराशा झेलनी पड़ती। जब आप जीवन को सहज भाव से स्वीकार करते हैं तो आप मुक्त होते हैं। आपको अपना सारा भार उतारकर सहज होना होगा।

किसी एक दिन को इस तरह जीकर देखें कि आपको किसी से कोई अपेक्षा न हो। लोगों से दोस्ताना होने की अपेक्षा न करें। जब वे नहीं होंगे तो आपको हैरानी या निराशा नहीं होगी। अगर वे दोस्ताना होंगे तो आपको अच्छा लगेगा। यह अपेक्षा न रखें कि दिन में कोई समस्या नहीं होगी। अगर समस्या नहीं आई तो आपको अच्छा लगेगा और अगर समस्या आई तो आप उसे देखकर हैरान नहीं होंगे। जीवन से लड़ने के बजाए इसकी धुन पर नाचें। आप अभ्यास से जल्दी ही गंभीरता का चोला उतारकर, इसके साथ सहज होना सीख लेंगे और जब आप सहज होंगे तो जीवन का आनंद ही कुछ और होगा।

95

एक पौधा लगाएँ

हो सकता है कि आपको यह सुझाव विचित्र या दिखावटी लगे। परंतु एक पौधा लगाकर पालने से भला क्या अच्छा होगा?

आध्यात्मिक जीवन और आंतरिक शांति पाने का एक लक्ष्य है कि आपको निःस्वार्थ भाव से प्रेम करना आ सके।

समस्या यह है कि किसी इंसान को निःस्वार्थ भाव से प्रेम करना सरल नहीं होता। हम जिस इंसान से प्रेम करते हैं, वह कभी न किसी कोई भूल कर सकता है, आपसे कुछ गलत बोल सकता है, आपकी अपेक्षा से परे जा सकता है इसलिए हमारे अंदर भी बदलाव आ जाता है। हमारे मन में आ जाता है, 'मैं तुमसे प्रेम करता हूँ पर तुम्हें भी बदलना होगा। तुम्हें उसी तरह पेश आना होगा, जैसे मैं आता हूँ।'

कई लोग, जीवन में लोगों से प्रेम करने के बजाए जानवरों से अधिक प्रेम करते हैं। परंतु किसी पालतू को भी निःस्वार्थ प्रेम करना कठिन होता है। जब आपका कुत्ता अचानक आधी रात को भौंकने लगता है या आपका कीमती कालीन खराब कर देता है तो क्या होता है। क्या आप उसे वैसे ही प्रेम कर सकते हैं? मेरे बच्चों के पास एक खरगोश है। जब उसने मेरे सुंदर तराशे गए लकड़ी के दरवाजे में छेद कर दिया तो उससे उसी तरह प्रेम करना थोड़ा कठिन हो गया था।

हालाँकि आप एक पौधे से निःस्वार्थ प्रेम कर सकते हैं। इस तरह आपको निःस्वार्थ प्रेम का अभ्यास करने का अवसर मिलता है। हर आध्यात्मिक परंपरा में नि'स्वार्थ प्रेम करने की हिमायत क्यों की जाती है? क्योंकि प्रेम में रूपांतरणकारी शक्ति पाई जाती है। निःस्वार्थ भाव प्रेम देने और पानेवाले के भीतर शांति से भरपूर भावना पैदा करता है।

घर के भीतर या बाहर एक पौधा रखें, जिसे आप रोज देख सकें। उसकी किसी शिशु की तरह देखरेख दें। वैसे बच्चे के साथ रात की नींद खराब होती है, डायपर बदलने होते हैं पर पौधे के साथ ऐसा नहीं करना होगा। उससे बातें करें, उसे

बताना न भूलें कि आप उसे कितना प्यार करते हैं। चाहे वह खिले या न खिले, जीए या मरे, आपका प्रेम कम नहीं होना चाहिए। बस उसे प्रेम करें। यह देखें कि जब आप उसे अपना निःस्वार्थ प्रेम देते हैं तो आपको क्या महसूस होता है। इस तरह के प्रेम में कभी खीझ या झुंझलाहट नहीं होती। बस आप उससे प्रेम करते हैं। जब भी उसे देखें तो इसी तरह प्रेम से मिलें।

कुछ समय बाद, आप पौधे के अलावा दूसरों के साथ भी यही प्रेम और दयालुता दिखा सकेंगे। जब आपको प्रेम देने में आनंद आएगा तो आप देखेंगे कि आप सबके जीवन में इसी तरह प्रेम दे सकते हैं। अभ्यास करें कि आपको उन्हें बदलना नहीं है और बदले में प्रेम पाने की कामना नहीं रखनी है। वे जैसे भी हैं, उन्हें उसी तरह प्रेम करें।

आपका पौधा एक कमाल का गुरू हो सकता है – यह आपको प्रेम की ताकत दिखा सकता है।

96

समस्याओं से अपने संबंध को रूपांतरित करें

बाधा और समस्या तो जीवन का अंग है। सच्ची प्रसन्नता तब नहीं मिलती जब हम हमारी समस्याओं से छुटकारा पा लेते हैं। जब हम उनके साथ अपने संबंध को बदलते हैं, उन्हें अवसरों तक जाने के संभावित स्रोत की तरह देखते हैं, धैर्य का अभ्यास करते हुए उनसे सबक लेते हैं तो सब बदल जाता है। हमारे आध्यात्मिक जीवन का सबसे बुनियादी नियम शायद यही है कि हम समस्याओं के माध्यम से अपने हृदय को उन्मुक्त करें।

निश्चित रूप से कुछ समस्याओं को हल करना होता है। कई समस्याएँ ऐसी भी होती हैं, जिन्हें हम अपने जीवन में स्वयं ही गढ़ लेते हैं। जब आप जीवन के विरोधाभासों को जानकर स्वीकार लेते हैं तो आपके लिए आंतरिक शांति पाना सरल हो जाता है। समस्याओं के माध्यम से हम जीवन में उदार, विनीत और धैर्यवान होना सीख सकते हैं।

बौद्ध परंपरा में, कठिनाईयों को जीवन के विकास के लिए अनिवार्य माना जाता है। एक तिब्बती प्रार्थना में उन्हें पाने की याचना की गई है। 'मुझे इस यात्रा में उपयुक्त कठिनाई और कष्ट मिलें ताकि मेरा हृदय वास्तव में उन्मुक्त हो और मोक्ष व सार्वभौमिक करूणा पाने का लक्ष्य पूरा हो सके।' माना जाता है कि जीवन सरल होने पर विकास के अवसर कम हो जाते हैं।

मैं आपको ऐसा करने का सुझाव नहीं दूँगा। हालाँकि अगर आप समस्याओं से भागने के बजाए और उनसे छुटकारा पाने का प्रयत्न करने के बजाए उन्हें जीवन का अनिवार्य और महत्त्वपूर्ण अंग समझकर स्वीकार कर लेंगे - तो आपको एहसास होगा कि आपका जीवन कोई संघर्ष नहीं बल्कि एक नृत्य है। स्वीकृति का यह दर्शन ही प्रवाह के साथ बहने का मूल है।

97
यह कहने से बचें - 'मुझे काम पर जाना होगा'

मैं आपको एक ऐसी रणनीति सुझाने जा रहा हूँ जिससे आप यह वाक्य कहने से अपना बचाव कर सकते हैं, 'मुझे काम पर जाना होगा।'

इससे पहले कि मैं आगे बात करूँ, मैं आपको यकीन दिला दूँ, मुझे अच्छी तरह पता है कि आपको काम पर जाना ही होगा। जो भी हो, परंतु इस वाक्य में एक ऐसा नकारात्मक भार छिपा है, जो मेरे हिसाब से आपके लिए तनाव का कारण हो सकता है।

आपकी सोच के अलावा, आपके शब्द भी आपके अनुभव का प्रवेश द्वार हैं। वे आपकी अपेक्षा की तस्वीर बनाते हुए, अनुभव के लिए मार्ग तय करते हैं। जब आपको 'कोई काम करना पड़ता है' तो यह इस बात का सूचक है कि यह कोई चुनाव नहीं है - कि आप अपनी मर्जी से कुछ और करते या कहीं और होते। जो इस बात का सूचक है कि आप जिस जगह हैं या जो काम करने जा रहे हैं, उसमें आपका मन पूरी तरह से रमा नहीं हुआ। इस तरह अपनी पूरी संभावना के साथ जीना कठिन हो जाता है और आपके लिए अनुभव पाना लगभग असंभव! तो जब आप कहते हैं, 'मुझे काम पर जाना होगा' तो आप अपने लिए एक खराब दिन चुन रहे हैं। इसका मतलब यह नहीं कि हमेशा ऐसा होगा पर निश्चित रूप से ऐसा हो सकता है।

इसके अलावा, आप स्वयं तथा दूसरों को नकारात्मक संदेश भी दे रहे हैं। ऐसा लगता है, मानो आप कह रहे हों, 'मुझे अपना काम पसंद नहीं। मैं वह काम नहीं चुन सकता जो करना मुझे बेहद पसंद है।' यदि देखा जाए तो आप स्वयं को कितना भयंकर संदेश दे रहे हैं या दूसरों को बता रहे हैं कि आपका अधिकतर समय कैसे बीत रहा है। इस बारे में सोचें। अगर आपको अपने काम से सचमुच प्यार होता तो आप कहते, 'मुझे काम पर जाना होगा' क्या आप कहते हैं, 'अब मुझे वीकएंड शुरू करना होगा।' अगर आप कुछ ऐसा कहें तो ज्यादा बेहतर नहीं होगा, 'मुझे काम पर जाना है', 'आजीविका के लिए काम करना है', 'या एक और दिन

की शुरुआत करनी है।' और इन वाक्यों से कोई नकारात्मकता भी नहीं जुड़ी। मैं आपको यह नहीं कहता कि आप चिल्लाकर कहें, 'याहू, मुझे काम पर जाना है।' पर क्या आप थोड़े उत्साह के साथ दिन का आरंभ नहीं कर सकते? क्या अपने पर थोड़ा सा गर्व महसूस नहीं कर सकते? और क्या आपको नहीं लगता कि दूसरों के लिए भी आपके सकारात्मक शब्द सुनना कितना भला होता होगा? मिसाल के लिए, जब मैं सुबह अपने काम के लिए निकलता हूँ तो मैं अपने बच्चों को अप्रत्यक्ष तौर पर भी यह संदेश नहीं देना चाहता कि काम नीरस होता है और मुझे फिर से काम पर जाना पड़ रहा है, छि:।

अगर आप यह जान लें कि इस रणनीति को अपनाने से क्या हो सकता है तो आप चकित हो जाएँगे। जब आप इस नीति को दिल से अपनाते हैं और अपने जाने-पहचाने अंदाज में कहते हैं, 'मुझे काम पर जाना होगा।' तो आप स्वयं को ऐसा कहते हुए पकड़ लेते हैं। इस तरह आपके चेहरे पर मुस्कान आ जाती है क्योंकि अब आप जानते हैं कि यह सब कितना हास्यास्पद है।

98

अगली बार किसी से बहस हो तो अपना बचाव करने के बजाए देखें कि क्या आप दूसरे के नज़रिए को समझ सकते हैं

जब आप किसी से असहमत हों तो उस समय सामनेवाला भी अपने मत पर उतना ही सुनिश्चित होता है, जितना आप अपने पक्ष में होते हैं। हालाँकि हम हमेशा अपना ही पक्ष लेते हैं। हमारा अहं, हमें कुछ नया सीखने ही नहीं देता। यही आदत हमारे लिए अनावश्यक तनाव का कारण भी बनती है।

पहली बार, जब मैंने सजग भाव से दूसरे का दृष्टिकोण समझने की कोशिश की तो मेरे सामने उल्लेखनीय बदलाव आया : मेरे मन को ठेस नहीं लगी और मैं उस व्यक्ति के और निकट आ गया, जिससे मेरी सहमति नहीं थी।

मान लें कि आपका दोस्त आपसे कहता है कि उदारवादी ही हमारी सामाजिक समस्याओं की जड़ है। तब आप अपना पक्ष रखने के बजाए यह देखें कि क्या आप उसकी बात से कुछ नया सीख सकते हैं। अपने दोस्त से कहें कि वह आपको इस बारे में विस्तार से बताए। यह न कहें कि उसका कोई छिपा हुआ अभिप्राय है या फिर अचानक ही अपने बचाव की मुद्रा में न आ जाएँ। बस आपको एक नया दृष्टिकोण सीखना है। अपने दोस्त की भूल सुधारने का लालच न करें। उसे सही होने का संतोष प्रदान करें। एक अच्छा श्रोता बनने का अभ्यास करें।

लोकप्रिय विश्वास से विपरीत, यह रवैया आपको दुर्बल नहीं बनाता। इसका अर्थ यह नहीं कि आप अपनी मान्यता से परे हैं या उसके लिए अडिग नहीं है या फिर आप स्वयं को गलत मान रहे हैं। आप सामनेवाले का दृष्टिकोण देखने की कोशिश कर रहे हैं, उसे समझना चाह रहे हैं। स्वयं को लगातार एक पद पर बनाए रखने में बहुत सी ऊर्जा नष्ट होती है। वहीं दूसरी ओर, किसी दूसरे को सही मानने में कोई ऊर्जा नहीं लगती। दरअसल, इससे आपको अतिरिक्त ऊर्जा मिलती है।

जब आप सामनेवाले का नज़रिया और दृष्टिकोण समझते हैं तो अद्भुत चमत्कार घट सकते हैं। आपको कुछ नया सीखने का अवसर मिलता है। आपके क्षितिज का विस्तार होता है। दूसरे, जब आप उसकी बात ध्यान से सुनते हैं तो उसके मन में आपके लिए सम्मान का भाव और बढ़ जाता है। उसका रवैया नरम

हो जाता है। भले ही ऐसा एकदम न हो परंतु समय के साथ वह आपको भी समझने लगता है। आप स्वयं को सही साबित करने के बजाए उसे प्रेम और आदर देना ज्यादा बेहतर समझते हैं तो आप निःस्वार्थ प्रेम का अभ्यास कर रहे हैं। हो सकता है कि वह आदमी भी आपके दृष्टिकोण को समझने का प्रयत्न करे, हालाँकि इस बात की गारंटी नहीं कि वह आपकी बात सुनेगा परंतु इतना तो तय है कि अगर आप उसकी बात नहीं सुनेंगे तो वह भी कभी आपकी बात नहीं सुनेगा। अगर आप अच्छे श्रोता होंगे तो आप दोनों के संबंधों के मधुर होने की संभावना बढ़ जाएगी।

99
सार्थक उपलब्धि की नए सिरे से परिभाषा दें

कई बार हम अपनी तथाकथित उपलब्धियों की रौ में बह जाते हैं। हम आजीवन अपने लिए पुरस्कार, पहचान और स्वीकृति बटोरने में लगे रहते हैं और यह भी भूल जाते हैं कि वास्तव में हमारे लिए सार्थक क्या है।

यदि आप औसतन किसी आदमी से पूछें कि एक सार्थक उपलब्धि क्या है तो उसका उत्तर यही होगा कि 'किसी दीर्घकालीन लक्ष्य को प्राप्त करना...', 'बहुत सा पैसा कमाना...', 'कोई खेल जीतना...', 'पदोन्नति पाना...', 'सबसे बेहतर बनना...' या फिर 'प्रशंसा पाना...' आदि।

हमेशा जीवन के बाहरी पहलुओं पर ही बल दिया जाता है। हालाँकि इस तरह की उपलब्धियों को पाने में कोई हर्ज नहीं है - वे हमारे जीवन के हालात को संभालने में मदद करती हैं। परंतु यदि आपका प्राथमिक लक्ष्य प्रसन्नता और आंतरिक शांति है, तो ये आपके लिए सबसे महत्त्वपूर्ण नहीं हो सकतीं। स्थानीय अखबार में अपना चित्र देखने से अच्छा लगेगा परंतु इससे अधिक ज़रूरी बात है कि आप किसी संकट के समय अपना आपा कैसे बनाए रख सकते हैं। हालाँकि बहुत से लोगों को अखबार में आपकी तस्वीर एक उपलब्धि लगेगी परंतु वे केंद्रित बने रहने को आपकी उपलब्धि कभी नहीं मानेंगे। इसलिए सवाल उठता है कि हमारी प्राथमिकताएँ कहाँ हैं?

यदि शांत और स्नेही बने रहना हमारे प्राथमिक लक्ष्य हैं तो हम अपनी उन सार्थक उपलब्धियों को नए सिरे से परिभाषित क्यों नहीं करते, जो दूसरों को सहारा देती हों जैसे दयालुता और प्रसन्नता।

मेरा मानना है कि मेरी सबसे सार्थक उपलब्धि मेरे भीतर से आती है। क्या मैं अपने और दूसरों के प्रति दयालु था? क्या मैंने किसी चुनौती के लिए आवश्यकता से अधिक प्रतिक्रिया दी या फिर मैं शांत और सहज रहा? क्या मैं प्रसन्न हूँ? क्या मैं गुस्से में रहता हूँ? क्या मैं जिद्दी था? क्या मैंने दूसरों को क्षमा किया? ये और इनके जैसे, दूसरे प्रश्न ही हमें याद दिलाते हैं कि हमारी सफलता की सच्ची माप

हमारे कामों से नहीं आती, अंतर इस बात से पड़ता है कि हमारे दिलों में कितना प्रेम है।

बाहरी उपलब्धियों में मग्न रहने के बजाए, उन बातों पर बल दें जो अधिक महत्त्व रखती हों। जब आप सार्थक उपलब्धियों को नए सिरे से परिभाषित करना सीख लेंगे, तो आपको अपने मार्ग पर बने रहने में मदद मिलेगी।

100

अपनी भावनाओं को सुनें, वे आपसे कुछ कहना चाहती हैं

आपके पास एक सशक्त मार्गदर्शक तंत्र है जो सदा आपको जीवन में आगे बढ़ने में सहायक होता है। यह तंत्र पूरी तरह से आपकी भावनाओं से बना है, यही आपको बताता है कि आप पटरी पर हैं या नहीं। कहीं आप अप्रसन्नता और संघर्ष की ओर तो नहीं जा रहें। आपकी भावनाएँ आपके लिए बैरोमीटर का काम करती हैं, ये आपको आपके भीतर के मौसम का हाल देती हैं।

जब आप अपनी सोच में लिप्त नहीं होते, चीज़ों को बहुत अधिक गंभीरता से नहीं लेते तो आपकी भावनाएँ भी सकारात्मक होती हैं। वे आपको आश्वस्त करती हैं कि आप अपनी सोच से पूरा लाभ ले रहे हैं और आपको किसी तरह के मानसिक समायोजन की आवश्यकता नहीं है।

जब आप जीवन में सुखद अनुभव के बीच नहीं होते, जब आप गुस्से में होते हैं, अवसादग्रस्त, तनाव से घिरे हुए या परेशान होते हैं तो आपकी भावनाओं का तंत्र लाल झंडे की तरह बीच में आकर आपको चेतावनी देता है कि आप पटरी पर नहीं हैं, आपको अपनी सोच में बदलाव लाना होगा, आपने अपने नज़रिए को खो दिया है। आपको मानसिक समायोजन करना होगा। आप अपनी नकारात्मक भावनाओं को कार के डैशबोर्ड पर लगे चेतावनी बल्बों की तरह समझ सकते हैं। जब वे चमकते हैं तो आप जान लें कि अब थोड़ा सहज होने का समय आ गया है।

लोकप्रिय विश्वास के विपरीत, नकारात्मक भावनाओं के अध्ययन या विश्लेषण की आवश्यकता नहीं होगी। जब आप नकारात्मक भावनाओं का विश्लेषण करते हैं, तो अक्सर आप उनसे ही संतुष्ट हो जाते हैं।

अगली बार जब भी कुछ बुरा लगे या आप विश्लेषण में उलझें या यह सोचें कि मैं ऐसा क्यों सोच रहा हूँ, तो यह देखें कि आप उन्हीं भावनाओं की मदद से स्वयं को पुन: उचित दिशा में ले जा सकते हैं। यह दिखावा न करें कि नकारात्मक भावना नहीं होती, यह पहचानने की कोशिश करें कि आप गुस्से, तनाव या

अवसाद में क्यों हैं या ऐसा क्या है जिसके कारण आप जीवन को आवश्यकता से अधिक गंभीरता से ले रहे हैं। आप छोटी बातों से तिल का ताड़ क्यों बना रहे हैं? अपनी बाजुएँ चढ़ाकर लड़ने के बजाए पीछे हटकर गहरी साँस भरें और शांत हो जाएँ। याद रखें, जीवन तब तक आपातकाल नहीं होता जब तक आप इसे ऐसा नहीं बना देते।

101

अगर कोई आपकी ओर गेंद फेंके तो आपको उसे लपकने की ज़रूरत नहीं

मेरे परम मित्र बेंजामिन शील्ड ने यह अमूल्य सबक दिया था। अक्सर हम दूसरों की समस्याओं में घिरने के कारण ही आंतरिक संघर्ष का शिकार हो जाते हैं। कोई दूसरा आपको अपनी परेशानी कहता है और आप उसमें ही मग्न हो जाते है। मिसाल के लिए, मान लें कि आप व्यस्त हैं और आपका दोस्त आपको फोन करके कहता है कि वह अपनी मॉम से परेशान है, उसे क्या करना चाहिए। आप उसे यह नहीं कहते कि आप इस बारे में कुछ नहीं कर सकते। आप झट से उसकी समस्या का हल निकालने में जुट जाते हैं। फिर बाद में आपको तनाव होता है कि आप अपने काम में पीछे रह गए या फिर हर कोई आपसे अपना दु:ख कहने आ जाता है। जब आप अपने ही जीवन के तमाशे में इस तरह उलझते हैं, तब भी आपके लिए अपनी प्राथमिकता से पीछे हटने का कारण बनता है।

आपको हर बार गेंद को कैच नहीं करना है, इस बात को याद रखने का अर्थ होगा कि आपके जीवन से तनाव घटेगा। जब आपके दोस्त का कॉल आएगा तो आप गेंद को लपकने के बजाए, अपने काम से काम रख सकते हैं। अगर आपने पूरा ध्यान नहीं दिया तो वह कहीं और कॉल कर लेगा और किसी दूसरे को अपनी बात में शामिल करेगा।

इसका अर्थ यह नहीं कि आपको गेंद लपकनी है, यह आपका निजी चुनाव है। इसका अर्थ यह भी नहीं कि आपको अपनी दोस्त की चिंता नहीं है या फिर आप सहायता करनेवालों में से नहीं हैं। जीवन के प्रति गहरा नज़रिया रखें और जानें कि हमारी भी सीमाएँ हैं और हमारी अपने प्रति भी जिम्मेदारी है। हममें से अधिकतर लोग अपने काम के दौरान ही सामनेवाले की ओर से फेंकी गई गेंद को लपक लेते हैं। इनमें हमारे पड़ोसी, परिवार के सदस्य, अजनबी आदि शामिल होते हैं। अगर हम अपनी दिशा में आनेवाली हर गेंद इसी तरह लपकते रहें तो निश्चित रूप से पागल होनेवाले हैं और मुझे लगता है कि आपके साथ भी यही होगा। बस आपको यह देखना है कि हम इस काम को करते हुए अपनी प्राथमिकताओं से न छूटें और आवश्यकता से अधिक द्रवित न हों।

अगर आप काम में लगे हैं तो ऐसे में किसी अनावश्यक कॉल का उत्तर देना भी गेंद लपकने के बराबर होगा। अगर आपने कॉल लिया है तो इसका मतलब है कि आप उस बातचीत के लिए अपना समय, ऊर्जा और सोच देने को तैयार हैं, जिसके लिए अभी आपके पास समय नहीं है। अगर आप कॉल नहीं लेते तो आपने अपनी मानसिक शांति को बचा लिया है। बाद में समय होने पर आप कॉल कर सकते हैं। इस तरह अपमान या निंदा के प्रकरण में भी करें। अगर कोई आपका अपमान करे, आपके लिए कठोर शब्दों का प्रयोग करे तो आप उसे निजी रूप से लेकर आहत हो सकते हैं या फिर आप उसे अनदेखा कर अपने काम पर आगे बढ़ सकते हैं।

अगर कोई गेंद लपकनी ही होगी क्योंकि उसे आपकी ओर उछाला गया है, यह रणनीति बहुत प्रभावी है। मैं आशा करता हूँ कि आप इसके साथ प्रयोग करके इससे लाभान्वित होंगे। आपको पता चलेगा कि आप ऐसा करते हुए आज तक अपनी कितनी ऊर्जा और समय का निवेश करते आए थे जो आपके निजी कामों में लगाना चाहिए था।

102
यह भी बीत जाएगा

मैंने हाल ही में अपने जीवन में इस रणनीति को अपनाया है। यह एक मूक अनुस्मारक है जो याद दिलाता है कि अच्छा, बुरा, उपलब्धि और भूल, नाम और शोहरत - सब आता-जाता रहता है। हर चीज़ का आदि और अंत है और ऐसा ही होना चाहिए।

हर अनुभव कहीं न कहीं समाप्त होता है। आपकी हर सोच का भी अंत होता है। हर भाव और मूड की जगह, दूसरा भाव और मूड आ जाते हैं। आपकी उदासी, मायूसी, जलन, अवसाद और कुंठा कहीं चले गए, कहाँ गए वे? इसका उत्तर कोई नहीं जानता। बस हमें इतना पता है कि हर चीज़ शून्य में विलीन होती है। जीवन में इस सत्य का स्वागत करें और यह आपके लिए रोमांचकारी होगा।

हमारी निराशा अनिवार्य रूप से दो तरह से आती है। जब हम उस आनंद का अनुभव करते हैं जिसे हम सदा पाना चाहते हैं। ऐसा कभी नहीं होता। जब हम अनुभव के प्राकृतिक प्रवाह के विपरीत जाते हैं तो वहीं से उदासी का जन्म होता है। इस सजगता के साथ प्रयोग करना भी रोचक हो सकता है कि जीवन में एक के बाद एक कुछ न कुछ लगा ही रहता है। एक के बाद दूसरा वर्तमान क्षण सामने आता है। कभी हमें किसी चीज़ का भरपूर आनंद आता है और उसके बाद ही कुछ ऐसा होता है जो हमें पसंद नहीं आता। अगर आप उन बदलते क्षणों से भी परेशान नहीं होते तो बहुत अच्छी बात है। तब आप पीड़ा और कष्ट के बीच भी यही मानकर चलते हैं कि यह भी बीत जाएगा। अगर यही सजगता आपके रवैए में हमेशा बनी रहे, कष्ट के समय में भी बनी रहे तो यह आपके लिए मददगार हो सकती है। भले ही यह करना सरल नहीं पर आप कोशिश तो करके देखें।

103

अपने वादों के संभावित तनावपूर्ण प्रभावों से बचें

मैंने कुछ साल पहले तक इस बात को स्वीकार नहीं किया था कि किसी को दिए गए छोटे से वादे से भी तनाव हो सकता था। जब मुझे पता चला तो हैरानी हुई कि किसी से वादा करना सचमुच मेरे तनाव का कारण हो सकता था। एक बार मैंने देखा कि अत्याधिक दबाव से मैं किस प्रकार अपनी भावनाओं से खेल रहा हूँ, जबकि अगर मैं अपने व्यवहार में थोड़ा सा बदलाव लाता तो शायद मेरे जीवन से तनाव कुछ कम हो जाता।

दूसरों से किए गए वादों के बारे में सोचें, जो हम उनसे करते हैं, कई बार तो वे वादे लगते ही नहीं, या अनजाने में ही ऐसा कर बैठते हैं। अक्सर कहा जाता है, 'मैं तुम्हें आज बाद में फोन करूँगा, मैं तुम्हारे ऑफिस के बाहर खड़ा रहूँगा, मैं अगले सप्ताह तुम्हें अपनी किताब की एक कॉपी भेजूँगा, तुम्हारे लिए उसे लाने में मुझे खुशी होगी या अगर कभी तुम्हें अपनी शिफ्ट के लिए मेरी ज़रूरत हो तो मुझे फोन करना...।' इस प्रार कई बार छोटी-छोटी बातों के लिए भी बोले जानेवाले वाक्य जैसे - 'कोई बात नहीं' भी आपको मुसीबत में डाल सकते हैं क्योंकि इनमें भी कुछ काम करने, आपको नीचा दिखाने, आप वास्तव में ऐसा न कर पाने या कर पाने का संकेत होता है। सच तो यह है, आपने दूसरे व्यक्ति को ऐसा करने की अनुमति दे दी है कि कोई बात नहीं।

मैं रोजाना की ऐसी बातों से भलीभाँति परिचित हूँ। कोई मुझे आसानी से कुछ काम करने के लिए कह देता है, 'तुम जिस आर्टिकल के बारे में बात कर रहे थे, मुझे उसकी कॉपी भेज सकते हो?' मैं स्वत: ही कहूँगा, 'बिलकुल, कोई बात नहीं।' इसे याद रखने के लिए मैं नोट लिखूँगा ताकि भूल न सकूँ। फिर भी, दिन या सप्ताह के अंत में मेरे पास वादों की एक लिस्ट होती है, जिन्हें अब पूरा करना होता है। मुझे कई बार किए गए वादों के प्रति क्षमा भी माँगनी पड़ती है। कभी-कभी मुझे क्रोध भी आता है। मैं वादों के रूप में करनेवाले कार्यों में बहुत व्यस्त रहता हूँ, मेरे पास बहुत कम समय होता है या जो काम करने होते हैं उन्हें समय कम होने के कारण बहुत जल्दी करने का प्रयास करता हूँ।

अगर आप भी मेरी ही तरह हैं, आपको अपने वादे पूरे करने का प्रयास करना चाहिए। किसी-किसी समय यदि आप बहुत ज्यादा वादे कर लेते हैं, तो जाहिर है कि हर किसी को प्रसन्न रखने के लिए आप अपने ऊपर बहुत अधिक तनाव महसूस करते हैं।

मैं एक बात आपको साफ-साफ बताना चाहूँगा। मैं आपसे यह नहीं कहता कि किसी से वादा मत कीजिए या बहुत ज्यादा वादे करना ज़रूरी या महत्वपूर्ण नहीं होता। बहुत सारे वादे हो सकते हैं। मैं आपको यह सुझाव देता हूँ कि आपके द्वारा दिए गए कुछ प्रतिशत वादे पहली बार में पूरे करने की ज़रूरत नहीं होती। यदि उन्हें पूरा नहीं किया जा सका, तो आपका तनाव भी कम रहता है। मुझे पता है, उदाहरण के लिए, मैंने कई बार अपने प्रकाशक से कहा, मैं आपको यह काम अगले सप्ताह तक करके दे दूँगा, जबकि सच यह है, वह ऐसे किसी वादे के पूरा होने की प्रतीक्षा नहीं करते- केवल मेरा उत्तम प्रयास देखते हैं। किंतु जब वादा किया जा चुका होता है, तो अपने शब्दों पर अडिग रहने के लिए मुझे उसे पूरा करना होता है। मैंने कोई वादा नहीं किया, लेकिन मुझे अपनी ओर से बेहतर करना होता है ताकि मेरे ऊपर तनाव का दबाव कम रहे। यह एक जटिल काम होता है लेकिन वादों से होनेवाले तनाव से तो अच्छा ही है।

104
अपने जीवन को प्रेम से भरपूर रखें

मैं किसी ऐसे इंसान को नहीं जानता जो अपने जीवन में प्रेम नहीं पाना चाहता। ऐसा करने के लिए, यह प्रयास हमारे भीतर से ही होना चाहिए। दूसरे लोगों से मनचाहा प्रेम पाने की प्रतीक्षा करने के बजाए, हमारे पास ही प्रेम का विज़न और स्रोत होना चाहिए। हमें अपने ही भीतर से प्रेम और दयालुता को बाहर लाना होगा ताकि हम दूसरों के लिए मिसाल बन सकें।

कहा गया है कि दो बिंदुओं के बीच सबसे छोटी दूरी अभिप्राय ही है। यह प्रेम से भरे जीवन के लिए उपयुक्त है। किसी भी स्नेही जीवन की बुनियाद यही होती है कि वह प्रेम का स्रोत बन सके। हमारा रवैया, चुनाव, दयालुता और दूसरों तक पहुँचने की इच्छा ही हमें इस लक्ष्य की ओर ले जाती है।

अगली बार जब भी आपको लगे कि आपके जीवन में प्रेम का अभाव है तो एक प्रयोग करें। दुनिया और दूसरे लोगों को कुछ देर के लिए भूलें। अपने ही दिल को देखें। क्या आप उस महान प्रेम का स्रोत बन सकते हैं? क्या आप अपने और दूसरों के लिए स्नेह पूर्ण सोच रख सकते हैं? क्या आप बाकी दुनिया को यह स्नेहपूर्ण सोच दे सकते हैं – उन लोगों को भी जिन्हें आप अपने स्नेह का अधिकारी नहीं मानते?

जब आप महानतम प्रेम की संभावना के लिए मुक्त होते हैं, स्वयं को प्रेम का स्रोत मान लेते हैं और यही आपकी पहली प्राथमिकता हो जाती है तो आप अपना मनचाहा प्रेम पाने की दिशा में अगला कदम बढ़ा लेते हैं।

इस तरह आप कुछ उल्लेखनीय भी पा सकते हैं। आप जितना अधिक प्रेम देंगे, उससे कहीं अधिक मिलेगा। जब आप स्नेही होने पर अधिक ध्यान देंगे तो आप इस भाव को अपने नियंत्रण में रख सकते हैं जबकि दूसरे से प्रेम पाने के भाव पर आपका कोई नियंत्रण नहीं होता।

आपके जीवन में प्रेम का अभाव नहीं है। जल्दी ही आपको पता चलेगा कि दुनिया का सबसे बड़ा रहस्य यही है – प्रेम ही अपने आपमें एक पुरस्कार है।

105

अपनी सोच की ताकत को जानें

यदि आप केवल एक मानसिक आयाम के लिए सजग होना चाहते हैं, तो आपको केवल उस संबंध के बारें में जानना होगा, जो आपकी सोच और भावना के बीच में है। आपके लिए यह जानना बहुत महत्त्व रखता है कि आप निरंतर सोच रहे हैं। यह मानने की भूल न करें कि आप पहले से यह तथ्य जानते हैं। एक पल के लिए अपनी साँस के बारे में सोचें। इस क्षण तक, यह वाक्य पढ़ने तक आप सब कुछ भूल चुके थे। सच तो यह है कि जब तक आपको साँस लेने में कठिनाई नहीं होती, तब तक आपका ध्यान भी कहीं ओर नहीं जाता।

सोच भी ऐसे ही काम करती है। आप हमेशा सोच रहे हैं इसलिए यह भूलना भी आसान है कि ऐसा हो रहा है और यह आपके लिए अदृश्य हो जाती है। हालाँकि जब आप यह भूल जाते हैं कि आप निरंतर सोच रहे हैं तो आपके जीवन में गंभीर समस्याएँ आ सकती हैं जैसे गुस्सा, संघर्ष और तनाव आदि। कारण यही है कि आपकी सोच ही भावना के रूप में आपके पास आती है : इन दोनों का आपस में गहरा संबंध है। गुस्से का विचार लाए बिना ही गुस्सा करने का प्रयत्न करें। तनावपूर्ण विचारों के बिना तनावग्रस्त होकर देखें। आप ऐसा नहीं कर सकते – यह असंभव है। सच तो यही है कि किसी भावना को अनुभव करने के लिए आपके पास उससे जुड़ी सोच होनी चाहिए।

अप्रसन्नता अपने आप टिक ही नहीं सकती। यह अपने साथ जीवन के लिए नकारात्मक सोच लेकर आती है। उस सोच के अभाव में कोई उदासी, तनाव या ईर्ष्या नहीं टिक सकती। जब भी आप उदास हों तो गौर करें, उस समय आपकी सोच भी नकारात्मक ही होगी। उस समय आपका जीवन नकारात्मक नहीं होता। बस यही छोटी सी बात समझ आ जाए तो आप प्रसन्नता की राह पर चल सकते हैं। इसके लिए अभ्यास करना होगा पर आप स्वयं को उस बिंदु तक ला सकते हैं जहाँ आप अपनी नकारात्मक सोच के साथ उसी तरह पेश आते हैं जैसे पिकनिक के दौरान मक्खियों के साथ करते हैं : आप उन्हें अपने से दूर भनकाकर आनंद मनाते रहते हैं।

106
'अधिक ही बेहतर है' यह विचार त्याग दें

हम इस समय दुनिया की सबसे संपन्न संस्कृति में जी रहे हैं। भले ही अमेरिका में दुनिया की छह प्रतिशत आबादी हो पर हमारे पास आधे से अधिक संसाधन हैं। अगर अधिक ही बेहतर होता तो शायद हम इस समय की सबसे प्रसन्न और संतुष्ट संस्कृति होते। परंतु ऐसा नहीं है। दरअसल, हम तो सबसे अधिक असंतुष्ट संस्कृति में जी रहे हैं।

ऐसा नहीं कि आपके पास बहुत कुछ होना बुरा या अनुचित है। केवल और अधिक पाने की अंधी लालसा अनुचित है। अगर आपको लगता है कि अधिक ही बेहतर है तो आप कभी संतुष्ट नहीं होंगे।

ज्यों ही हमें कुछ मिलता है तो हम अगली चीज़ की ओर चल देते हैं। इस तरह हम जीवन और इससे मिले अनेक वरदानों को अनदेखा कर देते हैं। एक व्यक्ति ने नया घर लिया और घर में प्रवेश करते ही सारा रोमांच हवा हो गया, उसकी खुशी जाती रही। उसने चाहा कि काश उसका घर और बड़ा व आरामदेह होता। वह एक दिन के लिए भी उस नए घर का आनंद नहीं ले सका। अफसोस की बात है कि वह अकेला ऐसा नहीं है। हम सभी काफी हद तक ऐसे ही हैं। 1989 में दलाई लामा को शांति का नोबल पुरस्कार मिला तो एक रिपोर्टर ने सवाल किया, 'इसके बाद क्या?' मानो हम जो भी कुछ करते हैं – घर खरीदना, कार लेना, साथी खोजना, नए कपड़े बनवाना, कोई उपाधि पाना वगैरह यह सब कभी पूरा नहीं होता।

इस प्रवृत्ति से छुटकारा पाना चाहें तो स्वयं को यकीन दिलाना होगा कि अधिक ही बेहतर नहीं होता और समस्या यह नहीं कि आप कुछ पाना चाहते हैं, लगातार कुछ पाने की इच्छा रखना अनुचित है।

संतुष्ट रहने का अर्थ यह नहीं कि आप जीवन में कुछ और नहीं पा सकते या पाना नहीं चाहते। बस इसका अर्थ यही है कि आपकी प्रसन्नता का उस अधिक से लेन-देन नहीं है। जब आप वर्तमान क्षण पर केंद्रित रहना सीख लेंगे और अपनी

इच्छाओं पर केंद्रित नहीं रहेंगे तो जीवन और बेहतर होगा। जब आपके मन में बेहतर बनने के विचार होंगे तो आपके लिए जीवन की अनिवार्य बातों पर ध्यान देना सरल होगा और यह सोच आपके बहुत काम आएगी।

आपके पास जो भी हो, उसे सराहने की आदत डालें। जीवन को नए नज़रिए से देखें मानो पहली बार देख रहे हों। इस नई सजगता के बीच नई उपलब्धि आपके जीवन में प्रवेश करेगी। आपकी सराहना का भाव और अधिक उन्नत होगा।

प्रसन्नता की एक माप यह भी है कि आपके पास क्या है और आप क्या पाना चाहते हैं। आप चाहें तो आजीवन अपना मनचाहा पाने के पीछे भागते हुए प्रसन्नता का पीछा कर सकते हैं या फिर आप सजग भाव से तय कर सकते हैं कि आपका मनचाहा आपके पास पहले से है। यह रणनीति आपके जीवन को कहीं सरल, सहज और संतुष्ट बना सकती है।

107

अपने रिवाजों और आदतों का निरीक्षण करें (अगर ज़रूरत लगे तो उन्हें बदलने को तैयार रहें)

जब आप जीवन यापन के लिए काम करते हैं, तो अनावश्यक रूप से कुछ आदतों का शिकार हो जाते हैं– कुछ अच्छी; कुछ कम अच्छी; कुछ बुरी, कुछ सामान्य...। बहुत सारी आदतें ऐसे पक जाती हैं कि उन पर हमारा ध्यान ही नहीं जाता, न ही कोई बदलाव आता है। हम अक्सर कोई न कोई आदत अपना लेते हैं और समस्त करियर के दौरान उसके आदी हो जाते हैं।

कुछ आदतों और संस्कारों को ध्यान से देखें और उनमें बदलाव लाने का प्रयास करें, जिससे आपके जीवन की गुणवत्ता को लाभ मिल सके। हमारी आदतें अक्सर हमारे तनाव का कारण बन जाती हैं इसलिए उनसे हमारा आनेवाला जीवन भी अधिक तनावपूर्ण बन जाता है जितना कि वर्तमान में होता है।

इस पुस्तक में दी गई संभावनाओं में कुछ आम आदतें व संस्कारों का वर्णन है। उनमें से कुछ तो आपको जानी-पहचानी लगेंगीं, बाकी शायद नहीं। आप शायद स्वयं को काम से बहुत पहले तैयार नहीं करते और हमेशा जल्दी में रहते हैं। आपको दिन में बहुत अधिक मात्रा में भोजन करने की आदत है, फिर भी शिकायत रहती है कि आपके पास व्यायाम करने का समय नहीं या दोपहर बाद हमेशा थकान महसूस करते हैं। आप शायद अपनी कार में बैठकर जाते हैं– लेकिन आपके पास ट्रेन और बस जैसे विकल्प भी उपलब्ध हैं जो सस्ते भी हो सकते हैं और आपको उनमें बैठकर पढ़ने या आराम करने का समय मिल जाता है। शायद आप ज़रूरत से ज्यादा कैफीन का इस्तेमाल करते हैं और एक समय आने पर बहुत ज्यादा बेचैन और उत्तेजित महसूस करते हों। आप शायद काम के बाद मदिरा सेवन या शराब पीने के लिए किसी बार में भी जाते हैं क्योंकि यह आपकी आदत है। हो सकता है कि आप जिन लोगों के साथ काम करते हैं, उनके साथ मित्रवत रहने की अपेक्षा सुबह के समय थोड़ा रूखा या क्रोधित स्वभाव अपनाते हों, जिससे वे लोग आपके साथ सहयोग नहीं कर सकते या नाराजगी दिखाते हों। हो सकता है कि आप अखबार पढ़ने में बहुत ज्यादा समय लगाते हों और अपनी पसंदीदा किताब पढ़ने में बहुत कम समय। आप शायद रात को देर से सोने जाते हैं– या

बहुत जल्दी। फिर हो सकता है कि आरामदायक नींद लेने के लिए देर रात्री को कुछ खानपान करते हों। केवल आप जानते हैं कि आपकी कौन सी आदत आपका जीवन कठिन कर रही है।

आप देख सकते हैं कि इनमें से कोई आदत ऐसी है, जो सशक्त रूप से आपके जीवन में तनाव बढ़ा रही है- जिससे आपको दिन में कठोर परिश्रम करना पड़ता है और आप छोटे से काम करते समय भी घबरा जाते हैं। अपनी आदतों का निरीक्षण करने से ही आपको मदद मिल सकती है।

आइए देखते हैं कि उपरोक्त उदाहरणों में से कुछ में परिवर्तन लाया जाए तो आपके जीवन का तनाव थोड़ा कम हो सकता है। सादगी के बावजूद, यह शक्तिशाली परिवर्तन हो सकते हैं। अपने आपसे यह कहने की बजाय, मैं ऐसा कभी नहीं कर सकता, अपना दिमाग खोलें और परिवर्तन की कल्पना करें।

सुबह उठते ही सबसे पहले एक ऐसे दिन के अंतर की कल्पना करें, जिसमें एक तनावभरा दिन और दूसरा दिन तनाव से रहित था। एक घंटा जल्दी उठने या अपने दिन की शुरुआत थोड़ा जल्दी करने से आप संसार को बदला हुआ देख सकते हैं।

मैं ऐसे कई लोगों को जानता हूँ जो दोपहर के खाने के बाद एक घंटे की सैर करते हैं। इस एक मात्र नतीजे से उनके जीवन में बहुत परिवर्तन आया है। उनका वजन कम हुआ और वे पहले से ज्यादा स्वस्थ हुए। वे स्वयं को बेहतर महसूस करते हैं और उनकी ऊर्जा में भी बढ़ोत्तरी हुई है। इससे वे दोपहर के खाने का पैसा बचा रहे हैं और उस पैसे को भविष्य के लिए जमा कर रहे हैं। सैर के समय वे अक्सर अपने मित्रों से मिलते हैं और एक घंटा सामाजिकता निभाते हैं। वे अधिक आरामदायक व शांत महसूस करते हैं।

हर कोई अलग होता है और हम सबकी आदतें अलग होती हैं जिससे हम प्रसन्नता का अनुभव करते हैं। मैं नहीं जानता कि आप किस आदत में बदलाव चाहते हैं, लेकिन मुझे यकीन है कि आप कम से कम एक आदत को बदलने के बारे में तो अवश्य सोच सकते हैं। एक बार कोशिश ज़रूर कीजिए। आपके पास खोने के लिए क्या है- शायद थोड़ा सा तनाव?

108
स्वयं से पूछते रहें, 'क्या ज्यादा महत्त्व रखता है?'

अक्सर हम कोलाहल, जिम्मेदारियों और जीवन के लक्ष्यों के बीच भ्रमित हो जाते हैं। इतने द्रवित हो जाते हैं कि उन्हें भी भुला देते हैं जो हमारे दिल के बहुत निकट हैं, आत्मीय हैं। मैंने पाया कि अक्सर अपने आपसे यह सवाल पूछना लाभदायक होता है कि 'क्या ज्यादा महत्त्व रखता है?'

मैं अक्सर सुबह उठते ही स्वयं से यह प्रश्न करता हूँ। स्वयं को याद दिलाता हूँ कि मेरे लिए क्या अहम है, इस तरह मुझे अपनी प्राथमिकताओं को तय करने में मदद मिलती है। मुझे याद रहता है कि मेरी अनेक जिम्मेदारियों के बावजूद, मेरे पास यह चुनाव है कि मेरे जीवन में क्या अहम होगा और मेरी ऊर्जा किस ओर लगेगी। मैं अपनी पत्नी, बच्चों, लेखन, अपने आंतरिक कार्य के लिए उपलब्ध रहूँगा।

भले ही यह रणनीति सरल लगे परंतु मैंने पाया कि यह मुझे सीधी राह पर चलने में कारगर रही है। जब मैं कुछ क्षणों के लिए स्वयं को याद दिलाता हूँ कि ऐसा क्या है जो वास्तव में मायने रखता है तो लगता है कि मैं उस एक पल से जुड़ गया, तब मेरे लिए कोई जल्दीबाजी या आपाधापी नहीं रहती और सब सहज भाव से घटने लगता है। इसके विपरीत जल्दीबाजी दिखाने से कई बार प्राथमिकताओं के खोने का भय बना रहता है। मैं अपनी ही व्यस्तता के जाल में उलझ जाता हूँ। मैं घर से काम और काम से घर के चक्करों के बीच धीरज खो देता हूँ, व्यायाम करना भूल जाता हूँ और ऐसे काम करने लगता हूँ, जो मेरे जीवन के लक्ष्यों से मेल नहीं खाते।

यदि आप नियमित रूप से स्वयं से यह प्रश्न पूछते रहें कि आपके लिए क्या अधिक मायने रखता है, तो हो सकता है कि आपको कुछ ऐसे चुनाव मिलें जो आपके लक्ष्यों के विपरीत न हों। यह रणनीति अपनाने से आप अपने कामों और लक्ष्यों के साथ चलते हुए सजग और स्नेही निर्णय ले सकेंगे।

109

अपने दिल की सुनें

आप अक्सर स्वयं से यह कहते होंगे, 'मुझे पता था कि मुझे ऐसा करना चाहिए था।' कई बार आपका दिल कुछ और कहता है और आप उसे अनसुना कर देते हैं।

आपको अपने दिल की सुननी होगी यानी आपको भीतर से उठते उस स्वर को सुनकर उस पर भरोसा करना होगा, वह जानता है कि आपको क्या करना है। हममें से बहुत से लोग अपने दिल की कभी नहीं सुनते या हमें भय रहता है कि यह कभी तार्किक उत्तर नहीं देगा। हम खुद को यही समझाते हैं कि हमारे मन की आवाज़ सही नहीं होगी या आप वैसा नहीं कर सकते। और ज्यों ही, हमारा विचारवान मस्तिष्क सामने आता है तो हम उस सोच से परे हटकर सोचने लगते हैं। फिर हम अपनी सीमाओं की चर्चा करते हैं और वे हमारी सीमाएँ हो जाती है।

यदि आप भी अपने भय से उबर सकें तो आपका दिल आपको सही उत्तर देगा और आपका जीवन एक जादुई रोमांच में बदल जाएगा। अपने दिल की सुनना और उस पर भरोसा करने का मतलब है कि आप अपने आनंद और विवेक की राह में आनेवाली सारी बाधाओं को हटा रहे हैं। इस तरह आप अपने विवेक और कृपा के महान स्रोत से एकात्म हो सकते हैं।

यदि आप अपने अंत:करण का स्वर नहीं सुन पाते तो थोड़ी देर मन को शांत कर एकांत में बैठें। अपने आदतन, आत्म-पराजित करनेवाले विचारों को उपेक्षित करें, जो अचानक ही शांत मन की सतह पर उभर आते हैं। अगर आपके मन में ऐसा कुछ आए तो उन विचारों को देखें और साक्षी भाव पूरा करें। जैसे अगर आपके मन में आया कि किसी को प्यार भरा संदेश देना है तो यह काम करने में पीछे न हटें। अगर आपका दिल कहता है कि आपको अपने लिए थोड़ा समय निकालना है तो ऐसा करने से पीछे न हटें। अगर वह कहता है कि आपको अपनी आदत पर ध्यान देना चाहिए तो अपनी आदत को देखें। दिल ही आपको संदेश देगा कि आपको क्या करना है और क्या नहीं करना। यह आपको ऐसे प्यारे अनुभव देगा कि आप अपने जीवन में आनेवाले अंतर को स्वयं महसूस कर सकेंगे।

110
वर्तमान पर केंद्रित रहें

वर्तमान पर केंद्रित रहने की जादुई योग्यता के बारे में बहुत कुछ कहा गया है। वैसे मेरा मानना है कि यह ऐसा विवेक है जिसे आप कभी पूरी तरह से नहीं पा सकते। जब आप अपने ध्यान को इस एक क्षण पर केंद्रित करेंगे तो आप पाएँगे कि आपको अपने कामकाजी जीवन में बहुत लाभ मिलने लगा है। तनाव घटने लगेगा, आपा-धापी कम होगी, पहले से कहीं अधिक प्रभावी और सहज हो सकेंगे। आप काम का पहले से अधिक आनंद ले सकेंगे, बेहतर श्रोता बनेंगे और अपने सीखने के वक्र को और तीक्ष्ण कर सकेंगे।

प्राय: हमारा ध्यान भविष्य की ओर भटक जाता है। हम एक ही बार में बहुत सारी बातों के बारे में सोचते और चिंता करते हैं - समयसीमा और संभावित समस्याएँ, इस सप्ताह के अंत में क्या करने वाले हैं, हमारे काम के लिए प्रतिक्रियाएँ। हम पहले ही यह अनुमान लगाने लगते हैं कि कौन से काम गलत हो सकते हैं या कौन सी बाधा हमारी राह रोक सकती है। हम अक्सर खुद को यकीन दिला देते हैं कोई काम कितना मुश्किल होनेवाला है, जबकि भी उस घटना को घटने में बहुत समय होता है।

या फिर हमारा ध्यान अतीत की ओर चला जाता है - हम पिछले सप्ताह हुई भूल पर बिसूरते हैं या आज सुबह होनेवाली बहस की चिंता करने लगते हैं। कई बार तो पिछली तिमाही की कम आय या किसी दर्दनाक और शर्मिंदगी से भरी घटना दिमाग में नाचने लगती है। और चाहे अतीत हो या भविष्य, हम अपने लिए बदतर की कल्पना करने का अवसर निकाल ही लेते हैं। हमारी बहुत सारी मानसिक गतिविधि उस भविष्य पर केंद्रित होती है जहाँ संभवत: वे घटनाएँ घटित ही नहीं होंगी। और यदि होंगी भी तो इतनी भयावह नहीं होंगी, जितनी हम उनकी प्रत्याशा करते आए हैं। हमें अतीत की उन बातों को दोहराने में भी आनंद आता है जिन पर हमारा कोई प्रत्यक्ष नियंत्रण नहीं था और न ही होगा।

मैंने इसे दोनों तरह से करके देखा है - काम के दौरान दिमाग को पचास

तरह की बातों में लगाए रखना या फिर पूरी तरह से स्वयं को वर्तमान में केंद्रित रखना – और मेरा यकीन मानें केंद्रित मन कहीं अधिक शांत, रचनात्मक और प्रभावशाली होता है। मैं तो यह भी कहूँगा कि वर्तमान पर केंद्रित रहने की मेरी योग्यता, मेरी महानतम क्षमताओं में से है। चाहे किसी से फोन पर बात हो रही हो या कोई सामने बैठकर बोल रहा हो, मैं पूरी तरह से, दूसरी चीज़ों से अपना ध्यान परे रखते हुए उस व्यक्ति के साथ होता हूँ। इस तरह मुझे उसकी बात पूरी तरह से सुनने और समझने का अवसर मिलता है।

मैं लिखते हुए भी ऐसा ही करने की कोशिश करता हूँ। अगर कोई वास्तविक आपातकाल न हो तो मैं अपने काम में पूरी तरह से मग्न रहता हूँ। इस तरह मेरा पूरा ध्यान और ऊर्जा केवल एक गतिविधि पर निर्देशित होता है – जो रचनात्मकता और बेहतर काम के लिए एक आदर्श वातावरण कहा जा सकता है। मैंने पाया है कि सही मायनों में केंद्रित रूप से किए गए कार्य का एक घंटा, पूरे दिन के बाधाओं से भरे काम की उत्पादकता के बराबर होता है। जब मैं किसी ग्रुप के लिए कुछ बोलता हूँ तो यही करता हूँ। मैंने अपनी ओर से यह योग्यता अर्जित करने में मेहनत की है कि जब मैं किसी दल के साथ होता हूँ तो उस दौरान कहीं और होने की इच्छा नहीं रखता। दूसरे शब्दों में, अगर मैं शिकागों में हूँ तो अगले दिन के क्लीवलैंड के प्रोग्राम के बारे में विचार नहीं करूँगा। मेरा मानना है कि वर्तमान पर केंद्रित रहने के इस गुण ने मुझे एक प्रभावी वक्ता बनने के साथ-साथ कड़ी मेहनत करते हुए भी, लंबे दौरों के दौरान न थकने की क्षमता प्रदान की है।

आप जो भी कर रहे हों, उसमें डूबने का भी अपना ही जादुई आनंद है। इससे आपका संतोष बढ़ता है। मुझे पूरा विश्वास है कि आप भी इसका आनंद लेंगे।

111
जो है, उसे स्वीकार करें

कई दर्शनों में सबसे बुनियादी आध्यात्मिक नियम यही है कि जो भी हो, उसके लिए अपने हृदय को मुक्त करें। जीवन को एक खास तरह से होने के लिए विवश न करें। यह विचार बहुत महत्त्व रखता है क्योंकि हमारा अधिकतर आंतरिक संघर्ष इसी बात का है कि हम जीवन को अपनी तरह से देखते हुए वश में रखना चाहते हैं। हम चाहते हैं कि वह हमारे अनुसार चले। हम हर क्षण के सत्य के प्रति जितना अधिक समर्पण करेंगे, हमारे मन की शांति उतनी अधिक होगी।

जब हम पहले से तय कर लेते हैं कि जीवन को कैसा होना चाहिए तो वह हमें उस अवसर का लाभ नहीं उठाने देता। हम अपने वर्तमान क्षण का आनंद उठा सकते हैं। लेकिन कभी-कभी यही हमें अपने हालात का आदर नहीं करने देता, जो हमारे लिए महान जागरण का अवसर हो सकता है। अपने बच्चे की शिकायत या साथी की असहमति को सहज भाव से स्वीकार करें। अगर वे आपके कहे अनुसार नहीं चल रहे तो इस बात को स्वीकार करें। अगर कोई परियोजना पूरी नहीं हो पा रही, मंजूर नहीं हुई तो मायूस होने के बजाए उस अस्वीकृति को दिल से मंजूर करें और सोचें कि आप अगली बार उसे बेहतर करके दिखानेवाले हैं। गहरी साँस लें और सहज भाव से प्रतिक्रिया दें।

इस तरह आप अपने हृदय को मुक्त करते हुए शिकायतों, अस्वीकृतियों और असफलताओं को पार करते हुए, उनका आनंद उठा सकते हैं। खासतौर पर तब, जब जीवन आपके नियोजित तरीके से न चल रहा हो। अगर आप दैनिक जीवन की कठिनाईयों के बीच भी खुले दिल से जीना जानते हैं तो जल्दी ही आपको पता चलेगा कि आप बहुत सारी बातों पर व्यर्थ चिंता करते थे। आपका नज़रिया गहरा होगा। आपको पता चलेगा कि आप जिसके साथ खूंखार तरीके से लड़ रहे थे, वहाँ तो शांत और मौन भाव से भी काम बन सकता था। जब आप वर्तमान क्षण के प्रति समर्पण करते हुए यह स्वीकार कर लेते हैं कि जो हो रहा है, वही बेहतर है तो आप भीतर से कहीं अधिक शांत बनकर सामने आते हैं। धीरे-धीरे आपकी वही जागरूकता बड़ी चीज़ों में भी आने लगती है। यह वास्तव में जीने का शक्तिशाली उपाय हो सकता है।

112
अपने काम से मतलब रखें

जब आपको अपनी मानसिक प्रवृत्ति, मसलों, जीवन की समस्याओं, आदतों, विरोधाभासों और जीवन की जटिलताओं से पार पाना हो तो ऐसे में जीवन की सहजता बनाए रखना कठिन हो सकता है। परंतु जब आपको दूसरों के मसले भी सुलझाने पड़ें तो आपके लिए अपनी शांति बनाए रखना कठिन हो जाता है। अक्सर आप चीज़ों को लेकर इतने कुंठित, मायूस, चिंतित और खीझे हुए होते हैं कि आपको यह भी याद नहीं रहता कि उन चीज़ों पर आपका नियंत्रण नहीं है और सबसे ज़रूरी बात यह है कि आपका उनसे कोई लेन-देन तक नहीं है।

ऐसा नहीं कि आप दूसरों की मदद न करें। बस उन कामों या मसलों से दूर रहें, जिनका आपसे कोई प्रयोजन न हो।

आपको पता होना चाहिए कि कब किसी की मदद करनी है और कब किसी को अकेला छोड़ना है। मैं अक्सर दूसरों के बिना कहे, उनकी मदद करने चला जाता था। मेरे सारे प्रयास व्यर्थ हो जाते और सामनेवाले से कभी तारीफ नहीं आती थी। कई बार तो वे खीझ भी जाते थे। जब से मैंने दूसरों के जीवन में अनावश्यक दखल देना बंद किया, मेरा अपना जीवन सरल हो गया और अब मैं अनचाहे मेहमान की तरह बीच में नहीं टपकता। सामनेवाला मदद चाहे या वास्तव में जरूरतमंद हो, तभी उसकी मदद के लिए आगे आता हूँ।

अगर हम अपने काम से काम रखेंगे तो दूसरों की मदद के लिए आगे भागने का प्रलोभन कम हो जाएगा। इस तरह आपके जीवन में कानाफूसी करना, चुगली करना, दूसरों को परखना या उनकी निंदा करना भी घटेगा। हम दूसरों की कमियों पर अधिक ध्यान इसलिए ही देते हैं क्योंकि हम कभी अपने पर ध्यान ही नहीं देते।

जब भी आप स्वयं को कुछ ऐसा करते हुए देखें तो खुद को उस हालात से जल्दी ही अलग कर लें। इस तरह आप अपनी शेष ऊर्जा को और बेहतर कामों में लगा सकेंगे, जिनमें आपकी वाकई ज़रूरत होगी।

113
कभी भी किसी की पीठ पर वार न करें

मैं एक अतिथि वक्ता बनने से पूर्व कार्पोरेट प्रोग्राम में हिस्सा ले रहा था। तभी एक युवक ने पास आकर अपना परिचय दिया। वह तब तक तो नेक ही लग रहा था जब तक उसने दूसरों पर वार करनेवाला रवैया नहीं अपनाया।

उसने अपने बॉस के बारे में उलाहनों और शिकायतों का अंबार लगा दिया, उसे अपने साथ काम करनेवालों से भी परेशानी थी। दस मिनट के भीतर ही मैं उसकी कंपनी के उस 'कचरे' का विशेषज्ञ बन चुका था। अगर मैं उसकी कहानी के संस्करण का विश्वास करता, तो उसकी पूरी फर्म का सत्यानाश हो चुका था – बस वही एक अपवाद बचा था।

इसका दुर्भाग्यपूर्ण पक्ष यह था कि शायद उसे भी नहीं पता था कि वह क्या कर रहा था – शायद यह सब उसकी साधारण बातचीत का हिस्सा था। उसे दूसरों की पीठ पीछे बुराई करने की आदत थी।

बदकिस्मती से केवल वही ऐसी आदत का शिकार नहीं है। देश के अलग-अलग हिस्सों में, विविध प्रकार के लोगों से मिलने के बाद मुझे यह खेद से कहना पड़ता है कि अब भी लोग दूसरों की पीठ पर वार करने से बाज नहीं आते। संभवत: यही वजह है कि हममें से अधिकतर लोग इसके नतीजों के बारे में सोचते तक नहीं।

ऐसे दो अच्छे कारण हैं, जिन्हें जानकर आप कभी किसी की पीठ पीछे बुराई नहीं करेंगे। सबसे पहले, यह सुनने में बुरा लगता है और आप अच्छे नहीं दिखते। जब मैं किसी को पीठ पीछे बुराई करते देखता हूँ, तो इससे उस व्यक्ति के बारे में पता नहीं चलता, जिसकी वे बात कर रहे हैं, इससे उनके बारे में ज्यादा जानकारी मिलती है। मेरे लिए, दूसरों की पीठ पीछे बुराई करनेवाला इंसान दोगला है। मुझे संदेह है कि मैंने जिस व्यक्ति का उदाहरण दिया, वह अपने कर्मचारियों को भी वह सब बताता होगा, जो उसने उनके बारे में मुझे बताया। दूसरे शब्दों में, वह उनसे मुस्कुराकर अच्छी बातें करता होगा पर उनकी पीठ पीछे बिलकुल अलग तरह से व्यवहार करता होगा। मेरे लिए, यह कोई अच्छी बात नहीं है और अपने

आपमें बहुत खराब छवि दिखाता है।

परंतु घटिया और नाजायज़ बात होने के अलावा, दूसरों की पीठ पीछे बुराई करने से आप कई दूसरी तरह की समस्याओं से भी ग्रस्त हो सकते हैं जैसे तनाव, उद्वेग तथा अन्य नकारात्मक भावनाएँ।

अगली बार जब भी आप सुनें कि कोई किसी दूसरे की बुराई कर रहा है, तो कल्पना करें कि वह व्यक्ति वास्तव में कैसा महसूस कर रहा है – उसकी आत्मविश्वास से भरी सुरक्षित छवि के पीछे क्या छिपा है। जो व्यक्ति अपने बचाव में कुछ कहने के लिए सामने ही नहीं है, उसके बारे में बुरी, खराब और नकारात्मक बातें बोलने से कैसा महसूस होता होगा?

114

साधारण में असाधारण की खोज

मैंने दो कर्मचारियों की कहानी सुनी थी। वे मजदूर थे। एक रिपोर्टर उनसे मिलने गया और पूछा कि तुम क्या कर रहे हो? पहले मजदूर ने बताया कि 'मैं तो गुलामों की तरह सारा दिन ईटें ढोता रहता हूँ, मुझे कितना कम वेतन मिलता है। सारा दिन व्यर्थ हो जाता है।'

दूसरे मजदूर से भी यही सवाल किया गया तो उसने कहा कि 'मैं दुनिया का सबसे किस्मतवाला इंसान हूँ। मैं वास्तुशिल्प का अहम और सुंदर हिस्सा तैयार कर रहा हूँ। इन्हीं ईंटों से ही एक मास्टरपीस तैयार होगा।'

वे दोनों ही ठीक कह रहे थे।

सच तो यह है कि हम जीवन में वही देखते हैं जो हम देखना चाहते हैं। अगर बदसूरती खोजने निकलें तो उसकी कमी नहीं है। अगर दूसरों में दोष खोजने निकलें तो लोगों के जीवन में कमी नहीं है। अगर आप साधारण में असाधारण खोजने निकलें तो बेशक आप स्वयं को इस तरह देखने के लिए भी प्रशिक्षित कर सकते हैं। क्या आप भी दूसरे मजदूर की तरह अपने काम को असाधारण मान सकते हैं? क्या आप देख सकते हैं कि इस सुंदर दुनिया के तारतम्य में आप भी जुड़े हैं। आप भी इस ब्रह्माण्ड का एक हिस्सा हैं, मनुष्य के जीवन का असाधारण चमत्कार। मेरे लिए तो यह सब अभिप्राय से संबंध रखता है। इस संसार में विस्मय और आभार के लिए बहुत कुछ है। यह जीवन कितना अनमोल और असाधारण है। इसी तथ्य पर अपना ध्यान लगा दें और आपके जीवन में साधारण चीज़ों के भी अर्थ निकल आएँगे।

115
अपने आंतरिक कार्य के लिए समय तय करें

वित्तीय नियोजन के क्षेत्र में सार्वभौमिक रूप से स्वीकृत नियम है कि दूसरों के बिल भरने से पहले अपना भुगतान करें, स्वयं को भी एक उधार देनेवाला मानें। इस वित्तीय विवेक का अर्थ है कि अगर आप सबकी प्रतीक्षा में रहेंगे कि उनके भुगतान करने के बाद बचत करेंगे तो आपके लिए कुछ नहीं बचेगा। नतीजन, आपकी बचत टलती रहेगी और फिर आपके हाथ कुछ नहीं आएगा। यदि आपने पहले अपना भुगतान किया तो आपके पास बाकी सबको भुगतान करने के लिए पर्याप्त होगा।

यही नियम आप अपने आध्यात्मिक अभ्यास में भी शामिल कर सकते हैं। यदि आप अपने सारे काम पूरे करने का प्रयत्न करते रहे और यही कोशिश करते रहे कि पहले दूसरे आरंभ कर लें तो ऐसा कभी नहीं होगा। मैं इसकी पूरी गारंटी दे सकता हूँ।

मैंने यह पाया है कि हर दिन थोड़ी दिनचर्या बनाने से आप अपने लिए आसानी से समय निकाल सकते हैं। जैसे आप सुबह जल्दी उठकर अपने पढ़ने, लिखने और ध्यान करने के लिए समय निकाल सकते हैं या फिर अपनी मर्जी से समय का उपयोग कर सकते हैं। आप अपने समय का चुनाव कैसे करेंगे, यह आप पर निर्भर करता है। खास बात यह है कि आपको समय निकालना है और उसके अनुसार ही चलना है।

मेरी एक ग्राहक हैं, जो नियमित रूप से बेबी-सिटर की सेवा लेती हैं ताकि वे अपने किए जानेवाले काम पूरे कर सकें। एक ही वर्ष के भीतर उनके प्रयास रंग लाए हैं। वे पहले से कहीं अधिक प्रसन्न रहने लगी हैं। उन्होंने बताया कि वे कल्पना तक नहीं कर सकती थीं कि केवल बेबी-सिटर को रखने से, वे अपने लिए कितनी गुणवत्ता से भरपूर समय निकाल सकती थीं। अब तो वे इसके बिना अपने जीवन की कल्पना नहीं कर सकतीं। यदि आप भी ऐसा ही कुछ कर सकें तो अपने लिए मनचाहा समय निकाल सकेंगे।

116

इस तथ्य को स्वीकार करें - कभी न कभी आपको वास्तव में बुरे दिन का सामना करना ही पड़ता है

हाल ही में, मुझे भी ऐसे ही एक खराब दिन का सामना करना पड़ा जो कि काफी मज़ाकिया भी रहा। ऐसा लग रहा था मानो सब कुछ गलत हो रहा था। दरअसल मुझे एक टॉक शो के लिए दूसरे राज्य में उड़ान भरनी थी। सच कहूँ तो मैं जाना ही नहीं चाहता था क्योंकि मैं बहुत लंबे दौरे से वापस आया था और परिवार की बहुत याद सता रही थी। थकान हो रही थी, जैट लैग का असर था और बहुत सारा काम बचा हुआ था। हालाँकि मेरी बहुत सी योजनाओं पर काम चल रहा था पर प्रकाशक ने कहा कि वह एक महत्त्वपूर्ण इवेंट था और वह समूह मेरी उपस्थिति की प्रतीक्षा में है इसलिए मैंने जाने की हामी भर दी।

एयरपोर्ट जाते हुए मैं इतने बुरे जाम में फँसा जिसे मैंने पहले कभी नहीं देखा था – पैंतालीस मिनट का रास्ता दो घंटों में पूरा हुआ। मैंने शर्ट पर कॉफी गिराकर अपनी परेशानी को और बढ़ा दिया।

जब एयरपोर्ट पहुँचा तो विमान देर से आया था और मेरी सीट किसी और को दे दी गई थी। मुझे दो लोगों के बीच बैठना पड़ा। मेरे लिए यह मुश्किल हो जाता है क्योंकि मैं बहुत लंबा हूँ, भीड़ से घबराता हूँ और इसके अलावा मुझे ऐसी यात्राओं के दौरान लिखने की भी आदत है (मैं इस समय मियामी से सैन फ्रांसिस्को की उड़ान में ही यह सब लिख रहा हूँ)। विमान देरी से आया था इसलिए शिकागो में मेरी अगली उड़ान छूटी और मुझे उस शाम की आखिरी उड़ान के लिए घंटों प्रतीक्षा करनी पड़ी। जब मैं शिकागो एयरपोर्ट पर किताब पढ़ रहा था तो एक औरत किसी के सूटकेस से उलझी और अपना चिपचिपा पेय पदार्थ मेरे खुले हुए ब्रीफकेस में गिरा दिया। जब वह माफी माँग रही थी तो बचा हुआ ड्रिंक मेरी किताब पर गिर गया। मेरे स्पीकिंग नोट्स, इस किताब के आइडिया, एयरलाइन टिकट, बिल, बच्चों के फोटो और बहुत सारी चीज़ें बरबाद हो गई थीं।

जब मैं आखिर में अपने गंतव्य पर पहुँचा तो बुरी तरह से थक चुका था पर वह तो जागने का समय था। इसलिए मैं नहाते ही सीधा सबके बीच पहुँच

गया। मुझे होटल की लॉबी में निश्चित समय पर अपने मेजबान से मिलना था पर वह आई ही नहीं। मैंने कन्वेंशन सेंटर में फोन किया तो पता चला कि वे मुझे उस मेजबान के बिना आने ही नहीं देंगे क्योंकि उनके सुरक्षा कारण कुछ ऐसे ही थे। मुझे एक बार फिर कहा गया कि उसी जगह पर अपने लिए सवारी की प्रतीक्षा करूँ। आपने अब तक अनुमान लगा लिया होगा कि मैं उस इवेंट में नहीं जा सका था। वे दो हज़ार लोग मेरी प्रतीक्षा ही करते रह गए, जो मुझे सुनने आए थे। यह दिन वाकई उन बुरे दिनों में से था।

जैसा कि प्राय: होता है, इसमें किसी की कोई गलती नहीं थी। इसे आप बुरा दिन, संप्रेषण की कमी या बदकिस्मती, कोई भी नाम दे सकते हैं। हम सबको कभी न कभी बुरे दिनों का सामना करना ही पड़ता है। उस दिन मेरी बारी रही होगी। उसके बाद से एक लंबा अरसा हुआ, मैंने ऐसा कोई अनुभव नहीं पाया। दरअसल उस दिन तक, ऐसा कभी नहीं हुआ था कि मैं किसी प्रोग्राम में समय पर नहीं पहुँचा था। मुझे लगता है कि यह होनी थी और हो गई।

उस दिन इतनी परेशानियों के बावजूद मैंने अपने दिमाग को शांत रखा और कई खुशहाल और प्रतिभाशाली लोगों से मिलने का अवसर पाया। हमने उस इवेंट के बजाए पुस्तकों पर हस्ताक्षर करने की मीटिंग आयोजित कर ली। हालांकि हमने अपने लिए एक अलग तरह के दिन की कल्पना की थी, परंतु अपनी ओर से यह भी बेहतरीन रहा और आखिर में हमने हँसी-खुशी और मौज-मस्ती के बीच दिन को समाप्त किया। रिचर्ड कार्लसन के साथ कोई घटना हो गई, केवल इसी वजह से धरती अपनी धुरी पर घूमना बंद नहीं कर देगी।

आप इन परिस्थितियों को, कई दूसरे लोगों की तरह भीषण और कुंठित रूप में देख सकते हैं या फिर आप इन्हें बादलों के बीच दिखती भोर की बेला जैसा महसूस कर सकते हैं। अगर आपको आनेवाली भोर का एहसास न भी हो तो भी आप ब्रह्माण्ड के काम करने के तरीकों पर हँसते हुए आगे बढ़ सकते हैं। मेरी ओर से सादा सा सुझाव है : इस तथ्य को स्वीकारें कि आपको कभी न कभी किसी बुरे दिन का सामना करना पड़ सकता है। तो नया क्या है?

117
व्यवहार के ढाँचों को पहचानें

चाहे आप कहीं भी काम करते हों या कोई भी काम करते हों, अगर आपको व्यवहार के ढाँचों की पहचान करना आ जाए तो आपके लिए जीवन के तनाव को घटाना आसान होगा और आप अनावश्यक और परस्पर संघर्षों से अपना बचाव कर सकेंगे। इस तरह आपको छोटी-मोटी बातें सामने आने पर अपने नजरिए को भी संभालने में सहायता मिलेगी। जब आप अपने व्यवहार के ढाँचों को पहचानना सीख लेंगे, तो आपके लिए समस्याओं के हाथ से निकलने से पहले ही उन्हें पहचानना सरल होगा, आप आरंभ में ही मुसीबत की जड़ को जान लेंगे और उन बाधाओं को रोक सकेंगे, जो आनेवाले समय में सामने आ सकती हों।

अगर आप अपने साथ काम करनेवाले लोगों को ध्यान से देखें तो आप सहमत होंगे कि लोगों में ढाँचे दोहराने और आदतन प्रतिक्रिया देने की प्रवृत्ति पाई जाती है। दूसरे शब्दों में, हम एक जैसी बातों से परेशान रहते हैं, एक जैसे हालात से परेशान रहते हैं। एक जैसे तथ्यों पर बहस करते हैं और कई तरह के बचावात्मक व्यवहार अपनाते दिखाई देते हैं। दअरसल, हममें से अधिकतर लोगों के लिए, जीवन के लिए हमारी प्रतिक्रिया और खास तौर पर तनाव को पहले से जाना जा सकता है।

118

अपनी अपेक्षाओं को कम करें

मैं लोगों के एक बड़े समूह के साथ इस बारे में बात कर रहा था कि अचानक कमरे के पीछे से किसी ने हाथ उठाकर कहा, 'आप किस तरह के आशावादी हैं जो यह कह रहे हैं कि हमें अपनी अपेक्षाओं को कम करना चाहिए?' यह एक जायज़ सवाल था और वास्तव में आप भी यही सोच रहे होंगे।

दरअसल इस सवाल का जवाब थोड़ा नाजुक है क्योंकि एक ओर, आप सच में भारी अपेक्षा रखते हुए चाहते हैं कि आपका काम सिरे चढ़े। आप यह मानना चाहते हैं कि आपको सफलता अवश्य मिलेगी और आपके अनुभव भी सामान्यत: सकारात्मक ही होंगे। थोड़ी मेहनत और अच्छे भाग्य के साथ, कई लोगों की अपेक्षाएँ (संभवत: सभी की) सच्ची भी हो सकती हैं।

वहीं दूसरी ओर, जब आप जीवन से बहुत अधिक अपेक्षा रखने लगते हैं, जब आप यथार्थ को भुलाकर बहुत अधिक माँग रखने लगते हैं, तो आप स्वयं को अनावश्यक दुःख और निराशा की ओर धकेल देते हैं। यह भी हो सकता है कि आप कार्यालय में भी कुछ लोगों से कटा हुआ महसूस करें क्योंकि अधिकतर लोग अयथार्थ अपेक्षाओं पर यकीन नहीं रखते। आपकी अपेक्षा है कि जीवन की सभी घटनाएँ तयशुदा तरीके से घटेंगी और लोग आपकी योजनाओं के अनुसार ही पेश आएँगे। जब वे ऐसा नहीं करते, जैसा कि प्राय: होता है तो आप तनाव और दुःख के बीच घिर जाते हैं।

अगर आप अपनी अपेक्षाओं को थोड़ा सा भी कम कर लें, तो आप अपने जीवन और अपने दिनों को काफी हद तक आसान बना सकते हैं। आप अपने लिए एक ऐसा भावात्मक माहौल बना सकते हैं, जहाँ सब कुछ सही तरीके से काम करेगा, आप उनका नाजायज़ लाभ लेने के बजाए, सुखद आश्चर्य और आभार का अनुभव करेंगे। और जब आपकी अपेक्षाएँ योजना के अनुसार नहीं होगीं तो ये आपको हानि भी नहीं करेंगी। अपेक्षाओं को कम करने से आपको अपनी राह में आनेवाली बाधाओं और अवरोधकों से परेशान नहीं होना पड़ता। तब नकारात्मक

रूप से प्रतिक्रिया देने के बजाए आप कहेंगे, 'ओह, कोई बात नहीं, मैं इसका ध्यान रख लूँगा।' अगर आपका मन शांत होगा तो आपके लिए किसी भी समस्या का हल निकालना सरल होगा।

यह जीवन बहुत सरल और समस्याओं से रहित नहीं है। लोगों से गलतियाँ होती हैं और हमें बुरे वक्त का सामना भी करना पड़ता है। कई बार लोग अशिष्ट और असंवेदनशील होते हैं। कोई भी नौकरी पूरी तरह से सुरक्षित नहीं होती और भले ही आप कितना भी पैसा क्यों न कमा लें, वह आपको पूरा नहीं लगता। अक्सर बाकी चीज़ों के अलावा फोन लाइन्स और कंप्यूटरों में भी दिक्कत आ जाती है।

कई लोग अपेक्षाओं को श्रेष्ठता के मापदंड मान लेते हैं। कृपया यह समझने की कोशिश करें कि मैं आपको यह सुझाव नहीं दे रहा कि आप अपने मापदंड घटा कर, खराब प्रदर्शन से ही संतोष पा लें। और न ही आपसे यह कह रहा हूँ कि आपको लोगों को जवाबदेह नहीं ठहराना चाहिए। मैं आपसे यह कह रहा हूँ कि अपने मन में खराब मनोभावों, भूलों, गलतियों और परेशानियों के लिए भी जगह बनाकर रखें। अपने सामने आनेवाली परेशानियों पर बिसूरने में समय लगाने के बजाए, उन्हें हल करने के बारे में सोचें। इस तरह बहुत सी चुनौतियों को अवसर में बदलते देर नहीं लगेगी। आपकी ऊर्जा का रूपांतरण होगा और अंत में आप पहले से अधिक उत्पादक रूप में सामने होंगे।

कोई भूल न करें : आप अपनी ओर से हर काम को संपूर्ण करना चाहेंगे – कड़ी मेहनत, भावी कामों की योजना बनाना, अपने हिस्से का काम करना, रचनात्मक बनना, पूरी तैयारी करना, दूसरों की मदद लेना और टीम प्लेयर बनना। परंतु भले ही आप कितनी भी चेष्टा क्यों न करें, जीवन हमेशा नियोजित तरीके से नहीं चलता। बेहतर यही होगा कि आप इससे आवश्यकता से अधिक अपेक्षा रखना छोड़ दें। जो होना है, सो होकर रहेगा। फिर देखिए कि आपका जीवन कितना सरल हो जाएगा। तब आपको निराशा का सामना नहीं करना होगा।

119

इस दिन को ऐसे जीएँ जैसे शायद यह आखिरी हो!

आप कब मरनेवाले हैं? पचास, बीस, दस या पाँच सालों में या फिर आज? पिछली बार सबसे पूछा था पर किसी ने उत्तर नहीं दिया। मैं अक्सर सोचता हूँ कि कार में खबरें सुनता हुआ व्यक्ति जब अचानक किसी दुर्घटना में मरता होगा, तो क्या उसे अपने परिवार से यह कहना याद रहता होगा कि वह उन्हें कितना प्यार करता है। क्या वह एक अच्छा जीवन जी सका? क्या उसने जी भरकर प्यार किया? शायद केवल एक ही बात निश्चित है कि अब भी उसके 'इन-बास्केट' में अधूरे कामों की सूची थी।

सच तो यह है कि हममें से किसी को भी नहीं पता कि हम कितने साल जीनेवाले हैं। हालाँकि हम इस तरह पेश आते हैं मानो सारा जीवन जीने के लिए पड़ा हो। हम चीज़ों को लगातार टालते जाते हैं जैसे हम उन्हें बता ही नहीं पाते कि उनसे कितना प्यार करते हैं, अच्छे दोस्तों से मिल नहीं पाते, अपने साथ कुछ समय अकेले नहीं बिता पाते, मैराथन का हिस्सा नहीं बन पाते, एक हार्दिक पत्र नहीं लिख पाते, बेटी के साथ मछली पकड़ने नहीं जा पाते, ध्यान नहीं कर पाते, किसी के मन की बात नहीं सुन पाते और ऐसे ही कई काम अधूरे रह जाते हैं। हम अपने कामों को जायज ठहराने के कारण ही खोजते रहते हैं और ऐसे कामों पर समय और ऊर्जा लगाते रहते हैं, जिनका कोई औचित्य नहीं होता। हम अपनी सीमाओं के लिए बहस करते हैं और वही हमारी सीमाएँ हो जाती हैं।

मुझे लगा कि इस पुस्तक के अंत में आपको सुझाव दिया जाए कि आप अपने हर दिन को इस तरह जीएँ मानो यह धरती पर आपका आखिरी दिन हो। इसका अर्थ यह नहीं कि आप अपनी जिम्मेदारियों से अनजान रहें, बस आपको स्वयं को याद दिलाना है कि यह जीवन कितना कीमती है। मेरे एक मित्र का कहना है, 'जीवन इतना ज़रूरी है कि इसे गंभीरता से नहीं लेना चाहिए।' दस साल बाद, उसका कहा सच होगा। यह पुस्तक भी शायद आपके लिए इसी तरह सहायक हो

सके और आगे भी होती रहेगी। कृपया इसकी बुनियादी बात को न भूलें, 'छोटी-छोटी बातों की टेंशन न लें।' मैं आप सबके लिए शुभकामनाएँ देते हुए इस पुस्तक को समाप्त करना चाहूँगा।

यह पुस्तक पढ़ने के बाद आप अपना अभिप्राय (विचार सेवा) इस *Mail ID* पर भेज सकते हैं ... books.feedback@tejgyan.org

महाआसमानी परम ज्ञान

शिविर परिचय और लाभ (निवासी)

Self Delelopment to Self Realization

Towords Self Stabilizaion

तेजज्ञान फाउण्डेशन आत्मविकास से आत्मसाक्षात्कार प्राप्त करने का एक रास्ता है। इसके लिए सरश्री द्वारा एक अनूठी बोध पद्धति (System for Wisdom) का सृजन हुआ है। इस पद्धति को अन्तर्राष्ट्रीय मानक ISO 9001:2015 के आवश्यकताओं एवं निर्देशों के अनुरूप ढालकर सरल, व्यावहारिक एवं प्रभावी बनाया गया है। इस संस्था की बोध पद्धति के विभिन्न पहलुओं (शिक्षण, निरीक्षण व गुणवत्ता) को स्वतंत्र गुणवत्ता परीक्षकों (Quality Auditors) द्वारा क्रमबद्ध तरीके से जाँचा गया। जिसके बाद इन पहलुओं को ISO 9001:2015 के अनुरूप पाकर, इस बोध पद्धति को प्रमाणित किया गया है।

फाउण्डेशन का लक्ष्य आपको नकारात्मक विचार से सकारात्मक विचार की ओर बढ़ाना है। सकारात्मक विचार से शुभ विचार यानी हॅपी थॉट्स (विधायक आनंदपूर्ण विचार) और शुभ विचार से निर्विचार की ओर बढ़ा जा सकता है। निर्विचार से ही आत्मसाक्षात्कार संभव है। शुभ विचार (Happy Thoughts) यानी यह विचार कि 'मैं हर विचार से मुक्त हो जाऊँ।' शुभ इच्छा यानी यह इच्छा कि 'मैं हर इच्छा से मुक्त हो जाऊँ।'

सभी समस्याओं का समाधान है तेजज्ञान। भय से मुक्ति, चिंतारहित व क्रोध से आज़ाद जीवन है तेजज्ञान। शारीरिक, मानसिक, सामाजिक, आर्थिक और आध्यात्मिक उन्नति के लिए है तेजज्ञान। तेजज्ञान आपके अंदर है, आएँ और इसे पाएँ। यदि आप ऐसा ज्ञान चाहते हैं, जो सामान्य ज्ञान के परे हो, जो हर समस्या का समाधान हो, जो सभी मान्यताओं से आपको मुक्त करे, जो आपको ईश्वर का साक्षात्कार कराए, जो आपको सत्य पर स्थापित करे तो समय आ गया है तेजज्ञान को जानने का। समय आ गया है शब्दोंवाले सामान्य ज्ञान से उठकर तेजज्ञान का अनुभव करने का।

अब तक अध्यात्म के अनेक मार्ग बताए गए हैं। जैसे जप, तप, मंत्र, तंत्र, कर्म, भाग्य, ध्यान, ज्ञान, योग और भक्ति आदि। इन मार्गों के अंत में जो समझ, जो बोध प्राप्त होता है, वह एक ही है। सत्य के हर खोजी को अंत में एक ही समझ मिलती है

और इस समझ को सुनकर भी प्राप्त किया जा सकता है। उसी समझ को सुनना यानी तेजज्ञान प्राप्त करना है। तेजज्ञान के श्रवण से सत्य का साक्षात्कार होता है, ईश्वर का अनुभव होता है। यही तेजज्ञान सरश्री महाआसमानी शिविर में प्रदान करते हैं।

सरश्री की आध्यात्मिक खोज का सफर उनके बचपन से प्रारंभ हो गया था। इस खोज के दौरान उन्होंने अनेक प्रकार की पुस्तकों का अध्ययन किया। इसके साथ ही अपने आध्यात्मिक अनुसंधान के दौरान अनेक ध्यान पद्धतियों का अभ्यास किया। उनकी इसी खोज ने उन्हें कई वैचारिक और शैक्षणिक संस्थानों की ओर बढ़ाया। इसके बावजूद भी वे अंतिम सत्य से दूर रहे। उन्होंने अपने तत्कालीन अध्यापन कार्य को भी विराम लगाया ताकि वे अपना अधिक से अधिक समय सत्य की खोज में लगा सकें। जीवन का रहस्य समझने के लिए उन्होंने एक लंबी अवधि तक मनन करते हुए अपनी खोज जारी रखी। जिसके अंत में उन्हें आत्मबोध प्राप्त हुआ। आत्मसाक्षात्कार के बाद उन्होंने जाना कि अध्यात्म का हर मार्ग जिस कड़ी से जुड़ा है वह है- समझ (अंडरस्टैण्डिंग)।

सरश्री कहते हैं कि 'सत्य के सभी मार्गों की शुरुआत अलग-अलग प्रकार से होती है लेकिन सभी के अंत में एक ही समझ प्राप्त होती है। 'समझ' ही सब कुछ है और यह 'समझ' अपने आपमें पूर्ण है। आध्यात्मिक ज्ञान प्राप्ति के लिए इस 'समझ' का श्रवण ही पर्याप्त है।' सरश्री ने तीन हज़ार से अधिक प्रवचन दिए हैं और डेढ़ सौ से अधिक पुस्तकों की रचना की हैं। ये पुस्तकें दस से अधिक भाषाओं में अनुवादित की जा चुकी हैं और प्रमुख प्रकाशकों द्वारा प्रकाशित की गई हैं, जैसे पेंगुइन बुक्स, हे हाऊस पब्लिशर्स, जैको बुक्स, हिंद पॉकेट बुक्स, मंजुल पब्लिशिंग हाऊस, प्रभात प्रकाशन, राजपाल ॲण्ड सन्स इत्यादि। सरश्री की शिक्षाओं से लाखों लोगों के जीवन में रूपांतरण हुआ है। इसके साथ संपूर्ण विश्व की चेतना बढ़ाने के लिए कई सामाजिक कार्यों की शुरुआत भी की गई है।

सरश्री आज के युग के आध्यात्मिक गुरु और 'तेजज्ञान फाउण्डेशन' के संस्थापक हैं, जो अत्यंत सरलता से आज की लोकभाषा में आध्यात्मिक समझ प्रदान करते हैं। हर साल तेजज्ञान फाउण्डेशन द्वारा 'महाआसमानी शिविर' आयोजित किया जाता है। यह शिविर पूर्णतः सरश्री की शिक्षाओं पर आधारित है।

क्या आपको उच्चतम आनंद पाने की इच्छा है? ऐसा आनंद, जो किसी कारण पर निर्भर नहीं है, जिसमें समय के साथ केवल बढ़ोतरी ही होती है। क्या आप इसी जीवन में प्रेम, विश्वास, शांति, समृद्धि और परमसंतुष्टि पाना चाहते हैं? क्या आप

शारीरिक, मानसिक, सामाजिक, आर्थिक और आध्यात्मिक इन सभी स्तरों पर सफलता हासिल करना चाहते हैं? क्या आप 'मैं कौन हूँ' इस सवाल का जवाब अनुभव से जानना चाहते हैं?

यदि आपके अंदर इन सवालों के जवाब जानने की और 'अंतिम सत्य' प्राप्त करने की प्यास जगी है तो तेजज्ञान फाउण्डेशन द्वारा आयोजित 'महाआसमानी परम ज्ञान शिविर' में आपका स्वागत है। यह शिविर पूर्णतः सरश्री की शिक्षाओं पर आधारित है। सरश्री आज के युग के आध्यात्मिक गुरु और 'तेजज्ञान फाउण्डेशन' के संस्थापक हैं, जो अत्यंत सरलता से आज की लोकभाषा में आध्यात्मिक समझ प्रदान करते हैं।

महाआसमानी परम ज्ञान शिविर का उद्देश्य :

इस शिविर का उद्देश्य है, 'विश्व का हर इंसान 'मैं कौन हूँ' इस सवाल का जवाब जानकर सर्वोच्च आनंद में स्थापित हो जाए।' उसे ऐसा ज्ञान मिले, जिससे वह हर पल वर्तमान में जीने की कला प्राप्त करे। भूतकाल का बोझ और भविष्य की चिंता इन दोनों से मुक्त हो जाए। हर इंसान के जीवन में स्थायी खुशी, सही समझ और समस्याओं को विलीन करने की कला आ जाए। मनुष्य जीवन का उद्देश्य पूर्ण हो। 'मैं कौन हूँ? मैं यहाँ क्यों हूँ? मोक्ष का अर्थ क्या है? क्या इसी जन्म में मोक्ष प्राप्ति संभव है?' यदि ये सवाल आपके अंदर हैं तो महाआसमानी परम ज्ञान शिविर इसका जवाब है।

महाआसमानी परम ज्ञान शिविर आप ऑनलाइन भी कर सकते हैं।

यह शिविर तीन भागों में लिया जाएगा :

❋ बुनियादी सत्य शिविर ❋ ब्राइट रिस्पॉन्सिबिलीटी शिविर

❋ महाआसमानी शिविर।

स्थान – अपना घर

भाषा – हिंदी

अधिक जानकारी के लिए संपर्क करें

+ 91 9921008060, + 91 9921008075

Visit also www.tejgyan.org

Registration link : https://www.tejgyanglobal.org/mareg

सरश्री द्वारा रचित पुस्तकें

विचार नियम
आपकी कामयाबी का रहस्य

Pages - 200

क्या हम सभी आंतरिक शांति को तलाश रहे हैं?

क्या हम अपने जीवन में आंतरिक शांति और स्थायी पूर्णता की चाहत रखते हैं? साथ ही हमें बेशर्त प्रेम और आनंद की तलाश रहती है। परंतु यह संभव नहीं लगता क्योंकि रोज़मर्रा के जीवन में चुनौतियों में हम उलझकर रह जाते हैं।

क्या हम सभी सांसारिक सफलता पाने की चाहत रखते हैं?

हम सभी संपन्न जीवन का आनंद लेना चाहते हैं। एक ऐसा जीवन जहाँ रिश्तों में भरपूर ताल-मेल और अपनापन हो, आर्थिक स्वतंत्रता हो और उत्तम स्वास्थ्य हो। हम सभी अपने काम में रचनात्मक और उत्पादक बनकर सर्वोत्तम परिणाम हासिल करने की चाह रखते हैं। लेकिन ये सब हासिल करने की कीमत हमें अपनी आंतरिक शांति खोकर चुकानी पड़ती है... खुशखबर यह है कि अब हमें दोनों प्राप्त हो सकते हैं! 'विचार नियम' पुस्तक के ज़रिए –

- अपने आंतरिक और बाहरी जीवन में ताल-मेल बिठाएँ।
- अपनी इच्छानुसार शांत और स्थिर महसूस करें।
- विचारों के पार जाकर अपने 'असली अस्तित्व' को पहचानें, जो आपकी मूल अवस्था है।
- विचार नियमों को अपने जीवन में उतारें ताकि आप अपनी उच्चतम संभावना की ओर सहजता से आगे बढ़ पाएँ।
- मौनायाम की अवस्था में रहकर प्रेम, आनंद, करुणा, भरपूरता व रचनात्मकता जैसे गुणों को अपने अंदर से प्रकट होने का मौका दें।

आइए, बीस लाख से भी अधिक पाठकों के समूह में शामिल हो जाएँ, जिन्होंने विचारों के 7 शक्तिशाली नियमों तथा मत्रों द्वारा आंतरिक शांति और सफलता हासिल की है।

स्वयं का सामना

हरक्युलिस की आंतरिक खोज

Pages - 240

Also available in Marathi, English, Gujarati, Kannad, Telugu, Tamil, Oriya, Malayalam & Punjabi

न्याय, स्वास्थ्य, खुशी और रिश्तों पर अनोखी समझ देनेवाली अद्भुत खोज प्रस्तुत करती पुस्तक 'स्वयं का सामना' व्यक्तित्व विकास के लिए एक महत्त्वपूर्ण रचना है। इस पुस्तक में एक अनोखे ढंग से आत्मपरीक्षण तथा आत्मदर्शन करवाया गया है। हँसते-खेलते छोटे-छोटे कथानकों के माध्यम से इस सत्य को प्रकाश में लाया गया है कि किस तरह से दूसरों के प्रति की गई शिकायत की जड़ हमारे अंदर ही छिपी होती है। पुस्तक में भिन्न-भिन्न किरदारों द्वारा जीवन में होनेवाली उन सामान्य घटनाओं पर खोज करवाई गई है, जो आए दिन उन्हें दुःख देती रहती हैं।

इस पुस्तक की कहानी 'हरक्युलिस' नामक किरदार के आगे-पीछे घूमती नजर आती है। इसमें चित्रित किया गया है कि किस तरह एक साधारण समझ व सोच रखनेवाला इंसान, जीवन में घटनेवाली घटनाओं के माध्यम से अपनी खोज करके चेतना के उच्च स्तर पर पहुँचकर संपूर्ण समाज को बदल सकता है।

जैसे कि लेखक ने अपनी प्रस्तावना में उल्लेख किया है कि हर इंसान को भीतर से एक दिव्य आवाज के रूप में मार्गदर्शन मिलता रहता है। जिससे इंसान अंजान है, हरक्यूलिस उस दिव्य मार्गदर्शन का अनुसरण करके जीवन में आई परिस्थितियों के सही संदर्भ समझकर अपनी सभी वृत्तियों, संस्कारों से मुक्ति पाकर औरो के जीवन में परिवर्तन लाता है।

यदि आप भी अपने भीतर की दिव्य आवाज को सुन नहीं पा रहे हैं और जीवन की इन समस्यों में अभी भी घिरे हुए हैं तो स्वयं का सामना इसमें आपकी मदद कर सकती है।

असंभव कैसे करें संभव
हातिम से सीखें साहस और निःस्वार्थ जीवन का राज़

Pages - 174

हातिम के किस्से विश्व प्रसिद्ध हैं जो आपको रहस्य, रोमांच और साहस की तिलस्मी दुनिया में ले जाते हैं। लेकिन इस बार यह साहस आपको दिखाना है और सात नहीं बल्कि चौदह सवालों के जवाब खोजने हैं पर एक अलग ढंग से। यह खोज जंगलों में, पर्वतों पर, रेगिस्तानों में नहीं बल्कि स्वयं के भीतर ही डुबकी लगाकर करनी है।

इस खोज में यह पुस्तक आपकी मार्गदर्शक बनेगी। जो पहले आपको सवाल देगी, फिर आपसे उनके जवाबों की खोज करवाएगी। ये जवाब आपको सिखाएँगे-

1. असंभव कैसे बने संभव? वहम, तथ्य, सत्य और परमसत्य का रहस्य क्या है?
2. कुदरत से कैसा ताल-मेल बनाएँ ताकि लक्ष्य सहजता से प्राप्त हो?
3. दुःख से बाहर आने की कला क्या है, आनंदित अवस्था कैसे पाएँ?
4. निःस्वार्थ जीवन की शक्ति क्या है, इसे अपनाना क्यों ज़रूरी है?
5. कर्म विज्ञान क्या है, कर्म बंधनों से मुक्ति कैसे पाएँ?
6. प्रेम, आनंद, शांति, संपन्नता, स्वास्थ्य, मधुर रिश्तोंभरा जीवन कैसे पाएँ?
7. मृत्यु और जीवन का रहस्य क्या है? मुक्ति क्या है, इसे कैसे प्राप्त करें?

तो चलिए हातिम बनकर सात-सात वचनों के साथ आंतरिक खोज का शुभारंभ करें और वह सब कुछ प्राप्त करें, जिसे पाने के लिए आप पृथ्वी पर आए हैं।

तेजज्ञान फाउण्डेशन – मुख्य शाखाएँ

पुणे (रजिस्टर्ड ऑफिस) – विक्रांत कॉम्प्लेक्स, तपोवन मंदिर के नज़दीक,

पिंपरी, पुणे-४११ ०१७. फोन : 020-27411240, 27412576

मनन आश्रम – सर्वे नं. ४३, सनस नगर, नांदोशी गाँव, किरकटवाडी फाटा,

तहसील- हवेली, जिला- पुणे-४११ ०२४. फोन : 09921008060

---

e-books English	-	•The Source •Celebrating Relationships •Everything is a Game of Beliefs •The Miracle Mind •Who am I now •Beyond Life •The Power of Present •Freedom from Fear Worry Anger •Light of grace •The Source of Health and many more.
Hindi		•Vichar Niyam •Vishwas Niyam •Vikas Niyam •Dhyan Niyam •Rishton me Nayee Roshani •Kshama ka Jadoo •Mrityu Uparant Jeevan •Swayam ka Samna •Samay Niyojan ke Niyam • Prarthana Beej • Mann ka Vigyan • Neev 90 • Sampurn Prashikshan and many more.
		Other E books available at www. gethappythoughts.org
Free apps	-	U R Meditation & Tejgyan Internet Radio on all platforms like Android, iPhone, iPad and Amazon
e-magazines	-	'Yogya Aarogya' & 'Drushtilakshya'
		emagazines available on www.magzter.com
e-mail	-	mail@tejgyan.com

---

* नम्र निवेदन *

विश्व शांति के लिए लाखों लोग प्रतिदिन सुबह और रात ९ बजकर ९ मिनटपर प्रार्थना करते हैं। कृपया आप भी इसमें शामिल हो जाएँ।

पुस्तकें प्राप्त करने के लिए नीचे दिए गए पते पर मनीऑर्डर द्वारा पुस्तक का मूल्य भेज सकते हैं। पुस्तकें रजिस्टर्ड, कुरियर अथवा वी.पी.पी. द्वारा भेजी जाती हैं।

पुस्तकों के लिए नीचे दिए गए पते पर संपर्क करें।

WOW Publishings Pvt. Ltd.

* रजिस्टर्ड ऑफिस – S. No. 1A, ईरानी मार्केट, बिल्डिंग नं. डी–38

येरवडा, पुणे – 411006

* पोस्ट बॉक्स नं. 36, पिंपरी कॉलोनी पोस्ट ऑफिस, पिंपरी,

पुणे – 411017 फोन नं.: 09011013210 / 9146285129

आप ऑन–लाइन शॉपिंग द्वारा भी पुस्तकों का ऑर्डर दे सकते हैं।

लॉग इन करें – www.gethappythoughts.org

500 रुपयों से अधिक पुस्तकें मँगवाने पर 10% की छूट और फ्री शिपिंग।

www.ingramcontent.com/pod-product-compliance
Lightning Source LLC
LaVergne TN
LVHW041705070526
838199LV00045B/1216
* 9 7 8 9 3 9 0 6 0 7 1 4 3 *